한국교회의 미래 10년

한국교회의 미래 10년

초판 1쇄 발행 2012년 12월 26일
개정판 1쇄 인쇄 2019년 1월 4일
개정판 1쇄 발행 2019년 1월 10일

지은이 정재영
펴낸이 이의현
펴낸곳 SFC출판부
등록 제 114-90-97178
주소 (137-803) 서울특별시 서초구 고무래로 10-5 2층 SFC출판부
Tel (02)596-8493
Fax 0505-300-5437
홈페이지 www.sfcbooks.com
이메일 sfcbooks@sfcbooks.com

기획·편집 SFC출판부
디자인편집 최건호
영업마케팅 이정은

ISBN 979-11-87942-33-7 (03230)
값 15,000원

잘못 만들어진 책은 언제든지 교환해 드립니다.

한국교회의 미래 10년

정재영 지음

SFC

한국교회의 미래 10년   **목차**

초판 서문 7
개정판 서문 11

제1장
세대 불균형의 시대가 오다: 고령화 저출산 사회 13

제2장
새로운 가족이 출현하다: 전통 가족의 해체 39

제3장
성 불평등에 도전하다: 페미니즘 이슈와 한국교회 59

제4장
다문화 사회가 오고 있다: 다문화 사회와 문화 85

제5장
경제적 환경에 변화가 시작되다: 경제 상황의 변화 119

제6장
정보화 사회가 진보한다: 정보화 사회의 진전 159

제7장
새로운 네트워크 시대가 도래하다: '탈현대'의 시대 189

제8장
'승리주의적 선교'를 탈피하다: 미래 사회에서의 선교 201

제9장
한반도에서 사회통합의 길을 보다: 한반도 통일과 새터민 사역 219

제10장
세계교회 속에서 한국교회의 변화를 모색하다: 미래 교회의 변화와 전망 245

제11장
새로운 교회의 출현을 대비하다: 새로운 유형의 교회 271

에필로그 291

초판 서문

미래 사회로 진입한다고 여겨졌던 21세기의 새로운 밀레니엄으로 접어든 지도 벌써 13년째가 되었다. 이와 함께 미래 사회의 징후로 여겨지던 현상들이 점차 우리 사회 곳곳에서 나타나기 시작했다. 하지만 미래 사회에 대한 우리의 준비는 여전히 미흡해 보인다. 그것은 미래 사회가 어떻게 전개될 것인지 예측하기가 쉽지 않기 때문이기도 하지만, 또 한편으로는 현재의 삶이 힘겹다 보니 미래를 준비할 여유를 갖지 못하기 때문이기도 하다. 영국 민간 싱크탱크 신경제재단NEF이 내놓은 「2012년 행복지수 보고서」에 따르면, 삶의 만족도와 기대수명 등을 평가해 산출한 행복지수HPI에서 한국은 43.8점을 얻어 세계 151개국 중 63위를 기록했다는 것이 이를 방증한다. 뿐만 아니라 경제협력개발기구OECD가 주거, 소득, 고용, 교육, 환경, 건강, 삶의 만족도, 안전 등 11개 항목으로 36개국(34개 회원국과 러시아, 브라질)의 삶의 질을 조사한 결과에서도 한국은 24위로 하위권에 머물렀다.

이것은 교계 상황에서도 마찬가지이다. 현재 겹겹이 쌓여 있는 교계 안팎의 문제 때문에 미래를 대비할 여력이 없어 보인다. 하지만 그럴수록 미래에 대한 대비가 필요하다. 미래에 대한 대비가 없이는 한국교회에 희망을 기대할 수 없기 때문이다. 그렇지만 앞에서 언급했듯이, 미래를 예측하기란 여간 어려운 일이 아니다. 미래학자들이 미래 사회에 대하여 이러저러한 전망을 내놓기도 하지만, 그것은 말 그대로 하나의 전망일 뿐 어느 누구도 미래 사회의 모습을 정확하게 예측할 수는 없다. 더군다나 미래학자들의 견해는 현실에 대한 철저한 분석에 근거하기보다 특징적인 경향을 전제로 하여 가상으로 전개된 하나의 시나리오인 경우가 많고, 뿐만 아니라 대개 미래사회에 대해 밝은 모습을 내놓는 경향이 있기 때문에 그 전망을 그대로 받아들이는 것은 매우 위험한 것일 수도 있다.

한편, 우리보다 앞서 미래 사회를 경험하는 이른바 선진국들을 거울삼아 우리의 미래 모습을 예견해 볼 수도 있다. 그러나 이것 역시 썩 타당한 방법은 아니다. 물론 선진국의 경험이 우리에게 참고가 되는 것은 분명하지만, 그렇다고 우리가 선진국의 경험을 그대로 따라갈 것이라고 보는 것은 정확하지도 않고 바람직하지도 않다. 왜냐하면 비록 커다란 흐름에서는 대체로 비슷한 경향을 보일 수 있을지 모르지만, 각 나라와 사회마다 그들의 역사적 경험이 다르고 국민 정서나 사회 구성원들의 특성 또한 다르므로 실제로는 상당한 차이를 가져올 수 있기 때문이다. 그러므로 선진국의 발전 경로를 따라 우리도 똑같은 길을 갈 것이라고 여기기보다는 그것을 하나의 사례로 삼아 우리의 앞날을 대비하는 것이 좀 더 바람직한 태도일 것이다.

이러한 점을 고려하여, 이 글에서는 먼 훗날의 미래 사회에 대하여 논하기보다는 가까운 미래에 우리 사회에서 일어날 변화에 대하여 살펴보고 이에 대한 교회의 준비와 필요한 역할에 대하여 논의하고자 한다. 먼 앞날을 예견하는 것은 쉽지 않지만, 현재의 자료를 통해서 향후 5년 또는 10년 안에 일어날 변화를 내다보는 것은 어느 정도 가능하고, 또한 의미 있는 작업이다. 그리고 향후 있을 한국 사회의 변화를 중심으로 한국교회가 주목해야 할 주요 경향을 살펴보는 것은 한국교회가 미래 사역을 준비하는 데 다소나마 도움이 될 것이다.

　이 책의 내용은 2010년 2월에 열린 '제8회 바른교회아카데미 연구위원 세미나'에서 발제한 것을 고치고 보완한 것이다. 이 책에서 제시하는 열 개의 어젠다agenda, 논제는 보수와 진보를 떠나 전체 한국교회가 반드시 주목하고 준비해야 할 과제를 중심으로 선정했다. 그러나 이 글에서는 이 어젠다들에 대해 특정한 대안이나 정답을 제시하려고 하지는 않았다. 다만 대안을 찾기 위해 함께 논의해야 하는 이슈들을 다루고 그에 대한 글쓴이 나름의 생각들을 제시하였다. 여하튼 이러한 논의가 한국교회가 미래 사회의 변화에 대응하면서 의미 있는 사역을 전개하는 데 조금이라도 도움이 되기를 기대해 본다. 물론 다방면에 걸친 주제들을 한 사람의 연구자가 다루었기 때문에 어느 정도 한계를 가질 수밖에 없다는 점에 대해서는 독자들의 양해를 구한다.

　부족한 글을 여러 학자들 앞에서 발표하고 토론할 수 있는 장을 만들어 주시고 바쁘신 가운데서도 기꺼이 추천의 글을 써 주신 바른교회아카데미 이사장 정주채 목사님과 원장 김동호 목사님께 감사드린다. 바른교회아카데미 연구위원 세미나는 신학자뿐만 아니라 기독교 신앙을 가진 평신도 학자와 전문가들이 바른 교회를 세우기 위해 발제하고 토론하는 자리로서, 학문적 관심을 교회 또는 목회 현장과 접목할 수 있는 매우 귀한 모임이다. 그리고 발제할 당시에 선교와 새로운 교회 유형에 관한 자료 수집에 도움을 준 기독 학문 공동체 카이로스 연구원들에게도 고마움을 전한다. 마지막으로 어려운 출판 여건에서도 출판을 결정해 준 SFC출판부에 감사의 뜻을 전한다.

2012년 12월

정재영

개정판 서문

『한국교회 10년의 미래』가 출판된 지 만 6년이 되었다. 감사하게도 그동안 2쇄가 소진되었다. 그리 높은 판매고는 아니지만 한국교회의 미래를 염려하며 준비하고자 하는 독자들이 이 책을 읽었으리라 생각된다. 초판이 나온 후에 짧지 않은 시간이 지나면서 이 책에 실린 통계 자료들을 업데이트할 필요가 생겼고, 일부는 사회 변화의 흐름이 바뀌어 수정이 필요했다. 그래서 이번에 내는 2판에서는 상당수의 표와 그래프도 교체하였고 내용도 상당 부분 보완하였다.

또한 최근 4년에서 5년 사이에 우리 사회에서 여성 문제, 특히 페미니즘과 관련된 논의들이 크게 부각되었다. 초판을 냈을 당시에도 여성 문제를 다루지 않은 것을 아쉬워한 독자들이 있었다. 그래서 이번에 개정판을 내면서 '성 불평등에 도전하다'라는 제목으로 이 문제를 다루었다. 그러나 페미니즘 자체를 다루기보다는, 다른 장들의 내용과 마찬가지로 사회적 관점에서 여성 차별의 문제를 다루면서 우리가 이 문제를 어떻게 이해해야 하는지, 그리고 우리 사회와 교회는 어떻게 개선의 노력을 해야 하는지에 대하여 썼다. 더하여 최근 이슈가 되고 있는 4차 산업혁명에 대하여서도 '정보화 사회가 진보한다'에 내용을 추가하였다.

이번에는 책의 제목도 바꾸었다. 기존의 제목이 다소 모호하다는 지적이 있어서 『한국교회의 미래 10년』으로 보다 그 뜻이 분명하도록 고쳤다. 초판 서문에도 밝혔듯이, 이 책은 미래를 예측하는 미래학 책이 아니다. 최근의 통계 자료들을 통해서 우리의 현실을 이해하고, 먼 미래는 아니라도 최소한 10년 후를 내다보고 대비하자는 취지로 쓴 책이다.

6년 전에 이 책이 나왔을 때 '크리스채너티 투데이 한국판'에서 올해의 책 중 하나로 선정해 주어서 감사했다. 그리고 이 책이 나온 이후에 이와 비슷한 주제를 다룬 책들이 몇 권 더 출판되었고 한국 교계에서 어느 정도 관심이 높아지기도 했으나, 그동안 한국교회가 미래를 잘 대비하고 있다고 말하기는 어려운 실정이다. 한국교회의 현실을 보았을 때 미래는 여전히 어둡다. 그렇다고 미래를 포기할 수는 없다. 어두운 미래를 후세대에 물려줄 수 없기 때문이다. 이 책이 한국교회가 미래를 준비하는 데 작은 밑거름이 되기를 소망한다.

2018년 12월

정재영

제1장

세대 불균형의 시대가 오다
: 고령화 저출산 사회

미래 사회와 관련하여 먼저 고려해야 할 것은 인구 추이와 관련이 있다. 경영학자이자 미래학자로서도 정평이 나 있는 피터 드러커 Peter Drucker는 『넥스트 소사이어티 Next Society』에서 "미래사회는 고령인구의 급속한 증가와 함께 진행되는 젊은 인구의 급속한 감소로 인해, 지금까지 어느 누구도 상상조차 할 수 없을 만큼 엄청나게 다른 사회가 될 것이다."라고 말한 바 있다. 우리 사회도 예외가 아니다. 2000년에 이미 UN이 정한 고령화사회에 진입하였고 2017년에는 고령사회에 도달한 우리나라는 세계 어느 나라보다도 빠른 속도로 진행되는 출산율 감소와 고령화로 언제 터질지 모르는 시한폭탄을 안고 살아가고 있는 것 같다.

1. 고령사회

(1) 고령사회로의 진입

'2015년 인구주택 총조사' 인구부문을 보면, 우리나라에서 65세 이상 고령인구는 657만 명(13.2%)으로, 2010년 536만 명(11.0%)에 비해 121만 명(2.2%p) 증가한 것으로 나타났다. 이 조사 결과에서 노령화지수0~14세 인구에 대한 65세 이상 인구 비율는 2010년 68.0보다 95.1로 증가하였다. 이전에 실시한 2010년 인구주택 총조사 결과에서, 통계청은 1980년 3.8퍼센트에 불과하였던 우리나라의 65세 이상 고령인구의 비중이 70년간 10배 증가하여 2050년에는 38.2퍼센트가 될 것으로 전망하였다. 그리고 2050년에는 전체 인구 10명 중 한 명이 80세 이상 인구가 될 것으로 예측하였다. 또한 통계청은 우리나라가 2017년이면 전체 인구 가운데 65세 이상 고령층이 14세 이하 유년층보다 더 많아지기 시작하여, 2018년에는 고령층의 비율이 14퍼센트를 넘는 고령사회로 진입할 것으로 전망하였다. 그러나 우리는 이러한 예측보다 빨리 이미 2017년에 고령사회에 진입하였다.

2015년 총인구를 연령에 따라 세 계층으로 구분하면, 유년 인구0~14세는 총인구의 13.9퍼센트, 생산가능인구15~64세는 72.9퍼센트, 고령인구65세 이상는 13.2퍼센트를 차지했다. 14세 이하 유년 인구 비중은 출산율 둔화 등으로 계속 낮아지고 있고 65세 이상 인구 비중은 계속 높아져서 우리나라는 지난 2007년에 이미 고령화사회에 진입했고, 2017년에는 두 연령층 간의 인구 비율이 역전되면서 고령층 인구가 14퍼센트를 넘는 고령사회로 진입하였다. 또한 2009년 기대 수명은 80.5세로 처음으로 80세를 넘어섰고, 2000년(76.0세)에 비해 4.5세 길어졌으며, 1990년에 비해서는 10세, 1980년(65.7세)에 비해서는 15세 가까이 높아져 30년 만에 인구가 급속하게 고령화되고 있는 것으로 나타났다. 이에 따라 2040년에는 기대수명이 86세가량 될 것으로 전망되고 있다. 이렇게 되자 65세 이상 노인들 중에서도 70세 이상은 돼야 노인이라고 생각하는 사람의 비율이 83.7퍼센트에 이르는 것으로 나타났다.

<표1> 연도별 유소년, 생산연령 및 고령인구 추이(1985~2015)

구분	1985년	1990년	1995년	2000년	2005년	2010년	2010년	2015년
계	40,420	43,390	44,554	45,985	47,041	47,991	48,748	49,706
유소년인구(0~14세)	29.9	25.7	23.0	21.0	19.1	16.2	16.2	13.9
생산연령인구(15~64세)	65.8	69.4	71.1	71.7	71.6	72.5	72.8	72.9
고령인구(65세 이상)	4.3	5.0	5.9	7.3	9.3	11.3	11.0	13.2
유소년부양비	45.5	37.0	32.3	29.2	26.7	22.4	22.2	19.1
노년부양비	6.6	7.2	8.3	10.2	13.0	15.6	15.1	18.1
노령화지수	14.5	19.4	25.8	35.0	48.6	69.7	68.0	95.1

(단위 : 천명, 100명당, %)

이번 조사 결과에서 모든 인구의 나이 중 한가운데 나이를 뜻하는 중위연령은 41.2세로 2005년 35.0세에 비해 6.2세, 2010년 38.2세에 비해 3.0세가 높아져 고령화 현상이 지속적으로 진행되고 있음을 나타냈다. 이전에 통계청이 발표한 '2010~2040년 시도별 장래인구추계'에 따르면, 중위연령이 2010년에는 37.9세였으나 2030년에는 48.5세로 10세가량 상승했고, 2060년에는 57.9세까지 높아질 것으로 예상되었다. 그리고 2040년에는 전국 16개 시도 중 세 개 지역을 제외한 모든 지역의 중위연령이 50세를 넘게 된다. 2010년에는 5개 지역만을 제외한 나머지 시도의 중위연령이 30대였던 것에 비하면 크게 고령화되는 셈이다. 특히 전남은 2040년에 중위연령이 60.2세로 60대에 접어들 것으로 전망되어, 30년 사이 20세나 높아지는 것으로 나타났다. 베이비부머 세대1955~1963년생가 65세 이상 고령인구에 진입하는 2020년부터 고령인구가 매우 빠르게 증가하는 것이다.

이러한 인구 구성비 변화 추이를 분석해 보면, 우리나라의 고령화 속도는 세계에서 가장 빠른 것으로 나타난다. 프랑스가 고령화사회에서 초고령사회전체 인구의 20퍼센트가 고령인구인 사회로 이행하는 데 155년이 걸린 반면, 한국은 단 26년 만에 도달하는 것으로 추산되고 있다. 우리나라는 2010년에 노령화지수가 69.7로서 유소년 10명 당 고령자 7명 수준으로 조사되었는데, 이는 2005년의 48.6보다 21.1이 증가한 것이고, 1980년(11.2)에 비해서는 6배 이상 증가한 수치였다. UN의 예상대로라면 2026년에는 우리나라도 초고령사회로 탈바꿈하게 된다. 이처럼 우리는 지금 세계 어떤 나라와도 비교할 수 없는 급격한 인구 변동을 경험하고 있는 것이다.

또한 이번 조사 결과에서 수도권서울, 인천, 경기 인구는 25,274천 명으로 2010년보다 835천 명(3.4%) 증가하였으며, 전체인구의 49.5퍼센트를 차지하는 것으로 나타났다. 서울시의 인구는 1.6퍼센트 감소하기는 하였으나, 서울시의 유출 인구보다 더 많은 인천·경기 지역의 유입 인구 증가로 수도권 집중화 현상이 계속 진행되고 있다. 전국 인구 대비 수도권 인구 비율은 2000년 46.3퍼센트, 2005년 48.2퍼센트에 이어 꾸준히 증가하고 있어 인구의 수도권 편중이 심화되었음을 보여 주었다. 특히 동洞 지역이 4.8퍼센트, 읍 지역이 5.0퍼센트 증가한 반면에 면 지역은 14.3퍼센트가 줄어들어, 여전히 도시 지역으로 인구가 집중되고 있는 것으로 드러났다. 읍 지역의 인구 증가는 그나마도 65세 이상의 노인 인구이고 청장년층은 감소하고 있는 것을 감안할 때 농촌 인구의 고령화는 더욱 심해질 것이다. 실제로 통계청이 발표한 2011년 농림어업조사 결과에 따르면 농가 인구는 사상 처음 200만 명대로 내려가 296만 2천 명으로 보고되었으며, 그나마 세 명 중 한 명은 65세 이상 고령자인 것으로 나타났다.

<그림1>

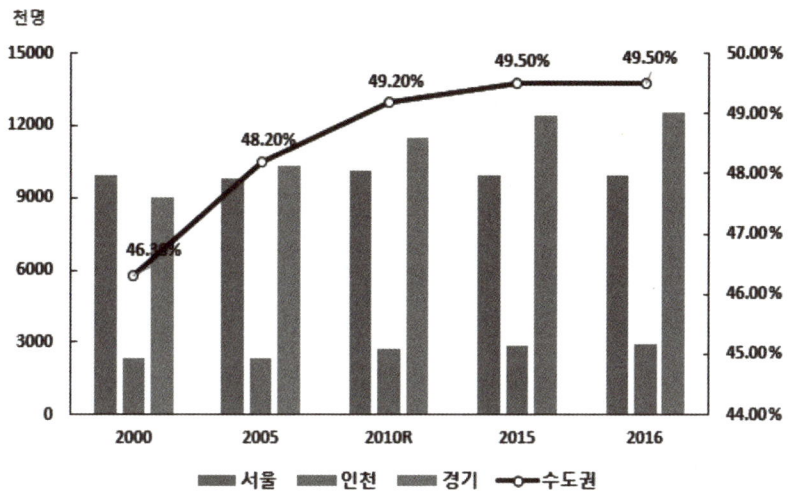

(2) 고령사회의 문제

이렇게 우리 사회가 고령사회에 진입하면서 생기는 문제는 다양하다. 첫째는 경제 생산력의 약화이다. 이것은 다음에서 살펴볼 출산율과 관련되는데, 출산율이 떨어지게 되면 경제 인구가 줄어들게 되어 노동력이 감소하게 된다. 출산율은 떨어지는 반면에 의학 기술의 발달로 평균 수명이 연장되어서 인구 고령화 현상이 나타나게 되고, 그렇게 되면 노인 부양에 대한 사회적 부담이 증가하여 국가 경쟁력이 약화되기에 이른다.

미국의 경제 예측 전문가 해리 덴트Harry Dent는 2018년부터 한국 경제에 인구 절벽이 올 것이라고 경고하기도 하였다. 그는 2014년에 펴낸 『인구 절벽The Demographic Cliff』에서 소비지출이 정점에 이르는 45세부터 49세까지의 연령대가 줄어드는 시기에 들어서면 소비가 급속히 하강한다는 뜻에서 '인구 절벽'이라는 용어를 사용했는데, 한국의 소비지출은 2010년에서 2018년 사이에 정점을 찍고, 소비가 가장 왕성한 이 연령대가 줄어드는 2018년에 인구 절벽이 올 것이라고 한 것이다. 최근 한국경제연구원도 우리나라가 초고령사회로 진입하는 2026년에 국내총생산이 2014년보다 8퍼센트 가까이 하락할 것이라고 예상했다. 이러한 점에서 고령화사회에서 나타나는 첫 번째 문제는 경제 문제라고 할 수 있다.

앞에서도 살펴보았듯이 우리 사회에서는 베이비부머 세대가 고령인구에 진입하는 2020년부터 고령 인구가 매우 빠르게 증가한다. 그런데 여기에는 세대 문제가 배태되어 있다. 이들이 60세를 넘어선 2018년에 우리나라는 분명히 고령사회로 진입했고, 이어 8년 만인 2026년에는 초고령사회로 급변하게 될 것이다. 영국이 44년, 프랑스가 40년, 일본이 12년에 걸쳐 도달하는 초고령사회를 우리나라가 고령사회에 진입한 지 불과 8년 만에 도달하는 것이다. 그러면서 부모 부양이라는 관념을 고수하고 있는 마지막 세대로서 베이비부머 세대는 부모에 대한 경제적 부담을 짐과 함께, 자녀들에게 기댈 수 없는 자신들의 노년도 준비하지 않으면 안 되는 처지에 놓였다. 이들은 위로부터는 권위에 눌리고 아래로부터는 기세에 밀리는 이른바 '낀 세대'로서의 경험을 가지고 있다. 그런데 이들은 부모를 봉양하면서도 정작 자신들은 자식들에게 봉양받지 못하는 유일한 세대로서 박탈감을 크게 느낄 것이다.

이러한 고령화 현상은 교회에도 영향을 미치는데, 특히 농촌 지역의 고령층 집중 현상은 갈수록 농촌 목회가 더 큰 어려움에 직면할 것이라는 점을 시사한다. 농촌 목회자들은 20년 후에 현재 고령의 어르신들이 돌아가시고 나면 지역 주민이 거의 없어지기 때문에 지역 자체가 사라질 운명에 처해 있다고 한탄한다. 앞서 살펴본 바와 같이 전체 인구의 절반 정도가 수도권에 집중되고 있는 것을 감안하면, 농촌 교회에 대한 지원과 함께 농촌 교회들 사이에 연합 활동이 절실히 요구된다. 또한 도농 교회들 사이에 협력이 원활하게 이루어지지 못하고 있으므로 이를 해결할 도농 통합 네크워크 모델을 개발할 필요가 있다.

이러한 인구 고령화의 문제는 사회학에서 말하는 '자연의 사회화'와 관련된다. 자연의 사회화란 자연적인 현상조차도 사회 요인의 영향을 받는다는 개념이다. 나이가 들면 늙어 약해지는 것은 자연의 이치인데, 과학기술과 의료기술이 발달하면서 늙어도 여전히 건강하고 더 오래 살게 되는 변화가 생겼다. 그런데 현재의 노인들은 과거 노인들을 극진히 공경했던 자신들이 지금은 거의 '천덕꾸러기' 신세로 전락한 채 살아가야 하는 상황에 놓였다. 경험이 중요했던 전통 시대에는 노인이 '지혜의 보고'로 여겨지며, 전통 사회에서 가족의 재산은 모두 가부장이었던 노인에게 귀속되었다. 반면에 오늘날에 노인의 경험은 큰 쓸모가 없으며 재산도 가족구성원들이 각자의 직업에 따라 형성하게 되면서 노인 공경의 물적 토대가 사라졌다. 이로써 겪는 노인들의 혼란과 상실감은 말로 표현할 수 없을 정도이다.

이러한 상실감이 노인들을 자살로 내몰고 있다. 가족마저도 성공을 위해 수단이 되는 도구적 가족주의 경향 아래서는 노인들이 가족과 사회에 전혀 효용이 없는 짐으로 여기질 뿐이다. 이 결과로 2000년대 들어 노인 자살자 증가율은 전체 자살자 증가율의 대여섯 배에 달할 정도로 가파르게 상승하고 있다. 지난 10년 사이에 노인 자살이 세 배나 늘었는데, 65세 미만 자살률보다 네 배나 많은 수치다. 자살 문제 전문가들은 노인이 배우자가 사망한 이후 곧 이어서 사망하는 경우 대부분이 자살이라고 말할 정도이다.

이러한 노인 자살은 사회학에서 말하는 아노미Anomie, 사회가 규범을 상실한 혼돈 상태적 자살과 이타적 자살의 성격을 동시에 띠고 있다. 아노미적 자살은 말 그대로 사회적인 규범이 왜곡되어 있기 때문에 노인들이 삶의 의미를 상실하여 자살을 하는 것을 말한다. 또한 이타적 자살은 대개 살신성인과 같은 경우를 가리키는 말이지만, 우리 사회에서는 노인들이 자식들에게 부담을 지우지 않기 위해서 자살을 하는 경우가 많기 때문에 이타적 자살 유형에 해당한다고 볼 수 있다.

이런 상황에서 농경 사회에 기반한 유교 윤리로 노인 공경의 당위성을 강조하는 것은 요즘 세대에게는 설득력이 약할 수밖에 없다. 따라서 현대에 맞는 노인 공경의 윤리가 계발되어야 한다. 또한 주위에 있는 어려운 노인을 돕고 독거노인에게 식사를 제공하는 등의 봉사는 계속되어야 하겠지만, 이들을 단순한 봉사의 대상으로 여기기보다는 노인이 스스로 활동의 주체가 될 수 있는 일들을 발굴할 필요가 있다. 여전히 활동이 가능한 노인들이 많기 때문이다. 특히 자원봉사 활동에는 노인들이 참여할 수 있는 여지가 많이 있고 재능 기부의 의미도 있기 때문에 이와 관련한 방안을 강구할 필요가 있다.

(3) 고령층의 사회활동 참여 방안

① 고령층의 자원봉사활동

일반적으로 노인은 서비스 제공자보다는 서비스를 받거나 도움을 받는 사람으로 인식되고 있다. 그러나 실제로 복지서비스의 대상인 요보호 노인은 전체 노인 중 소수에 지나지 않는다. 대부분의 노인들은 생각보다 건강하고 활발하게 활동할 수 있으며, 평생을 통해 축적한 많은 지식과 기술을 가지고 있어서 양질의 서비스를 제공할 수 있는 조건을 충분히 갖추고 있다. 또한 많은 노인들이 실제로 사회 활동을 원하고 있으나 기회가 주어지지 않아 참여하지 못하고 있는 실정이다.

노인들이 사회활동을 하게 되면 은퇴로 상실했던 사회적 지위와 역할이 회복되면서 자존감이 향상되며, 노년기에도 자아를 성장시키고 실현할 수 있는 기회를 얻을 수 있다. 또한 사회적인 관점에서도 여전히 가치 있는 노인의 역량을 활용할 수 있고, 노인에 대한 사회적 이미지를 개선하는 것에도 도움이 되며, 자존감 저하와 우울증으로 인한 노인 자살과 같은 사회적 손실을 줄일 수 있다는 점에서 이득이 된다.

특히 최근에는 건강 수준이 향상되고 경제적으로 안정된 고령인구가 증가하고 있는 한편 사회복지 영역에서 민간 부문의 협력이 불가피한 상황에서, 노인들이 자원봉사 활동에 참여하는 것이 절실하게 요구되고 있다. 이러한 점에서 노인들의 자원봉사 활동은 노인을 복지의 수혜자에서 제공자로 그 위치를 전환시키는 적극적인 노력이며, 고령사회에서 고령 인구가 증가함에 따라 사회와 노인들 자신이 요구하는 것이기도 하다.

그러나 우리나라에서는 노인의 자원봉사 참여 비율이 다른 나라에 비해 상당히 낮은 편이고, 참여 분야도 그다지 다양하지 않은 것으로 나타나고 있다. 2015년 통계청 조사에 따르면 65세 이상 노인의 자원봉사 참여율은 6.6퍼센트로 전체 연령대의 참여율 18.2퍼센트와 비교하면 삼분의 일 수준으로, 2005년 이후에 거의 정체되어 있다.

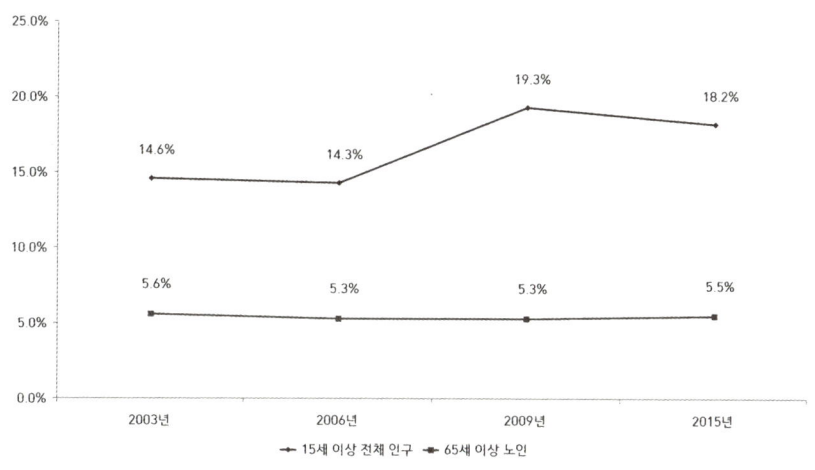

<그림2> 자원봉사 참여율('03~'15)

<출처: 보건복지부>

더군다나 이전 조사 결과에서 보면, 노인들의 자원봉사 활동은 대부분 단순한 동원형 봉사 활동으로서 환경 보전, 범죄 예방 등의 활동이 45.0퍼센트로 가장 많았고, 취약계층을 대상으로 한 활동은 28.9퍼센트로 나타났다. 이것은 자원봉사센터가 십대나 이십대 젊은 층의 봉사 활동에 초점을 두고 운영되기 때문이기도 하지만, 노인들을 단순히 지역공동체 활동의 들러리나 동원 대상으로 여기기 때문이기도 하다. 따라서 노인들이 보다 주체적으로 참여할 수 있는 폭넓은 자원봉사 활동의 개발이 시급하다 하겠다.

한편 우리나라는 노인들이 은퇴 이후 사회에서 계속 활동할 수 있는 영역이 매우 좁다. 즉 현역 시절 각 분야에서 쌓아온 경험이나 지식을 최대한 살려 이를 사회에 환원할 수 있도록 하는 구체적인 프로그램이나 시스템이 외국에 비해 크게 미비한 실정이다. 전문직 은퇴 노인들이 참여할 수 있는 자원봉사 활동의 영역은 일반 노인들이 할 수 있는 분야와 달리 매우 다양한데도, 현재는 환경 감시, 교통정리, 청소년 선도, 경비 업무, 전통문화 전하기 등 활동 범위가 매우 제한된 활동만 한다. 게다가 그것도 지속적이지 않고 한두 번 참여로 끝나는 활동이 대부분이며, 훈련과 재교육의 기회도 정책적으로 미흡하다.

② 고령층의 자원봉사 활동 참여 사례

미국의 경우 65세 이상 노인의 40퍼센트 정도가 자원봉사활동을 하고 있고, 주로 미국 은퇴자 협회AARP, 전국 노인 봉사단NSSC 등의 노인 자원봉사 조직을 통해 다양한 활동을 전개하고 있다. 예를 들면, 65세 이상의 저소득층 노인이 일상생활의 어려움을 겪고 있는 동년배 노인의 집을 방문하여 말벗이 되어 주고 가사를 원조하는 등으로 지원하는 노인 친구 프로그램, 노인이 학교, 병원, 교도소 등에서 학대, 방임된 아동들을 돕고 장애 아동, 비행 청소년, 미혼모 등에게 조부모 역할을 해 주는 양조부모 프로그램 등이 실시되고 있다. 이 외에도 이민자 영어 교육, 박물관 안내, 선거 보조, 재해 구조, 보조교사 등으로 활동이 매우 광범위하다.

한편 현재 우리나라에서 실시되고 있는 노인 자원봉사 활동은 다음과 같이 6개 영역, 28개 프로그램으로 정리할 수 있다.

1. 문화 영역: 방송 모니터링, 문화 공연, 문화재 지킴이, 이야기 할머니·할아버지, 민속놀이 지도 봉사 프로그램
2. 교육 및 지식 영역: 통·번역, 교육 보조, 강사 활동, 방과 후 교실, 전화상담 도우미, 장례서비스 지원 봉사프로그램
3. 지역사회 봉사 영역: 또래 노인 돕기 가정 방문, 생활시설 방문, 병원, 도시락/밑반찬 배달, 거리 질서 선도, 국경일 태극기 달아 주기, 세대통합 자원봉사, 캠페인 자원봉사 프로그램
4. 청소년 관련 봉사 영역: 청소년 지도, 양조부모 역할, 사랑의 산타 되기 봉사 프로그램
5. 환경 영역: 폐식용유 비누 만들기, 환경보호, 텃밭 가꾸기 봉사 프로그램
6. 행정보조 영역: 선거 업무 보조, 기관 내 보조, 복지관 안내 봉사 프로그램

이것을 다시 공급자인 노인의 관점에서 보면, 은퇴 이전의 사회활동에서 축적된 자신의 경험을 은퇴 이후 자원봉사 활동에 활용하는 '전직 경험 활용' 분야, 은퇴 이후 자원봉사 활동에 자신이 가지고 있는 지식과 기술을 활용하는 '보유 지식 및 기술 활용' 분야, 은퇴 이후 자원봉사 활동에 노동력을

제공하는 '노동력 제공' 분야 등으로 구분될 수 있다.

이 중에서도 전문직 출신 노인들은 일반인들이 갖지 못한 특정한 지식이나 기술을 바탕으로 봉사할 수 있기 때문에 자원봉사 활동이 보다 더 의미가 있을 수 있다. 뿐만 아니라 전문직 은퇴 노인들은 일반 노인들보다 자원봉사 활동에 대한 의지와 욕구가 강하다는 점에서 이들이 자원봉사 활동에 참여하는 것은 여러 모로 매우 바람직한 일이다.

③ 전문직 고령층의 자원봉사 활동 활성화 방안

우리나라 노인 자원봉사 활동의 문제점으로는 앞에서도 언급한 저조한 참여율이 가장 큰 문제인데, 그 이유는 봉사 활동에 대한 부정적 태도, 친지, 소속 단체 등과 같은 관계망에 한정된 참여 경로 부재, 참여 방법에 대한 정보 부족 등이다. 따라서 노인 자원봉사 활동의 활성화를 위해 가장 중요한 것은 먼저 노인 스스로가 자원봉사에 대한 의식을 바꿔 적극적으로 참여하는 것이며, 이와 함께 가족과 지역사회가 노인의 자원봉사 활동 참여를 적극 권장하고 지원해 주어야 하는 것이다.

다음으로 중요한 것은 자원봉사 프로그램을 다양하게 개발하는 것이다. 우리나라는 외국에 비해 자원봉사 프로그램이 다양하지 않을 뿐만 아니라, 전문직 은퇴자들이 참여할 만한 프로그램의 개발이 매우 미흡한 실정이다. 이와 관련하여 최근 우리 사회에서도 다양하게 전개되고 있는 마을 만들기와 같은 지역공동체 운동에 좀 더 적극적인 관심을 가질 필요가 있다. 지역공동체 운동은 다양한 인적 자원을 필요로 하는데, 환경 보전, 평생 교육, 다문화 교육, 마을 기업 등의 활동에 경험이 풍부한 전문직 노인들이 참여한다면 매우 큰 도움이 될 것이다. 지역공동체 운동은 단시간에 끝나는 일회용 행사가 아니라 장기간의 시간을 요하는 데다 지역 활성화라는 긍정적인 효과를

기대할 수 있으므로, 노인 자신에게만이 아니라 사회 전체에 주는 의미 또한 대단하다고 할 수 있다.[1]

예를 들면 일본의 경우와 같이, 생협과 사회복지 서비스를 결합한 형태인 '복지 클럽 생협'과 같은 것을 운영하면서 복지관이나 간호직 출신의 노인들이 또래 노인 돕기 프로그램에 참여하게 할 수도 있다. 또한 어른들의 도움을 필요로 하는 청소년 가장들이나 소외 계층 젊은이들에게 양조부모가 되어 줄 수도 있으며, 다문화 가정, 새터민 가정들로 하여금 사회에 적응하고 정착할 수 있도록 도와줄 수도 있다. 또한 마을 만들기와 관련하여 역사 자원을 활용한 역사 마을을 만드는 데 역사 지식이 풍부한 노인들이 문화재나 유적지 안내와 보존으로 이바지할 수 있고, 도시에서 텃밭을 가꾸는 데는 농사 경험이 있는 노인들이 자문 역할을 하며 도움을 주는 일 등도 가능하다. 그리고 최근 인문학에 대한 관심이 고조되고 있는 만큼, 인문학 전공 은퇴자들을 활용해서 인문학 강좌를 열 수도 있다.

특히 교회 안에는 인적, 물적, 제도적 자원이 풍부하다. 그러므로 이러한 지역공동체 운동에 교회가 적극적으로 참여하면서 전문직 출신 교인들이 함께 참여한다면, 교인들 스스로도 주인 의식을 가지고 참여할 수 있을 뿐만 아니라 지역사회에도 고급 인적 자원을 제공할 수 있으므로 일거양득이 될 수 있다. 실제로 이미 노숙인을 대상으로 인문학 강좌를 개설한 교회도 있는 만큼, 최근 교회들이 관심을 갖고 있는 카페나 마을 도서관에서 인문학 강좌를 개설하는 것도 좋은 방법이다.

교회에서 질 좋은 커피를 저렴한 가격에 제공하는 것도 좋지만, 그보다 주민들과 실제로 접촉하며 시민 교육까지 할 수 있는 인문학 강좌를 개설하

---

1. 지역 공동체 운동에 대하여는 이 책의 7장을 볼 것.

는 것이 더욱 의미 있는 일이라 하겠다. 또한 도서관에서도 단순히 책을 읽거나 빌려주는 일뿐만 아니라, 요즘 부각되고 있는 것처럼 도서관의 공공성을 살리는 방안으로 인문학 강좌를 개설하고, 이를 토대로 주민 참여가 가능한 활동으로 연계한다면 다양한 지역 공동체 활동으로 발전시킬 수 있을 것이다. 특히 다문화 시대를 맞이하여 이에 걸맞은 세계시민교육이 시급한 실정에서 교회에서 시민교육을 위한 인문학 강좌를 제공한다면 사회 통합에도 기여하는 바가 클 것이다.

이상에서 보는 바와 같이 지역 공동체 운동에 보다 폭넓은 관심을 가지고 전문직 출신 노인들이 참여할 수 있는 다양한 자원봉사 프로그램을 개발할 수 있도록 다각도로 노력하는 것이 필요하다.

2. 저출산 문제

(1) 저출산 상황

인구 고령화를 가속시키는 또 다른 주된 요인 하나는 저출산이다. 즉 고령 인구는 증가하는 데 반해 이를 상쇄시킬 신생아 출산이 감소하기 때문에 인구 고령화가 더욱 심해지는 것이다. 출산율이 급격하게 떨어진 가장 직접적인 이유는 베이비부머들이 아이를 적게 낳기 때문이다. 2017년 한국의 합계출산율여자 1명의 가임 기간 평균 출생아 수은 1.05명으로 OECD 회원국 중에서 최저 수준이다. 합계출산율이 2018년에는 1.0 밑으로 떨어졌을 것으로 추정되고 있다. 결혼한 부부가 아기를 채 한 명도 낳지 않는다는 것이다. 과거 합계출산율이 1960년에는 6.0명, 1970년 4.5명, 1980년 2.8명, 1990년 1.5명이었음을 감안하면, 지난 40년간 한국은 그야말로 출산율이 급격하게 하락하는 것을 경험하였다.

한편 정부는 당초에 이와 같은 출산율 하락이 지속될 경우 2021년부터 인구 감소가 시작될 것이라고 예상했으나, 실제로는 이보다 훨씬 앞당겨 인구가 감소하게 될 것이라는 분석도 나왔다. 현 추세대로라면 2012년 6월에 5천만 명을 돌파한 현재 인구가 2045년부터는 적정 인구를 밑돌아 인구 부족 현상이 나타나고, 2050년에는 4400만 명 수준까지 줄어들 것으로 예측됐다. 그리고 2100년에는 현재의 절반 수준으로 줄어들고, 2300년 무렵에는 한반도에서 인간이 사라지는 인구 소멸 상태가 될 것으로 보이는 등 인구 절벽이 현실화되고 있다. 이에 따라 옥스퍼드대 데이빗 콜먼David Coleman 교수는 한국이 인구 소멸 국가 1호가 될 것이라고 경고하기도 했다.

<그림3> 출생아 수 및 합계출산율 추이, 1970~2017

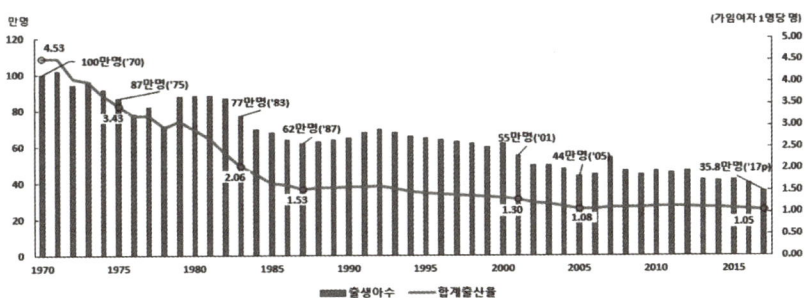

이러한 저출산의 영향으로 '학령인구[2] 절벽'은 한층 더 가시화됐다. 전체 유·초·중등 학생 수가 2010년 이래로 계속 감소하다가 2018년에 최저 수준에 이르렀다. '2018년 교육 기본 통계 조사 결과'에 따르면 2018년 유·초·중등 교육 학생 수는 총 630만 9,723명으로 집계됐다. 이는 2017학년도 대비

---

2. 학령인구는 초·중·고교와 대학교에 다니는 인구로, 연령대는 만 6세부터 21세까지이다.

15만 8,906명(2.5%)이나 감소한 수치다. 지난 2010년 학령인구가 36년 만에 1천만 명 아래로 떨어진 이후 2011년에는 학령인구가 전체 인구에서 차지하는 비율이 처음으로 20퍼센트 미만으로 떨어졌다. 현재는 학령인구가 가장 많았던 1980년의 1,440만 1천 명에 비해 절반 이하로 줄어들었으며, 2013년 당시 718만 7,384명이었던 점을 고려하면 고작 5년 새 거의 100만 명에 가까운 학생이 증발한 것이다. 이런 추세라면 2050년에는 400만 명대에 불과할 것으로 예상되어, 1980년에 비해 삼분의 일 수준으로 떨어질 것으로 예측되고 있다.

<그림4> 학령인구 추이

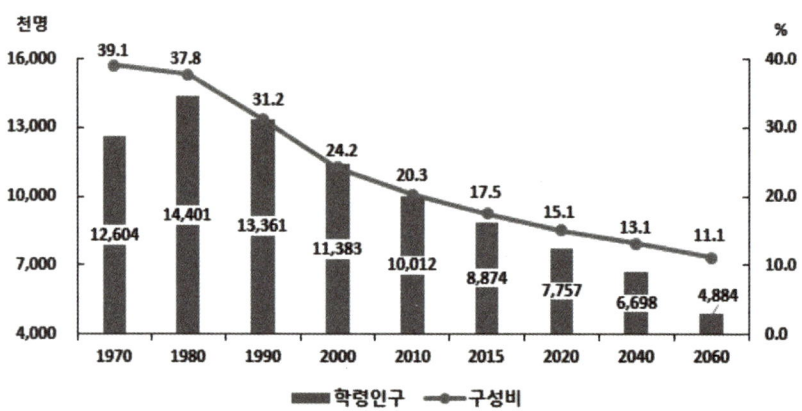

<출처: 통계청>

그렇다면 우리 사회에서 저출산이 왜 문제가 되고 있는가? 일반적으로 거론되는 내용은 한 마디로 국가 경쟁력이 약화되기 때문이라는 것이다. 즉, 출산율이 떨어지게 되면 경제활동 인구가 줄어들어 노동력이 감소하게 될 뿐 아니라, 출산율은 떨어지는 반면 의학 기술이 발달하여 평균 수명이 연장되고, 이로써 인구 고령화 현상이 나타나게 되면 노인 부양에 대한 사회적 부

담이 증가하여 결국 국가 경쟁력이 약화된다는 것이다. 그래서 요즘에는 '4-2-1'이라는 표현을 하기도 한다. 이것은 한 명의 젊은이가 부양해야 할 노인의 숫자를 나타낸다. 대부분 외동인 젊은이 한 사람이 자신의 부모 2명과 조부모 4명을 부양해야 한다는 뜻이다.

이러한 상황에서 기독교계에서도 저출산 현상을 교회 성장과 부흥이라는 사안에 직결되는 문제로 보고 대책을 마련하느라 분주하다. 심지어 일부에서는 출산율 저하로 기독교 인구가 줄게 되면 선교 역량이 감소하기 때문에 출산율을 높여서 기독교 인구의 자연 증가율을 높여야 한다는 주장이 나오기도 한다. 그러나 저출산을 단순히 교회 성장이나 선교 역량과 연결시켜 이해하는 것은 바람직하지 않다.

얼마 전에 한 정당이 '출산 주도 성장'을 외쳤다가 국민들로부터 출산을 경제 성장의 도구로 삼는다는 강한 비난을 받았듯이 출산을 도구화하는 것은 적절치 않다. 출산은 보다 근본적인 차원에서 의미가 있는 것이다. 사회구성원의 재생산은 사회를 유지하고 존속하기 위한 가장 원초적인 의무이다. 우리 사회를 구성하는 한 사람 한 사람이 어떤 이유로든 출산을 기피한다면, 결국 우리 사회는 존속 자체가 어렵게 될 것이다. 특히 기독교인들에게 출산은 창조의 섭리를 경험하게 하는 하나님의 축복이자, 공동체의 신앙과 도덕적 가치를 세대에서 세대로 전승하는 신성한 책무이다. 그러므로 기독교인들에게서 출산율이 하락하고 있는 현상은 책임과 의무를 다하지 않고 있다는 의미이다. 사회적으로나 신앙적으로나 저출산은 시급히 해결해야 할 중대한 문제인 것이다.

(2) 저출산 현상의 원인

그렇다면 저출산 현상은 왜 나타나는가? 저출산 현상이 비록 자연스러운 것은 아니나, 경제 수준이 높은 이른바 선진국에서는 일반적으로 나타나는 현상으로 알려져 있다. 또한 한 국가 안에서도 대개 교육 수준이 높을수록 출산율은 하락하는 특징을 보인다. 이 외의 다른 요인으로는 결혼 연령의 전반적인 상승을 들 수 있다. 현대 산업사회에서는 대부분의 직업이 장기간의 교육을 요한다. 특히 오늘날과 같이 첨단 과학기술과 전문화된 직종이 발달한 사회에서는 필요로 하는 교육 기간이 더욱 늘어나게 되는데, 이렇게 교육을 받는 동안에는 경제력이 약하기 때문에 결혼하지 못하게 되고, 결국 자연스럽게 결혼 연령이 상승하게 되는 것이다.

우리나라 여성들의 초혼 연령을 살펴보면, 1992년에는 25세이던 것이 그 후 완만하게 증가하여 2002년에는 27세, 그리고 2010년에는 28.9세를 기록하였으며, 2017년에는 30세를 넘어 30.2세를 기록하였다. 남성들의 초혼 연령도 1992년에 28.1세이던 것이 2002년에는 29.8세로 증가하였고, 2010년에는 31.8세, 2017년에는 32.9세로 30세를 훌쩍 넘겼다. 2015년 인구주택 총조사에서 30대 연령의 미혼율은 36.3퍼센트로 전체의 삼분의 일 이상이 미혼이었는데, 이는 2005년보다 15퍼센트 포인트나 증가한 수치였다

이런 관점에서 저출산 현상을 단순히 변화하는 사회 현실이 반영된 것으로 이해하는 사람들도 있다. 다시 말해, 우리 사회가 선진 산업 사회 대열에 들어서게 되면서 자연히 출산율이 떨어진 것으로 봐야 한다는 것이다. 한때 우리 사회에서는 투표율 하락 현상을 놓고 이것이 선진국에 진입했다는 증거라고 주장한 사람들이 있었다. 즉 선진국에서는 대개 정치에 대한 관심이 감소하여 투표율이 낮다는 연구 결과가 있는데, 우리 사회에서 투표율이 하락한 것도 우리 사회가 선진국이 되었기 때문이라고 주장한 것이었다. 이와 마찬가지로 저출산 현상 역시 우리 사회가 선진국 대열에 들어갔다는 증거가 될 수 있다고 보는 것이다.

그러나 이것은 논리의 비약에 불과하다. 선진국이 대개 출산율이 낮은 특성을 보인다는 것과, 출산율이 낮은 것이 선진국의 증거라고 하는 것은 전혀 다른 의미이기 때문이다. 우리 사회의 출산율은 OECD 가입국 중에서도 가장 낮은데, 그렇다고 해서 우리나라가 최고의 선진국이라고 말할 수는 없을 것이다.

한편 미시적인 관점으로 접근할 경우, 사회구조에 따른 저출산이라는 결과는 우리 사회의 개인들이 각각 자신들이 처한 상황을 나름대로의 관점에서 판단하여 능동적으로 선택한 것으로 이해할 수도 있다. 다시 말해, 저출산은 우리 사회 구성원들이 적극적으로 의도한 결과라는 것이다. 그렇다면 우리 사회 구성원들은 무엇을 의도한 것일까?

보건복지부가 동덕여대 한국여성연구소에 의뢰한 '출산의욕 고취를 위한 사회적 대처 방안 연구'에 따르면 남성보다 여성이 자녀 없는 가정을 선호하는 것으로 나타났는데, 그중에서 '경제적인 부담'을 그 이유로 말한 사람이 조사대상 성인 2,767명 중 51퍼센트로 가장 큰 비중을 차지했다.[3] 다시 말하자면 아이를 키우는 데 돈이 너무 많이 든다는 것이다. 양육비 중에서도 가장 많은 비중을 차지하는 것은 단연 교육비였다. 흔히 한국이 교육열이 높다고 하지만, 그러나 엄밀히 말해 공부하는 '학생 당사자의 향학열'이 아니라, 공부를 시키는 '부모의 교육열'이 높은 것이다. 이처럼 한국 부모들의 높은 교육열 때문에 전체 가구의 경제적 지출 중 50퍼센트 이상이 자녀의 교육비로 쓰이고 있어 갈수록 아이를 많이 낳지 않으려고 하는 것이다. 여성의 교육수준 및 사회 참여가 증가한 것과 함께 자녀 양육비가 증가한 것 역시 자녀

---

3. 한국보건사회연구원이 18세에서 39세의 미혼남녀들을 대상으로 조사한 결과에서도 조사대상의 24퍼센트가 현재 결혼을 하고 있지 않은 이유로 '경제적 기반이 없어서'라고 답했다. 남자는 그 비율이 34퍼센트에 달했다.

를 출산하는 것에 부정적으로 작용하여 저출산을 부추기는 주요 원인이 되고 있다.

심층면접을 실시한 조사연구의 결과에서도 저출산의 원인으로 가장 빈번하게 등장하는 것은 역시 경제적인 문제로 나타났다. 결혼 초기에는 경제적 기반을 마련하기 위해 맞벌이를 하고, 그 후로도 집 장만 등 여러 경제적인 문제를 해결하기 위해 노력하다 보면 출산을 미루거나, 낳아도 둘 이상을 낳기가 힘들 수밖에 없다는 것이다. 과거에는 자녀 양육을 위해 부부 중 한 사람이(주로 아내가) 경력을 희생하는 경우가 많았지만, 요즘에는 경제적인 이유로 일을 계속하기 위해 결혼을 늦추거나 출산을 보류하는 사례들이 많다.[4] 즉, 생계유지에 더하여 자녀 양육에 드는 비용을 감당하기 어렵다는 것이 저출산의 가장 큰 요인으로 작용하였다는 것이다.

특히 신혼부부들의 경우 결혼 비용을 쓰고 나서 집을 장만하는 것이 무척 힘들 뿐만 아니라, 아이를 임신하고 출산하고 기르는 데 많은 수고와 비용이 수반되기 때문에 자녀의 출산을 미루고 있는 경우가 많았다. 심지어 최근에는 경제 상황의 악화로 연애, 결혼, 출산을 포기한다는 이른바 '삼포세대'라는 말이 생겼을 정도이니, 앞으로 저출산 문제는 더욱 심각해질 것으로 우려된다.

이런 상황에서 우리나라 여성의 평균 초산 연령의 증가 현상은 초혼 연령 증가 현상보다 더 심하다. 1988년 24.9세에서 2002년 28.3세로 꾸준히 증가하다가, 2010년에 31.26세로 진작 30세를 넘어섰다. 35세 이상에서 출산한 이른바 '노산'의 경우는 1984년에 2.3퍼센트이던 것이 1992년에는 4.3퍼센트, 1996년에는 5.3퍼센트로 지속적으로 증가하였고, 2010년에는 전체 임신

---

4. 손승영, 「한국사회 저출산 원인과 가족친화적 정책대안」, 『가족과 문화』 17집 2호.

부의 17.1퍼센트로 급증하였다. 이에 따라 산모와 태아의 건강을 위협하는 중대한 위험 요소가 되고 있다.

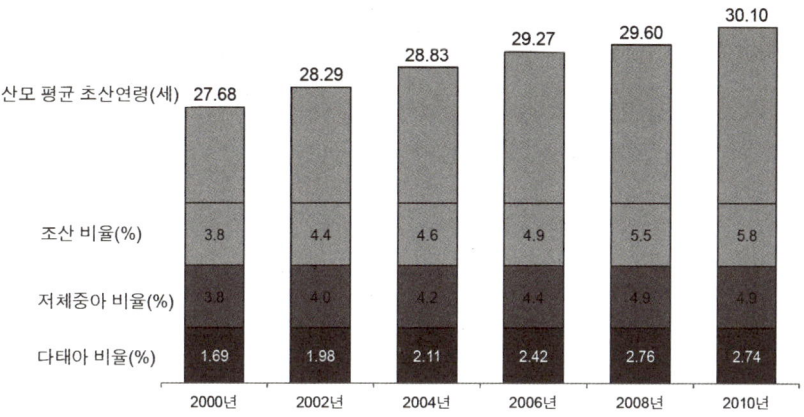

<그림5> 산모 초산 연령과 조산 및 저체중아 비율 추이

사실 저출산 현상을 일률적으로 경제적인 이유로만 볼 수는 없다. 또 하나의 이유는 다른 저출산 국가들에서도 확인할 수 있는 것으로, 곧 남성 중심 사회일수록 저출산 문제가 심각하다는 것이다. 왜냐하면 남성 중심 사회일수록 여성이 직업 활동과 결혼 및 출산을 병행하기 어려운 상황에 처하여 그만큼 출산률이 낮아지기 때문이다. 많은 학자들이 우리 사회가 저출산 사회로 급격히 전환된 데는 경제적인 요인과 더불어 성불평등 요인이 복합적으로 작용했다고 진단한다. 즉 경제적인 요인과 함께, 한국 고학력 여성들이 자신들의 사회적 역할로 기대하는 수준에 비하여 사회가 여성들의 역할로 기대하는 수준이 현저히 낮은 불평등한 상황이 복합적으로 작용한 결과라는 것이다.

그동안 우리나라 여성의 교육 수준은 급속히 향상되어, 요즘 젊은 세대의 경우 여성들이 직업적 전문성이나 헌신도에서 남성들과 차이를 보이지 않고 있다. 그러므로 이들이 과거 세대처럼 출산과 자녀 양육을 위해서 직업 활동을 쉽게 포기할 것으로 기대해서는 안 된다. 여성들이 자녀 출산과 양육을 선택하기 위해서는 그로 말미암아 포기해야 하는 경제적, 사회적 활동에 상응하는 비용을 지불해야 하기 때문이다. 여성의 교육 수준이 향상되고 직업 활동의 규모와 전문성이 증가할수록 출산과 자녀 양육에 따르는 기회비용이 증가하는 것이다.

여성들의 직업 활동에 대한 인식이 남성과 여성 모두에게서 크게 변화했음에도 불구하고, 여성들이 직장생활과 가정생활을 병행하기 어려운 환경이 여전히 유지되고 있다. 예를 들어, 여성이 직업 활동에 참여하게 되면 가사나 자녀 양육 활동에도 변화가 수반되어야 하는데도, 대개 가사 책임은 여전히 여성에게 전가되어 있는 실정이다. 이처럼 여성의 직업의식과 경제활동이 증가했음에도 가족 내에서 가사나 양육의 역할이 전통적인 형태를 유지하는 상황은, 여성들에게 이중, 삼중의 부담을 안기는 것이므로 자연스럽게 저출산을 선택하게 되는 것이다.

(3) 저출산 문제 해결 방안

저출산 문제를 해결하기 위해 정부에서는 주로 일자리 창출과 고용 안정과 같은 경제 활성화 방안들을 제시하고 있다. 이런 것들이 앞서 살펴본 출산 기피 현상의 원인을 해소하는 데 필요하기 때문이다. 자녀를 셋 이상 낳는 가정에 대해서 주던 여러 가지 인센티브를 두 자녀 가정에게도 확대 적용하겠다고 하기도 한다. 그러나 경제적인 지원으로 저출산 문제를 성공적으로 해결하고 있다고 평가되는 프랑스의 경우와는 달리, 우리나라는 정부의 대대적인 지원을 기대하기가 어려운 형편에서 한계에 부딪히고 있다. 이와 함께 자녀 양육비 부담을 줄여 주기 위한 사회적 지원도 논의되고 있다.

그러나 한편으로, 그동안 출산장려금 지원을 중심으로 한 출산장려책이 실효를 거두지 못하고 여전히 신생아가 줄고 있는 것은 시사하는 바가 매우 크다. 서울 강남구의 경우 둘째 자녀 출산 시 100만 원, 셋째 자녀 출산 시 500만 원 등 거액의 출산장려금을 주고 있고, 성동구는 세 자녀 이상 가구에 대해 일반분양 아파트의 특별분양 우선권을 주기로 하고 있으며, 동대문구는 세 자녀 이상 공무원에게 승진 혜택을 주고 있다. 하지만 서울인구통계 조사 결과, 서울시의 신생아 출산은 2년 사이에 오히려 1만 명 가까이 준 것으로 나타났다. 뿐만 아니라 정부 차원에서도 지난 10년간 150억 원을 저출산 정책에 쏟아부었지만, 출산율은 지속적으로 감소하고 있어 대규모 예산 지원을 무색하게 하고 있다.

그러므로 경제적 지원과 더불어 출산과 육아에 대한 인식도 크게 바꿔야 한다는 지적이 많다. 그간 우리 사회에서는 출산과 육아를 비롯한 가사노동이 상대적으로 중요하지 않은 일로 인식되어 왔다. 가사노동이 사회활동에 비해 덜 중요한 것으로 평가절하가 된 이유는 가사노동을 생산 활동이 아니라 소비 활동으로 여기기 때문이었다. 현대사회에서는 산업화 과정의 결과로 가정과 직장이 분리되면서, 직장은 생산 공간으로서 인식하고 가정은 소비 공간으로 인식하게 되었다.

그러나 가사노동은 가족구성원을 재생산하고 가계를 계승함으로써 사회 자체를 유지, 존속시키는 매우 중대한 의미를 지니고 있다. 따라서 출산과 육아 및 가사는 사회구성원 개인이 스스로 해결해야 할 문제가 아니라, 사회 공동체가 공동으로 책임져야 할 문제로 인식해야 한다. 이것이 최근 우리 사회에서 공동 육아에 관심이 높아진 이유이다. 혼자서 아이를 키우기 어렵기 때문에 뜻을 같이 하는 부모들이 힘을 모아 협동의 방식으로 육아를 하려는 것이고, 더 나아가 아이를 잘 키울 수 있도록 육아 환경을 개선하려는 노력의 일환이다. 육아환경이 좋은 귀촌 마을에 다출산 가족이 많은 이유도 그러한 것이다.

마찬가지로 교회 안에서도 자녀 양육에 대하여 교회 전체가 공동의 책임 의식을 가져야 한다. 자녀를 양육하는 젊은 부부들이 어려움을 겪지 않도록 지원을 아끼지 말아야 한다. 육아를 부모의 책임으로만 여기지 않고 신앙공동체 모두에게 주어진 신성한 책임으로 여긴다면, 저출산 현상을 줄이는 데 많은 도움이 될 것이다.

물론 자녀 양육을 사회적으로 지원하는 일은 분명히 필요하다. 하지만 앞서 언급했듯이 저출산 문제 자체를 돈으로 해결하겠다고 하는 것은 적절한 방법이 될 수 없다. 그러나 더 근본적으로, 경제적인 인센티브로 사람들을 쉽게 움직일 수 있고 출산율도 높일 수 있다고 생각하는 것은 인간에 대한 이해가 매우 천박한 수준에 머물러 있는 것이다. 예를 들어, 출산장려금에 대해 한 주부는 '출산장려금을 줄 테니 아기를 낳으라는 것은, 한 달 기름 값을 줄 테니까 자동차를 사라는 것과 같은 논리'라고 비판하였다.

인간은 단순히 경제적인 동물이 아니다. 반드시 다차원의 문화적인 존재로 이해해야 한다. 즉, 인간은 문화적 존재로서 자신의 삶과 일에 의미를 추구하며 살아가는 존재라는 것을 인식해야 한다. 그러므로 자녀 출산을 국가 경쟁력을 높이기 위한 도구로 보는 데 오히려 저출산의 근본적인 문제가 있다고 봐야 한다. 다시 말해 저출산의 문제는 보다 근원적으로 우리의 의식과 우리가 지향하는 가치에 기인한다고 할 수 있다.

여기서 우리 사회에 만연해 있는 경제주의식 사고방식의 문제를 지적하지 않을 수 없다. 박영신 교수는 경제적 가치라는 안경을 끼고 사물을 바라보고 경제적 가치라는 잣대로 모든 것을 평가하는 등 일상생활을 경제적으로

만 파악하는 사고방식을 '경제주의'라고 표현하고 있다.[5] 지금 우리 사회에서 사회 구성원을 재생산하는 중대한 사안을 주로 국가경쟁력과 관련하여 염려하는 것도, 젊은 부부들이 경제적 부담으로 출산을 기피하는 이유도 모두 경제주의식 발상이다.

세계에서 유례를 찾아보기 힘든 우리나라 가족계획 정책의 성공도, 다산을 장려하는 전통적인 가치관을 '잘살아 보세'라는 기치 아래 뿌리째 뒤흔들었기 때문에 가능한 것이었다. 그것이 지나친 나머지 이제 세계 최저수준의 출산율로 어려움을 겪게 된 것은 우리가 얼마나 경제 중심의 사고를 가지고 있는지를 되돌아보게 한다. 따라서 출산의 문제는 노동력 확보라든가 국가경쟁력 제고라는 경제적인 잣대로 평가할 성질의 것이 결코 아니다.

특히 기독교인들에게 출산은 신앙공동체를 존속시키고 하나님께서 부여하신 소명을 감당하기 위한 신성한 권리이자 책임이다. 따라서 교회에서는 자녀를 낳고 기르는 일이 얼마나 복되고 소중한 일인지를 깨닫게 하고 부모로서의 긍지와 책임감을 가질 수 있도록 가르쳐야 한다. 그리고 출산을 의미 있게 여기도록 하기 위해서는 이제까지 지나치게 경제주의식으로 사물을 바라보았던 태도를 바꾸는 것은 물론이고, 지나치게 남성 중심으로 살아온 삶의 태도도 바꾸게 해야 한다.

즉 은연중에 교회 안에 퍼져 있는 경제주의식 사고와 여성을 차별하는 제도, 그리고 출산과 양육을 사소하게 여기는 남성 중심의 삶의 태도가 분명히 바뀌어야 한다. 특히 출산 후 집에 머물게 되는 여성에게 가사를 포함하여 출산에 따르는 모든 책임이 전가되어 왔다. 여성 혼자서 육아를 책임진다고 해서 요즘에는 '독박 육아'라는 말도 생겼을 정도이다. 그러나 여성의 직업 활

---

5. 이에 대하여는, 박영신·정재영, 『현대 한국사회와 기독교』(서울: 한들, 2006), 2부 1장을 볼 것.

동이 일반화된 지금은 육아가 여성만의 책임이 아니라는 인식도 일반화되어야 한다. 이렇게 한 사람 한 사람의 사고방식과 삶의 태도가 바뀌어 갈 때 점진적으로 우리 사회의 구조도 바뀌어 갈 것이고, 그럴 때에 한국교회는 우리 사회가 하나님의 창조 원리를 회복하는 데 크게 기여하게 될 것이다.

제2장
새로운 가족이 출현하다
: 전통 가족의 해체

지난 수십 년간 우리 사회는 산업화, 도시화, 서구화 등의 영향으로 급격한 사회 변동을 경험하였으며, 이는 사회의 모든 영역에 변화를 가져왔다. 특히 한국의 가족은 유교에 근거한 전통적 가치와 규범에 지배되고 있었기 때문에 이러한 사회 변동이 한국의 가족에 미친 영향은 더욱 크다고 할 수 있다. 이에 따라 한국의 가족은 전통적인 형태와 특징으로부터 크게 변하게 되었다. 그리하여 최근에는 기존의 상식으로는 비정상으로 비치기도 하는 비정형 가족, 곧 새로운 형태의 가족 형태가 나타나고 있으며, 전통적인 관념에서 보면 가족이 해체되고 있다고 느낄 정도로 급격한 변화가 진행되고 있다.

1. 가족 형태의 다양화

우리 사회의 가족 구조는 급격히 변하고 있으며, 여성의 사회적 역할의 증대와 맞물려 가족 기능의 변화도 동시에 나타나고 있다. 이러한 변화를 가장 잘 보여 주는 것이 이른바 비정형 가족이 증가하면서 다양한 가족 형태가 등장하는 현상이다. 가족 구성원들이 전통적인 역할을 가장 잘 수행하는 규범적인 가족 형태는 이성 간의 합법적인 결혼에 기초하는 부계 중심의 혈연 가족이다. 최근에 등장한 비정형 가족들은 다른 형태의 가족들이 등장하고 있음을 의미하는 것이다.

지난 30년간 한국 가족 형태의 변화상에서 두드러지는 특징은, 부부와 미혼 자녀 중심의 핵가족이 지속적으로 증가하고, 3세대 확대 가족이 급격히 감소했다는 것이다. 더불어 부모와 자녀로 구성된 안정된 형태의 정형 가족은 줄어드는 반면, 자녀가 없는 부부 가족이나 부모나 자녀와 함께 살지 않는 1인 가구가 급속히 증가하고 있다. '가정' 또는 '가구'라 했을 때 일반적으로 떠오르는 그림은 부부와 한 명 또는 두 명의 자녀로 이루어진 가족이다. 1975년에 가장 보편적이었던 2세대 가구의 비율이 70퍼센트였는데 2000년에는 60퍼센트대로 감소하였다. 또한 2세대 가구 중에서도 가장 일반적인 '부부+자녀' 가구는 1975년 51.7퍼센트에서 2000년에 48.2퍼센트로 감소하였고, 2008년에는 41.8퍼센트, 2015년에는 32.3퍼센트로 급격히 감소하였다.

'한 부모 가구'와 '조부모+손자녀 가구' 역시 감소하는 경향을 보이고 있는데, 이는 재혼이 증가하여 나타난 결과로 보인다. 이혼 및 재혼의 증가와 관련하여 볼 때 2세대 가구가 차지하는 비율 자체는 큰 감소를 보이지 않지만, 안을 들여다보면 친부모 가족과 양부모 가족으로 그 구성이 다양해졌을 것으로 짐작할 수 있다. 한 부모 가구, 조손 가구, 1인 가구, 비혈연 가구 등 비정형 가족이 차지하는 비율이 1975년 18.8퍼센트였던 것이 계속 증가하여 2005년에는 전체 가구의 삼분의 일 수준인 30.4퍼센트에 이르렀다.

2. 1인 가구의 증가

가족 구조의 변화로 가족 규모의 축소 경향이 두드러지면서 가구원 수가 크게 줄어들었고, 이에 따라 1인 가구가 크게 증가하였다. 앞 장에서도 살펴본 바와 같이 지속적인 출산율 저하로 자녀 수가 현격하게 감소함으로써, 평균 가구원 수는 1960년 5.6명에서 1995년 3.3명으로 감소하였다. 그리고 통계청의 '장래가구 추계: 2015~2045년'에 따르면, 전체 가구의 평균 가구원 수는 2015년 2.53명으로 1960년과 비교해서 절반 수준으로 줄어든 것이다. 이러한 추세라면 2025년 2.34명, 2035년 2.22명을 거쳐 2045년에는 2.10명까지 추락할 것으로 예측된다. 이렇게 가구원 수가 줄어들고 있는 것은 4인 가구는 줄고 1, 2인 가구가 늘고 있기 때문이다.

이에 따라 주택 건설 정책도 소형 주택을 늘리는 방향으로 변하고 있고, 최근 서울시는 국민주택 규모를 현재 85㎡에서 65㎡로 조정할 것을 정부에 건의하기도 하였다. 1970년대에 제정된 주택건설촉진법에서는 1인당 적정 주거면적을 5평으로 삼고, 당시 평균 가구원 수인 5를 곱해서 25평 정도로 정했다. 이것이 법정단위에서 평이 사라지면서 85제곱미터가 기준이 되었다가, 최근에 평균 가구원수가 줄어들자 65제곱미터로 조정하자고 건의한 것이다.

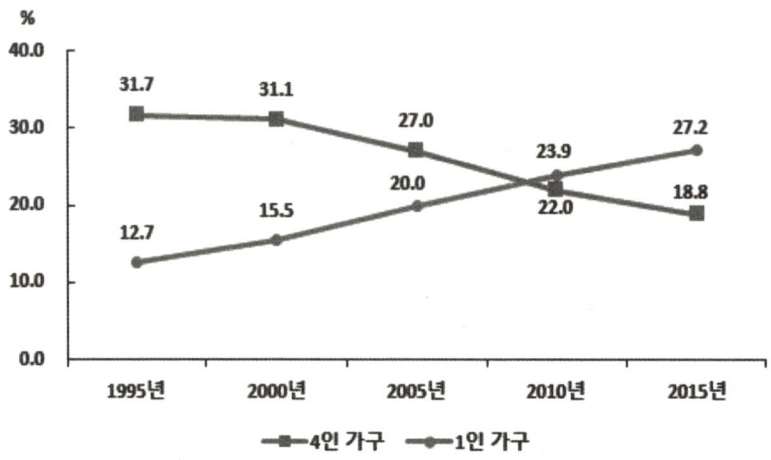

또한 전체 가구 중에서 1인 가구의 구성 비율은 1970년 3.7퍼센트에서 2000년에는 15.5퍼센트로 급속히 증가했고, 2015년 인구주택 총조사에서는 1인 가구가 27.1퍼센트로 2인 가구를 제치고 대한민국 대표 가구가 되었다. 우리에게 익숙한 '4인 가족'은 더 이상 우리 사회의 대표 가족의 모습이 아니며, '나 홀로 가족'이 우리 사회의 가족을 대표하게 된 것이다. 1인 가구는 2025년에는 31.3퍼센트에 이를 것으로 예측되고 있다.

<표2> 가구원 수별 가구 규모

(단위 : 천 가구, %)

가구원수	1995년	2000년	2005년	2010년	2015년	2016년
일반가구	12,958 (100.0)	14,312 (100.0)	15,887 (100.0)	17,339 (100.0)	19,111 (100.0)	19,368 (100.0)
1인	1,642 (12.7)	2,224 (15.5)	3,171 (20.0)	4,142 (23.9)	5,203 (27.2)	5,398 (27.9)
2인	2,185 (16.9)	2,731 (19.1)	3,521 (22.2)	4,205 (24.3)	4,994 (26.1)	5,067 (26.2)

3인	2,636 (20.3)	2,987 (20.9)	3,325 (20.9)	3,696 (21.3)	4,101 (21.5)	4,152 (21.4)
4인	4,110 (31.7)	4,447 (31.1)	4,289 (27.0)	3,898 (22.5)	3,589 (18.8)	3,551 (18.3)
5인 이상	2,385 (18.4)	1,922 (13.4)	1,582 (10.0)	1,398 (8.1)	1,224 (6.4)	1,200 (6.2)

<출처: 통계청>

결혼보다 내 삶을 택하는 2030세대, 가부장적 가족제도를 거부하는 여성들, 결혼적령기를 넘긴 남녀, 여기에 기러기 아빠와 이혼자들인 '돌아온 싱글', 홀로 된 노인까지 더해져 우리 사회에서 '나 홀로 족'의 수는 가파르게 늘어나고 있다. 문제는 1인 가구의 급증이 질병·소외·빈곤 등 사회병리 현상으로 발전할 수 있다는 점이다. 전통적 빈곤 문제와는 다른 새로운 사회적 위험이 증가한다는 것이다. 특히 1인 가구는 다인 가구에 비해 공동생활에 따른 비용 절약 효과 등이 없어 빈곤화가 더욱 심화될 수 있고, 고령화 노인들의 고독사 문제도 이미 오래전부터 우려된 대목이다. 1인 가구 증가의 직접적 원인인 비혼, 만혼, 이혼과 별거, 사별, 저출산 고령화에 따른 인구구조의 변화는 가까운 시일 안에 달라지지 않을 것이며, 1인 가구가 2인 이상 가구보다 고용, 소득, 주거, 의료, 안전 등에서 위험에 더 많이 노출되어 있는 현실을 감안하여 1인 가구의 생활 환경 개선을 위해 노력해야 한다.

통계청의 분석에 따르면, 2015년 기준 보증금 있는 월세를 내고 사는 1인 가구는 36.0퍼센트로, 2000년(21.2%)에 비해 14.8퍼센트 포인트 증가하였다. 특히 미혼인 1인 가구의 보증금 있는 월세 거주 비중은 더 빠른 속도로 늘어났다. 2015년 기준으로 혼자 사는 미혼 가구의 49.9퍼센트는 보증금과 월세를 내고 살았다. 이는 2000년(29.2%)에 비해 20.7퍼센트 포인트 늘어난 수치다. 반면 미혼 1인 가구의 전세 비중은 2000년 41.3퍼센트에서 2015년

19.3퍼센트로 반토막이 났다. 미혼 1인 가구의 형편이 매우 나빠진 것이다. 또한 1인 가구 중 방 하나에 살고 있는 비중은 2000년 33.1퍼센트에서 2015년 27.2퍼센트로 5.9퍼센트 포인트 줄어들었지만 청년층은 달랐다. 혼자 사는 34세 이하 청년층은 '단칸방'에 살고 있는 비중이 높아졌다.

한편으로는 1인 가구 증가의 원인 역시 빈곤 문제라는 점을 생각해야 한다. 다시 말해서 개인이 자유로이 선택한 1인 가구뿐만 아니라, 경제적인 빈곤으로 결혼을 포기하거나 가정을 부양할 수 없어서 어쩔 수 없이 1인 가구로 전락한 사람들도 적지 않다는 것이다. 이러한 경우에 빈곤 문제가 해결되지 않는다면 일생을 혼자 살아야 하기 때문에 더욱 심각한 문제가 되고 있다. 이러한 점에서 보편적인 기본소득을 도입하는 것이, 1인 가구를 빈곤에서 탈출시키고 소득불평등 해소에 기여함으로써 사회재생산 위기의 원인을 완화하는 출발점이 될 수 있다는 주장이 나오고 있다. 곧 기본소득을 통해 직접적으로는 1인 가구의 현재의 처지를 개선시키면서도 긴 안목으로 보면 사회경제적 요인으로 말미암은 1인 가구 증대를 줄일 수 있다는 것이다.

3. 새로운 가족의 출현

최근 우리 사회에서는 보다 다양한 가족들이 출현하고 있다. 이러한 가족들은 '비정형적' 가족 형태와는 또 다른 성격을 띠는데, 주로 사회 변화에 대한 적응 과정에서 등장한 형태이지만, 일부는 새로운 가족생활에 대한 모색으로 대안 가족의 성격을 띠기도 한다.

(1) 독신 가족

독신 가족은 미혼, 이혼, 사별 등으로 현재 법적 배우자가 없는 가족을 말한다. 독신 가족은 독신 기간과 자발성 여부에 따라 자발적·일시적 독신, 자발적·안정적 독신, 비자발적·일시적 독신, 비자발적·안정적 독신으로 나누어 볼 수 있다. 최근에는 여성들의 경제력과 사회적 지위가 상승함에 따라 자발적·안정적 여성 독신 인구가 증가하는 추세를 보이고 있다.

이러한 독신 가족의 증가는 1인 가구 증가 현상의 많은 부분을 설명해 준다. 그러나 엄밀한 의미에서 독신 가족과 1인 가구를 동일한 개념으로 볼 수는 없다. 왜냐하면 법적 배우자가 존재함에도 불구하고, 여러 가지 이유로 함께 거주하지 않고 경제 활동을 공유하지 않는 경우가 증가하고 있기 때문이다. 이혼의 전 단계로 별거를 선택하여 장기간 동안 1인 가구를 형성, 유지하는 경우도 많고, 최근에는 이른바 기러기 가족이나 주말 부부 등과 같이 일시적 별거로 1인 가구가 형성되는 경우도 급증하고 있다.

독신 가족 중에는 혼인 상태로는 미혼, 성별로는 여성, 연령대로는 노인이 주요 관심의 대상이다. 그중에서도 특히 미혼 독신은 그들이 전체 독신 가족에서 차지하는 비중도 크거니와, 결혼을 하지 않고 이른바 '싱글'의 삶을 즐기는 인구가 지속적으로 증가하여 사회적 이슈가 되고 있다. 특히 독신을 선호하는 경향이 여성에게서 더 높게 나타나고, 실제로도 25세에서 34세 사이의 미혼 여성 비율이 급증하고 있다는 점 때문에 미혼 독신 여성들이 집중적인 관심을 받고 있다.

최근에는 결혼하지 않는 40대도 늘고 있는데, 흔히 '골드 미스'라고 말하는 것처럼 경제적 안정을 이루다 보니 결혼 적령기를 놓치게 되고, 그러다가 결혼은 해도 그만 안 해도 그만이라고 생각하게 된 40대가 늘고 있는 것이다. 실제로 통계청 자료에 따르면 40대 중에서 '결혼을 반드시 해야 한다'

라는 생각은 남자의 경우 10년 전에 비해 36.3퍼센트에서 20.1퍼센트로 줄었고, 여자의 경우도 31.8퍼센트에서 12.5퍼센트로 크게 줄었다. 반대로 '결혼은 해도 좋고 안 해도 좋다'라는 의견은 남자의 경우 17.6퍼센트에서 29.4퍼센트로 늘었고, 여성은 24.6퍼센트에서 40.7퍼센트로 크게 늘었다.

한편, 최근 들어 남성 1인 가구의 비율이 여성과 거의 비슷한 수준으로 증가하게 됨에 따라 남성 1인 가구에 대한 관심도 증가하고 있다. 남성 1인 가구에 대한 조사연구 결과를 보면 조사대상 남성의 평균 연령은 43.7세였고, 미혼이 전체의 64퍼센트로 독신 가족이 대다수를 차지하는 것으로 나타났다. 그러나 배우자와 별거 중인 경우도 12퍼센트에 달하는 것으로 나타났다.

이렇게 독신 가족이 늘어나자 업계에서는 소용량 냉장고와 압력 밥솥을 개발하여 출시하였고, 마트와 편의점에는 인스턴트 쌀밥 등 즉석 식품과 소량 상품의 판매가 늘고 있으며, 심지어는 반쪽짜리 수박이 등장할 정도이다. 또한 식당가에서는 4인용 식탁이 아닌 1인용 식탁을 마련하는 등 독거자들의 관심을 끌기 위해 노력하는 모습에서도 독신자의 증가를 실감할 수 있다.

(2) 기러기 가족

정확한 통계 수치는 없지만, 배우자와 별거 중인 남성 1인 가구의 상당수는 최근 자녀 교육 문제로 발생한 기러기 아빠들일 것으로 짐작된다. 기러기 가족의 규모에 대한 명확한 통계는 없으나, 재정경제부 자료에 의하면 2003년에 초·중·고의 조기 유학생 수가 10만 명을 넘었다고 하고 매년 1만 명이 넘는 조기 유학생이 출국하고 있는 것으로 볼 때, 기러기 아빠의 전체 규모는 상당할 것으로 추정된다. 0세에서 20세 사이의 출국자는 보통 조기 유학자가 다수를 이루는데, 2008년에 19만 1천 명으로 가장 많았다가 2009년에 감소했고, 2010년에 다시 16만 519명으로 전년 대비 28.7퍼센트 증가했다. 중년 세대 중 가족이 있는 기혼 1인 가구는 2000년 15만 85명에서 2015년 34만 5701명으로 폭증했는데, 이중 상당수가 자녀 유학으로 된 기러기 가족으로 추정된다.

기러기 아빠는 우리 사회에서 새롭게 등장한 세계에서 유래가 없는 독특한 가족 형태로서, 학술적으로 정립된 용어는 아니다. 일반적으로 기러기 아빠를 "자녀를 외국에서 공부시키기 위해 아내와 자녀를 외국에 보내 놓고 국내에서 혼자 생활하는 남자"라고 정의한다. 기러기 가족은 기존의 가족 연구에서 이야기하는 비동거 가족의 부류 중 국제적 비동거 가족의 부류에 해당한다고 볼 수 있다. 최근에는 평생직장 개념이 깨지면서 고용과 노후의 불안을 느낀 직장인들이 안정된 전문직을 얻으려고 뒤늦게 지방의 의대와 약대 또는 한의대로 진학하는 이른바 '신新 기러기족'도 늘고 있다.

이러한 기러기 아빠 역시 여성 독신 가족 못지않게 사회·경제적, 정서적으로 큰 어려움을 겪고 있다. 고정된 수입으로 두 집 살림을 해야 하므로 경제적인 어려움을 겪는 것은 물론, 가족과 떨어져 있으므로 외로움에 시달리고, 나아가 아내와 자녀들과의 사이에서 문화적 격차가 증가하는 등 매우 심각한 상황에 빠질 수 있어서 이에 대한 대책이 시급하다. 또한 '사추기思秋期'라는 중년기에 1인 가구로 지내면 정서적·성적 욕구, 안전에의 욕구 등이 모두 미충족되어 불안감이 커지고, 이혼율 증가나 몇 년 뒤 독거노인 폭증과 같은 문제가 발생할 수 있다는 점에서 매우 심각하다.

결혼하면 문제가 해소될 청년층과 달리 중년 1인 가구는 사회적 문제가 더 클 것이라는 지적도 나온다. 또한 과거에는 부정적인 의미에서 '결손 가정'이라는 말을 사용하였는데, 기러기 가족은 일종의 '자발적 또는 의도적 결손 가정'이라고 할 수 있는 것으로서 바람직하지 않은 측면이 강하다. 따라서 자녀를 위한 희생이라는 명분으로 오히려 가족을 도구화하고 있다는 점을 인식하고 이에 대한 생각을 전환할 필요가 있다.

(3) 그 밖의 새로운 가족 형태

최근 30, 40대 가구주 가구의 부부가족 형태인 무자녀부부 가족이 늘고 있다. 출생아 구성비 및 여성의 출산연령 상승 등이 무자녀부부 가족의 증가를 보여준다. 무자녀는 자녀 교육과 관련된 경제적 비용 회피, 직업 참여에서 얻어지는 경제적 보수 및 사회적 안정과 여가활동 증대 등의 보상이 있게 되는데, 이러한 요인들이 자녀 양육의 책임이 여성들에게 주로 강제되는 현실에서 여성들에게 강력한 매력으로 작용한다.

이혼율 증가에 따라 재혼율도 계속 상승하여 재혼가족들 역시 증가하는 추세이다. 비록 최근 이혼 숙려 제도 도입 등의 영향으로 이혼율이 감소 추세를 보이기는 하나 우리나라는 여전히 다른 나라에 비해 높은 이혼율을 유지하고 있다. 이런 상황에서 최근 들어 재혼 건수가 크게 증가하여 재혼 가족이 늘고 있는 것이다.

또한 사실혼 관계인 동거 가족의 경우 과거에는 경제적 빈곤층에서 많이 관찰되었으나, 최근에는 젊은 세대를 중심으로 결혼 예비단계 또는 결혼에 대한 대안으로서 증가하고 있다. 동거는 커플 간의 독립을 전제로 자유와 즉흥성이 있는 친밀한 관계를 제공한다는 장점이 있으며, 실제 당사자 간의 관계나 생활은 결혼 부부의 생활과 큰 차이가 없는 것으로 보고된다. 동거에 대한 찬성률은 중년세대에서도 계속 상승하고 있어서 앞으로 동거는 우리 사회에서 더욱 확산될 가능성이 크다고 하겠다. 이 밖에 미혼모 가족, 동성애 가족, 위탁 가족 등 과거에는 크게 드러나지 않았던 다양한 형태의 새로운 가족들이 점차 증가하고 있다.

4. 가정의 회복을 위한 방안

(1) 가정 기능의 회복

이상에서 살펴본 가족 형태의 다양화 및 새로운 가족 형태의 출현은 우리 사회의 가족이 얼마나 커다란 변화의 소용돌이 가운데 있는지를 보여 주고 있다. 그리고 이러한 변화는 앞으로 더 심해질 것이다. 근대화 과정에서는 가족의 주류 형태가 확대가족에서 핵가족으로 서서히 이동하였으나, 탈근대 과정에서는 가족의 핵분열과 새로운 원리의 융합이 반복되어 변동 방향을 쉽게 예측할 수 없을 뿐더러, 그 내용 역시 전형적인 가족에서 한참 벗어난 비전형적인 요소들로 가득 채워질 것으로 보인다. 이런 점에서 볼 때, 최근 한국 교계에서 시행되고 있는 가정교회나 가족 통합 예배와 같은 사례는 나름대로의 장점이 있더라도, 자칫 정형 가족에 속하지 않는 많은 사람들을 제도적으로 배제할 위험이 있으므로 이에 대한 대책 또한 필요할 것으로 보인다.

한편 가족 형태의 다양한 변화로 말미암아 미래 사회에서는 가족이 위기를 맞을 뿐 아니라 나아가 가족이 해체될 것이라고 우려하는 목소리가 높다. 그래서 곳곳에서 결혼과 출산의 중요성을 강조함으로써 전통적인 가족을 회복해야 한다고 주장하기도 한다. 그러나 다른 한편에서는 이러한 변화가 가족을 해체하는 것이 아니라 가족으로 하여금 새로운 환경에 적응하여 재구조화하게끔 하는 차원에서, 단지 가족이 다양화되고 있는 것으로 볼 필요가 있다고 주장한다. 나아가 모든 사람들의 삶이 하나의 형태로 주조되어야 한다고 가정하는 것보다 가족 유형과 성생활의 다양성을 적극적으로 추구해야 한다고 주장하기도 한다.

그런데 이러한 견해들의 차이는 '무엇이 정상 가족인가'에 대한 인식의 차이에서 비롯된다고 할 수 있다. 즉 가족의 위기를 주장하는 사람들은 전통

가족이 곧 정상 가족이라는 강한 신념을 가지고 있다. 반면, 가족의 재구조화를 주장하는 사람들은 개인의 자유와 양성 평등을 지향하는 근대 가족이 정상 가족이라는 신념을 가지고 있는 것이다.

여기서 어느 쪽이 옳다고 단정 짓기는 쉽지 않다. 그러나 한 가지 분명한 것은 오늘날의 가족이 과거의 전통적인 가족으로 복귀하는 것은 사실상 불가능하다는 것이다. 과거의 전통적인 가족이 오늘날 가족의 이상적인 모형이 되기에는 너무 억압적인 요소들이 많을 뿐 아니라, 오늘날 결혼과 가족 형태를 변화시킨 사회 변화 자체를 거꾸로 되돌릴 수도 없기 때문이다. 그리고 전통적인 형태와 다르다고 해서 무조건 부정적으로 판단하는 것 역시 바람직하지 않은 태도이다.

관건은 무엇보다도 '왜 우리에게 가족이 중요한가' 하는 것이다. 사회의 기능이 분화하기 이전인 전통 사회에서는 가족이 많은 사회적 기능을 수행하였다. 그러나 사회가 발달하고 사회제도가 분화함에 따라 가족이 수행하던 많은 기능들이 전문화되어 가정의 울타리 밖에 있는 여러 사회 제도와 기관으로 이전되었다. 이로써 가족의 기능이 많이 약화된 것이 사실이다. 그러나 그렇다고 해서 가족의 기능이나 역할을 무시해도 좋다는 것은 아니다. 현대 사회에서도 가정은 여전히 매우 중요한 기능을 담당하고 있다. 사회구성원을 재생산하고 가계를 이어가는 가장 원초적인 기능뿐만 아니라, 정서의 안정 및 안식처로서의 기능이나 일부 경제적 기능도 담당하고 있다.

무엇보다도 중요한 가족의 기능은 자녀를 사회화하고 교육하는 기능과 역할이다. 여기서 사회화란, 성장기에 사회 일반의 문화와 가치와 규범을 학습하고 공유하여 자신의 이성, 가치관 및 행동양식을 형성해 가는 과정을 말한다. 교육이란 이러한 사회화 과정에서 분명한 가치 지향을 갖고 정체성을 확립하게 하는 가정교육을 뜻한다. 이러한 점에서 가족은 자녀의 인격 및 인성을 형성하는 가장 중요한 장소요 단위이다. 오늘날에는 학교가 사회화의 기능을 담당한다고 하지만, 갓 태어난 백지상태의 아기는 가정 속에서 일차적으로 사회화 과정을 겪는다.

가족을 통하여 사회화된 자녀는 그 사회와 문화를 공유함으로써 처음으로 사회의 성원이 되는 것이다. 그러므로 사회화를 어떻게 시작하는가의 여부가 자녀의 성격과 인성 형성에 결정적인 영향을 미친다고 할 수 있다. 그런데 이러한 사회화의 기능은 무엇보다도 부모를 중심으로 이루어지기 때문에, 자녀를 출산하고 양육하기 시작하는 젊은 부부들이 어떠한 세계관 및 가치관을 갖느냐 하는 것이 절대적으로 중요하다. 특히 기독교 가정에서 한 사람을 기독교의 가치와 정신을 가진 온전한 기독교인으로 키우는 데 가장 중요한 것은 부모의 역할임이 자명하다. 따라서 교회에서는 젊은 부부들을 위한 모임을 통해서 어떻게 기독교의 정신과 성경의 가르침대로 자녀를 양육할 것인가에 대해 구체적인 도움을 줄 필요가 있다.

(2) 젊은 부부에 대한 관심 필요

오늘날 우리의 가정은 심각한 가치관의 혼란에 빠져 있다. 전통적으로 가부장적인 가족 문화를 형성해 온 우리 사회에서는 여전히 가정생활이 남성 중심의 권위주의적이고 억압적인 경우가 많다. 그래서 가정에서 부당하게 폭력을 당하거나 피해를 입는 가족 구성원들이 많아 민주적인 가족 문화가 형성되는 것을 저해하고 있다. 여기에 산업화 및 도시화 과정에 생긴 혼란과 불확실성으로 말미암아 과거의 가치 체계가 크게 흔들리고 있다. 이러한 혼란과 위기를 극복하지 못하고 적지 않은 가정이 깨짐으로써 우리 사회의 이혼율은 세계에서도 가장 높은 수준이다. 이혼율 자체가 꾸준히 증가하고 있는 것도 문제이지만, 그중에서도 결혼 후 3년 이내에 이혼하는 경우가 가장 많은 비중을 차지한다는 것이 큰 문제이다.

결혼 초기는 부부의 공동의 삶을 위하여 일상생활 방식과 습관들에서부터 친밀한 관계를 추구하는 방식, 의사소통 방식, 삶에 대한 가치관 등에 이르기까지 자신들이 가지고 있는 서로 다른 두 패러다임을 끊임없이 조정하고 함께 협상해 가는 과정이다. 그런데 이러한 결혼 초기의 갈등 문제에 효과적으로 대처하지 못하고 적응에 실패할 때에 부부가 이혼에 이르는 확률이 가장 높은 것으로 드러나고 있다.

그럼에도 배우자 선택과 올바른 부부 관계의 형성, 자녀의 출산과 양육 같은 실질적인 문제에 대해서 구체적인 도움을 주는 사회 기관은 그리 많지 않다. 특히 기독교의 시각에서 올바른 가정을 꾸리고 기독교의 가치로 자녀를 교육할 수 있도록 안내할 수 있는 모임은 거의 전무하다고 할 수 있다. 따라서 하루속히 교회 안에서 젊은 부부 모임을 활성화시켜 실질적인 도움을 줄 수 있도록 해야 할 것이다.

특히 30, 40대 젊은 부부에 대한 관심이 필요한데, 현재 우리 사회에서 30대는 흔히 '신세대도 쉰세대도 아닌 낀 세대'라고 불린다. 그만큼 정체성이 약하다는 의미이다. 청년기의 열정과 의욕을 뒤로 하고 이제는 안정된 위치로 나가야 할 시기이지만, 마땅히 자기 영역을 확보하지는 못한 어정쩡한 시기이다. 그러면서도 결혼과 함께 새로운 가정을 형성하면서 부모 의존 상태에서 벗어나 분가, 자녀 출산 등으로 새로운 삶을 개척해 나가야 하는 시기이기도 하다. 따라서 이 세대의 사람들은 사회에서 가장 왕성하고 의욕적으로 일해야 하는데도, 불투명한 미래와 흔들리는 자기 정체성 등으로 고민과 갈등을 겪게 된다.

우리 사회에서 30대는 본격적으로 산업화가 이루어진 시기에 성장기를 보내 생존 문제에만 얽매이지 않은 첫 세대이지만, 동시에 성인 초기에 정치,

사회, 사상적으로 대대적인 전환기의 한복판에 서 있는 세대이기도 하다. 즉 386세대에서 포스트 386세대로, 산업 사회의 특징에서 탈산업 사회의 특징으로, 이념 세대에서 감성 세대로와 같은 정체성의 급격한 전환을 경험한 세대이다. 또한 가치관 측면에서도 옳고 그름이 분명하던 시대에서 가치가 다원화됨으로써 옳고 그름에 대한 판단이 매우 유동적이게 된 시대로의 전환을 경험함으로써 정체성을 확립하기가 더욱 어려워지게 된 세대이다.

교회 안에서의 30대의 젊은 부부 역시 20대 청년부에서 활동하던 때의 뜨겁고 의욕 넘치는 신앙에서 다소 진지하고 보다 원숙한 신앙으로 변화하는 과정을 겪는다. 30대는 무비판적으로 쉽게 믿고 뜨거워질 수 있는 젊은이들이 더 이상 아니다. 하지만 그렇다고 흔들리지 않는 확실한 자기 고백적 신앙 위에 서기에는 여전히 많은 경험들을 필요로 한다. 더군다나 직장에서의 불안한 위치와 과중한 업무, 그리고 가정에서의 육아 및 가사의 부담으로 교회 활동에 소극적이게 됨으로써 자칫 신앙이 침체기로 접어들 위험이 있다. 주일날 교회에 와서도 어린아이를 돌보느라 예배에 집중하지도 못하고 모임에 참여하기도 어렵게 된다. 실제로 각 교회의 청장년부 모임이 이런 이유로 활성화되지 못하는 경우가 많다. 그러므로 교회는 절대적으로 부족한 여유 시간을 확보할 방안과 탁아방 운영 등을 통해 젊은 부부들이 모임에 적극적으로 참여할 수 있도록 도와줄 수 있는 방안을 강구해야 할 것이다.

(3) 건강한 가정을 위해

21세기 우리 사회의 가족제도에서 가장 크게 변화할 것으로 예상되는 부분은 부부 관계이다. 전통 사회에서 한국 가정의 부부 관계는 가부장적 관계에 기초하여 남편에 대한 순종을 강요하는 남편 중심의 일방적인 관계였다. 비록 오늘날에는 이러한 불평등한 부부 관계가 많이 극복되고 평등하며 민주적인 부부 관계가 형성되고 있다고 하나, 여전히 부족한 것이 현실이다. 이런 점에서 성경의 가르침에 합당한 건강한 가정을 만들기 위해서는 먼저 건강한 부부 관계를 형성하는 것이 필수이다. 따라서 교회에서는 성경의 가르침에 따라 오늘날 현대 사회에서 남편과 아내가 어떤 관계로 역할 분담을 할 것인지에 대해 자세히 안내할 필요가 있다.

몇몇 교회에서 실시하고 있는 젊은 부부 학교 프로그램에서 이러한 내용들을 다루고 있는 것으로 알려져 있지만, 실제로는 성경의 원리를 찾기 위해 성경공부를 하는 데 치중하고 있는 경우가 많다. 물론 성경공부도 중요하지만, 현대 사회에서 어떠한 부부 관계가 바람직한지, 요즘처럼 맞벌이 부부가 많은 시대에 가사 분담을 어떻게 하는 것이 좋은지, 육아와 자녀 교육에서 부모는 각각 어떤 역할을 해야 좋은지 등에 대해서도 함께 토론하고 적절한 방향을 찾을 수 있도록 하는 것이 필요하다.

그리고 육아와 자녀 교육에 대한 지도 역시 매우 중요하다. 우리 사회에서는 흔히 육아와 자녀 교육은 어머니의 몫인 양 생각하는 경향이 강하다. 출산을 하고 집에 머무는 시간이 많은 엄마가 육아와 자녀 교육을 담당하는 것이 어쩌면 자연스럽게 보일 수도 있다. 그러나 앞에서도 살펴보았듯이, 자녀의 인격과 인성 형성에 중요한 가정교육을 전적으로 어머니에게만 맡기고 아버지는 사회에 나가서 돈만 벌어 오면 된다는 식의 생각은 옳지 않다. 성경의 가르침에 따라 올바로 자녀를 양육할 책임이 어느 한 사람에게만 따로 있다고 볼 수 없기 때문이다.

특히 우리 사회에서는 아버지의 올바른 역할과 책임에 대해서 배울 기회가 거의 없다. 가정에서도 학교에서도 가르쳐주지 않는다. 오히려 우리 사회에서 아버지는 조국 근대화의 역군으로 언제나 직장 일에 쫓기며 가정을 소홀히 해 왔다. 뿐만 아니라 전통적으로 남자는 밖에 나가서 큰일을 해야 하고 집안일과 같은 사소한 것은 아녀자가 한다는 식의 사고방식이, 아버지가 가정을 소홀히 하는 것을 크게 문제가 되지 않는다는 생각을 조장했다. 게다가 근엄한 아버지의 모습을 좋게 여기던 시절에는 그나마 아버지가 집에서 머무는 시간조차 자녀들과 대화를 나누거나 자상하게 자녀들의 일과를 살피는 것을 적절하지 않는 것으로 여겼다.

이런 가정에서 성장한 현재의 젊은 아버지들은 자신의 아버지의 모습에 공감하지 못한다. 그러면서도 자신 또한 모범적인 아버지의 역할에 대해 배우지 못했기 때문에 좋은 아버지가 되는 것이 쉽지 않다. 따라서 교회에서는 성경의 원리에 따라 오늘날 우리 사회에서 어떤 아버지의 모습이 바람직한지에 대해서도 가르쳐 줄 수 있어야 한다.

마지막으로 오늘날 교회에 제안하고자 하는 것은, 새로운 가정을 만들어 가면서 우리 사회의 공공성에 기여할 수 있는 가정을 만들기 위해 노력해야 한다는 것이다. 현재 우리나라 사람들은 지나치게 성공과 출세를 지향하며 살고 있다. 교육을 하는 것도, 대학에 가는 것도 모두 성공하고 출세하기 위해서이다. 즉 우리 사회에서의 교육은 사회의 공공선을 이루기 위해서보다는 개인의 영달이라는 사사로운 목적을 이루기 위한 수단으로 여겨지고 있는 것이다. 이미 중고등학교 교육은 입시 교육으로 전락했고, 대학 교육 역시 취업 교육에 다름 아니다. 기독교인들 역시 별반 다르지 않다. 교인들은 자녀를 위해 기도할 때마다 "머리가 되고 꼬리가 되지 않도록" 간구한다. 정작 어려운 이웃을 돌보고 작은 일로도 하나님의 영광을 위해 힘쓰는 선한 사람이 되도록 기도하는 사람은 그리 많지 않다.

뿐만 아니라 우리 사회에서는 전통적으로 가족 성원 개인보다는 가족 집단이 우선시되며, 그 가족의 영속성과 발전을 유지하기 위해 '집안'의 중요성이 강조되는 가족주의 성향이 매우 강하게 나타나고 있다.[1] 나아가 "누구보다도 우리 가족이 잘 되어야 한다"라는 가족 이기주의 성향 때문에 집단 이기주의와 같은 많은 사회 문제가 발생하고 있는 실정이다. 앞서 살펴본 기러기 가족의 문제 역시 이러한 관점에서 이해될 수 있다.

기러기 가족의 교육 투자의 특징은 거의 전 재산을 다 쏟아 붓는 과도한 투자라는 것뿐만이 아니라, 교육을 위해 전 가족의 생애를 다 바쳐 희생을 감수하는 것이다. 이는 자녀의 성공을 위해 가족을 수단시하는 도구적 가족주의의 대표적인 유형이다. 그러나 가족은 그 자체로서 중요한 것이지, 다른 목적을 위한 수단이 될 수 없다. 특히 특정 가족 성원을 위해 다른 가족 성원이 희생을 하거나 권리를 침해당하는 것은 바람직한 가족의 모습이라 할 수 없다.

이러한 상황에서 지나치게 혈연을 중심으로 하는 삶의 방식은 올바른 기독교인의 것이라고 볼 수 없을 뿐 아니라, 우리 사회에 바람직하게 기여하기도 어렵다. 따라서 기독교인들은 혈연이나 지연에 연고한 가족주의가 아니라, 신앙 공동체 안에서 기독교 정신에 터를 둔 새로운 가족을 형성해야 한다. 예를 들어 교회 안의 다양한 소모임들이 가족의 역할을 해 줄 수 있다. 특히 매주 정기적으로 모이는 구역이나 속회와 같은 소모임들은 정서적인 지지와 심리적 위로 등 그동안 가족이 해 온 중요한 기능을 대신할 수 있는 잠재력이 있다.

따라서 이러한 교회 모임을 통해서 가족이 없는 사람이나 가족관계에서 어려움을 겪는 사람들에게 진정한 가족의 역할을 대신해 줄 필요가 있다. 이

---

1. 가족주의 개념에 대한 글로 박영신·정재영, 『현대 한국사회와 기독교: 변화하는 한국사회에서의 교회 역할』(서울: 한들, 2006)의 1부 2장을 볼 것.

러한 새로운 가족의 삶은 '우리'라는 경계를 허물고 이웃에 대한 관심이라는 새로운 지평을 바라볼 수 있게 해줄 것이다. 반면 우리 가족만을 중시하는 태도는 우리 사회를 가족들 또는 집안들 사이의 대결장으로 만들어 버릴 것이고, 나아가 더 나은 사회를 만들어 가는 데 큰 장애물로 작용할 것이다.

이제 더 이상 우리 아이들을 경쟁의 소용돌이 속으로 밀어 넣어서는 안 된다. 우리 아이가 다른 아이들보다 먼저 성공의 사다리에 오르도록 부추길 것이 아니라, 더불어 함께 사는 사회를 만들기 위해서 노력해야 할 것이다. 이제 우리의 가족은 사사로운 이기주의자의 양산을 중단하고 공공의 삶에 책임 있게 참여하는 기독 시민을 길러 내는 산실로 거듭날 수 있도록 다 함께 노력해야 할 것이다.

제3장

성 불평등에 도전하다
: 페미니즘 이슈와 한국교회

최근 우리 사회에서 성평등性平等에 대한 관심이 뜨겁다. 여성들의 사회 진출이 활발해지고 여성들의 권리가 강조되기 시작하면서 남성들의 저항감도 심해지고 있다. 여성들의 왕성한 사회 활동으로 남성들이 오히려 역차별을 받는다는 주장도 나오고 있다. 몇 년 전까지만 해도 여성들은 사회적 약자로 여겨지며 여성들의 권리 신장을 이야기하는 것에 큰 거부감이 없었지만, 요즘은 '여혐'과 '남혐'으로 대립될 만큼 성별 갈등이 심화되고 있다. 교회 안에서는 성별 갈등이 표면화되지는 않았지만, 최근 젊은 세대에서는 교회 안에 퍼져 있는 전통적인 성별 관념에 대한 반발이 커지고 있다. 이러한 갈등을 극복하는 것이 우리 사회나 교회가 더 화합하고 평등하게 되는 데 큰 과제가 되고 있다.

1. 성 불평등 실태

전통적으로 가부장적인 우리 사회에서는 비교적 늦은 시기에 성평등 관련 이슈들이 제기되어 왔는데, 최근에 이를 촉발시킨 것이 이른바 '서초동 노래방 살인 사건'이다. 2016년 5월 17일 새벽에 한 남성이 서울 서초동의 노래방 화장실에서 여성을 살해했다. 그런데 그는 먼저 들어온 남성 6명은 그냥 보낸 후에 나중에 들어온 피해자 여성을 살해하여, 이른바 '여성 혐오'가 크게 이슈가 되었다. 이 범행은 피해자가 현장에서 사망에 이를 정도로 잔혹했고, 가해자가 여성을 정확하게 선별하여 범행 대상으로 삼았으며, 가해자 스스로가 "여자들이 무시해서"라고 범행 동기를 진술한 탓에, 이 사건이 여성혐오 범죄라고 규정되면서 이른바 '여혐 논쟁'이 촉발되었다.[1]

이보다 몇 달 앞선 2015년 10월에는 IS(Islamic State, 수니파 이슬람 극단주의 무장 단체)에 가담한 것으로 추정되는 실종 소년 김 모 군이 터키로 떠나기 전에 자신의 트위터 계정에 "지금은 남자가 차별받는 시대다. 나는 페미니스트가 싫다. 그래서 IS가 좋다"라고 남겼다고 해서 우리 사회에 큰 충격을 주기도 했다. 또 한 어머니는 초등학생 아들이 대화 도중 "여가부(여성가족부)는 게임 못하게 하는 페미(페미니스트, Feminist, 여성주의자)들"이라는 말을 했다고 한다. 간혹 여성의 권리 신장을 주장하는 것이 오히려 남성들을 향한 역차별을 가져온다는 견해가 있기는 했지만, 초등학생까지 나서서 페미니스트와 여가부를 비난했다는 것은 깜짝 놀랄 일이었다. 특히 여성과 남성의 관계를 지나치게 적대 관계로 보며 갈등 상황을 부추기는 일이 늘고 있는 것은 매우 우려스러운 일이다. 최근에는 '홍대 몰카범'과 '박카스남' 등 이른바 '남혐' 관련 사건들

---

1. 권최연정, 「여성혐오와 교회 내 성범죄」, 『종교문화연구』, 제29호, 2017년 12월, 26쪽.

이 벌어지면서 양성 사이의 갈등이 최고조에 이르고 있다.

또한 한쪽에서는 '가장 전투적인 페미니스트 집단', 다른 쪽에서는 '여자 일베'라는 서로 다른 평가를 동시에 받는 인터넷 사이트 '워마드'가 뜨거운 논란을 일으켰다. 그리고 몰카범 수사 과정에 불만을 가진 여성들을 중심으로 편파 수사 규탄 집회가 갈수록 규모를 키워 가며 서울 시내에서 수차례 벌어지기도 하였다. 그래서 2018년은 우리 사회에서 시작된 페미니즘 운동이 뚜렷하게 대중적인 사회 현상으로 자리 잡은 해로 여겨지기도 한다. 이에 따라 교회 안에서도 '믿는 페미'나 '갓페미'와 같이 자신들의 페미니즘적 지향을 이루고자 하는 여성 연대 활동들이 일어나고 있다.

작년 말부터 터져 나오기 시작하여 지금까지고 들불처럼 번지고 있는 권력형 성폭력 폭로 운동인 '미투Me Too 운동'도 빼놓을 수 없다. 문화계에서 시작된 미투 운동은 영화계, 정치계로 이어지며 우리 사회의 모든 영역으로 확산되고 있다. 여기에는 교계도 예외가 아니다. 한국 개신교계는 이미 몇 년 전부터 목회자의 성범죄 사건이 불거지며 큰 홍역을 앓은 바 있다. 그럼에도 불구하고 교계에서 성 문제는 여전히 수면 아래에 머물고 있다. 본래 어느 사회를 막론하고 종교는 권위적이고 특히 가부장적이기 때문에 여성들이 목소리를 높이기 어렵다. 게다가 성 문제가 매우 민감한 문제이다 보니, 그렇지 않아도 어려운 시기를 지나고 있는 한국교회를 더 어렵게 할지 모른다는 염려 때문에 쉬쉬하는 분위기이기도 하다.

우리 사회가 보다 공정하고 평등한 사회가 되기 위해서 성평등이 우선되어야 함은 두말할 필요가 없을 것이다. 그러나 우리 사회는 여전히 남녀가 불평등한 사회 구조를 이루고 있다. 오랫동안 남성 중심적인 사회 분위기 속에서 여성들은 2중, 3중의 피해를 입으면서도 자신의 피해를 제대로 알리기조차 어려웠다. 가부장적인 분위기에서는 강자인 남성 중심의 논리가 지배하기 때문에 사회적 약자인 여성들에 대한 관심이 부족하다.

2016년에 영국 주간지 『이코노미스트The Economist』가 조사한 결과, OECD 회원국 가운데 여성의 사회 진출과 직장 내 승진이 가장 어려운 나라가 우리나라인 것으로 나타났다. 남녀 임금 격차, 취업률 격차 등 대부분 항목에서 우리나라는 최하위권에 속했다. 특히 이 잡지에서는 세계 각국의 '유리 천장'을 점수로 매겼는데, 우리나라는 OECD 회원국 28개국 중 꼴찌인 것으로 드러났다. '유리 천장'은 여성의 사회 진출이나 직장 내 승진을 가로막는 보이지 않는 장벽을 뜻한다. 이웃 나라인 일본은 물론, 이슬람 국가인 터키보다도 낮아 최하위를 차지한 것이다.

<그림7> 유리천장 지수

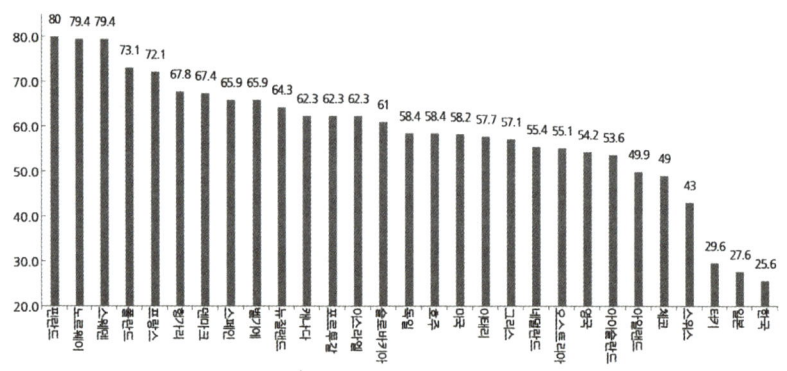

<출처: 이코노미스트>

국회입법조사처가 2016년에 발간한 『국제성평등지수를 통해 본 성 불평등 실태 및 시사점』에 따르면, 우리나라의 성평등 수준은 국제적으로 최하위권에 속해 있다. 남녀 간 격차를 보여 주는 성별격차지수Gender Gap Index, GGI에서는 0.649점으로 144개국 중 116위를 기록했다. 해당 지수는 경제 참여

및 기회, 교육 성취도, 건강과 생존, 정치 권한 부여의 네 개 부문과 14개의 세부 측정 지표들을 통해 산출된다. 1점이 '완전 평등', 0점이 '완전 불평등'을 의미한다. 우리나라는 지난 2006년에 해당 지수 발표를 시작한 지 10년째 최하위권에 머물고 있다. 정부와 공공기관은 성평등지수를 높이기 위해 각종 제도를 도입해 왔으나, 31개 정부 기관에서 일하는 여성 고위 공무원은 84명으로 전체의 5.5퍼센트에 그치고 있다. 또한 고용노동부가 지난 11월에 발표한 자료에 따르면 여성 근로자 비율은 38퍼센트, 여성 관리자 평균은 20퍼센트에 그쳤다. 해당 비율은 선진국은 물론 아시아에서도 낮은 수준이다.

또한 통계청이 2018년에 발표한 '2014년 가계생산 위성계정'에 따르면, 우리나라 여성의 가사 노동 비중이 남성의 세 배인 것으로 조사되었다. 가계생산 위성계정은 59개 행위로 정의한 무급 가사 노동의 경제적 가치를 평가한 것이다. 가사 노동의 가치는 가사 노동 시간, 인구, 직종별 대체 임금을 곱해 산출하는데, 여성은 1인당 연간 1,076만 9,000원(월 90만 원), 남성은 346만 8,000원(월 30만 원)으로 분석됐다. 국내 총 여성의 무급 가사 노동 가치는 1999년 115조 8,530억 원에서 2014년 272조 4,650억 원으로 증가했는데, 남성의 가사 노동 가치도 증가세를 보여 1999년 29조 1,420억 원에서 2014년 88조 2,650억 원으로 3배가량 늘었는데도 여전히 여성이 남성보다 세 배 많이 가사 노동을 하는 것이다.

이에 따라 2016년에 여성가족부가 실시한 '양성평등 실태조사'에서 현재 우리 사회의 남녀가 평등하다고 인식하는 경우는 21.0퍼센트에 불과하였으며, 62.6퍼센트가 '여성이 불평등한 사회'라고 인식하고 있었다. 5년 후에는 38.5퍼센트가 남녀가 평등한 사회가 될 것이라고 기대하지만, 36.7퍼센트는 여전히 '여성이 불평등한 사회'가 될 것이라고 전망하기도 하였다. 이에 대해서 성별에 따라 인식 차이가 컸는데, 여성이 불평등한 사회라고 인식하는 여성은 74.2퍼센트였으며 남성은 50.8퍼센트였다. 20대와 30대 여성은 '여성이 불평등한 처우를 받고 있다'라고 인식하는 비율이 상대적으로 높아서 각각 81.9퍼센트, 84.5퍼센트에 이르렀고, 가사 노동의 부담이 큰 아동 자녀 가구 여성 또한 83.6퍼센트가 여성이 불평등한 처우를 받고 있다고 인식하고 있었다.

<표3> 양성 평등 수준

(단위: %)

구분	전체				여성				남성			
	계	여성 불평등	남성 불평등	양성 평등	계	여성 불평등	남성 불평등	양성 평등	계	여성 불평등	남성 불평등	양성 평등
현재 인식	100	62.6	16.4	21.0	100	74.2	11.2	14.6	100	50.8	21.6	27.5
5년 후 전망	100	36.7	24.8	38.5	100	46.7	19.1	34.2	100	26.6	30.6	42.8

<출처: 여성가족부>

그리고 임금 근로자 중 상당 비중이 직장에서 성별 직종 분리(49.3%), 채용상 차별(38.6%), 임금 격차(33.1%), 암묵적인 승진 차별(29.6%)이 있다고 평가했다. 여직원이 음료나 다과 준비를 주로 하는 관행이 여전히 있다고 평가한 비중도 44.3퍼센트로 여전한 것으로 나타났다. 성평등 문제 중 가장 우선적으로 개선해야 할 문제로 23.4퍼센트가 '가사 및 육아에 남성의 참여율이 저조한 문제'를 지적하였으며, 22.7퍼센트가 '성별 임금 격차 문제'를 지적하였다.

<표4> 개선해야 할 문제-1순위

(단위: %)

	남성의 낮은 돌봄 참여	남성 임금에 비해 낮은 여성 임금	대중 매체의 성차별, 편견, 비하	여성에 대한 폭력	남성에 비해 낮은 여성 경제활동 참여율	낮은 고위직 여성 비율	남성보다 높은 여성의 빈곤	남성과 여성의 서로 다른 건강 요구
전체	23.4	22.7	16.4	15.8	10.6	4.5	3.5	2.5
여성	27.4	26.7	11.5	15.4	9.2	4.9	3.4	1.3
남성	19.5	18.6	21.3	16.2	12.1	4.1	3.5	3.8

<출처: 여성가족부>

2. 성 불평등의 사회적 원인

사회학자들은 남성과 여성의 사회적 차이는 본래적인 것이 아니라 후천적으로 학습된 것으로 본다.[2] 신체적인 차이나 생리적인 차이가 있기는 하지만, 이것이 남성과 여성 사이에 극복할 수 없는 차이를 가져오는 것은 아니다. 사회적으로 학습된 성역할(性役割)[3]에 대한 고정 관념이 양성 사이의 차이를 더 크고 대립된 것으로 만들고 있다는 것이다. '남성성'과 '여성성'에 대한 고정 관념으로 말미암아, 외형상 구별조차 어려운 갓난아기를 묘사할 때도 남자 아기와 여자 아기는 서로 다르게 표현된다. 아이들은 대개 두 살이 되면 다른 사람의 성별을 정확하게 분류하고, 5, 6세가 되면 남녀 차이를 분명하게 인식하게 된다. 그런데 이와 같은 언어 이전 단계에서 구사되는 다양한 형태의 암시를 통해 아이들은 초기부터 사회적 성에 대한 인지 구조의 발달에 영향을 받게 된다.

---

2. 이동원·김미숙, 「성차별의 근원: 사회학적 고찰」, 김동일 엮음, 『성의 사회학』(서울: 문음사, 1991), 123쪽.
3. 개인이 속한 문화 내에서 성별에 따라 다르게 부과되는 역할.

아이들은 장난감을 가지고 놀 때도 성에 따라 구별된다. 장난감 고양이나 토끼는 소녀에게 권장되고, 사자와 호랑이는 소년에게 더 적합한 것으로 간주된다. 이와 같이 남성과 여성이 각기 다른 역할로 사회화되기 때문에 자연스럽게 성역할의 분화가 나타난다. 아이들은 어른들로부터 남성스러움, 남성다움과 관련된 남성 정체감과 여성스러움, 여성다움과 관련된 여성 정체감을 각각 학습하면서, 남자와 여자가 마치 서로 다른 행성에서 온 사람처럼 다르게 행동하기를 기대받고 또 그렇게 적응하게 되는 것이다.

이렇게 성차별적 사고를 형성하는 데에는 미디어의 영향도 크다. 외국에서 취학 전 아동이 읽는 책에서 인용되는 사회적 성역할을 분석한 결과, 이야기 줄거리 및 그림 속에서 남자아이가 여자아이보다 11대 1 정도로 더 많이 중요한 부분을 차지했다. 암컷과 수컷을 구분한 동물을 포함하면 이 비율은 95대 1로 늘어난다. 더 큰 차이는 남아와 여아의 활약상의 차이에 있다. 이야기와 그림에서 남아는 독립심과 근력을 필요로 하는 모험을 추구하거나 옥외 활동을 주로 한다. 이에 반해 여아는 수동적이거나 옥내 행동에 한정된다. 그리고 여자들은 남자를 위해 집안일을 하거나 남자의 귀가를 기다리는 내용이 대부분이다.

아이들이 즐겨 보는 동화 속의 주인공 남자는 왕자건 평민이건 간에 용감하여 괴물이나 마귀와 싸워 이기고 자신의 운명을 스스로 개척하여 세상을 정복하는 반면, 여자 주인공의 주요 역할은 왕자님을 기다리는 것이다. '신데렐라'나 '콩쥐'는 설령 역경에 처하더라도 그것에 맞서는 것이 아니라 참아내는 것이 그들의 역할이다. 텔레비전 드라마는 대부분 여성을 사랑을 기다리는 존재로 묘사하는데, 이것은 여성이 전문 직업을 가지고 있는 경우에도 마찬가지이다. 광고에서는 성적인 암시까지 강하게 가미되어, 여성은 예쁘게 치장을 하고 남성의 유혹을 기다리거나 남편에게 사랑을 받고 행복에 겨워

하는 존재로 등장하는 것이 대부분이다. 그래서 미국에서는 텔레비전을 보는 시간이 긴 어린이일수록 전통적인 성역할 개념을 더 강하게 가지고 있다는 연구 결과도 나오고 있다.

우리나라에서도 별반 다르지 않다. 시민단체 '정치하는 엄마들 모임'이 최근 3년간 EBS에서 방영된 만화 시리즈 35개를 분석한 결과, 23개 시리즈에 남녀 성역할에 관해 고정 관념을 심어 줄 수 있는 표현과 설정이 담겨 있었다. 주인공도 남성이 여성보다 많았다. 유튜브에서 인기가 있는 네 개 시리즈에서도 연약하기만 한 여성을 남성이 도와주는 장면이 반복적으로 등장하고, 부부간에도 엄마는 늘 아빠에게 존댓말을 쓰고 육아 역시 엄마 몫으로 표현된다. 여성은 남성을 지원하고 보조하고 돕는 그런 역할로 그려지고, 단순히 예뻐 보이려고 하는 경우가 많다.

그 결과 앞에서 소개한 '양성평등 실태조사'에서는 '남성이 약한 모습을 보일 수 있다'는 점에 대해 여성 20대는 89.4퍼센트, 30대 84.9퍼센트, 40대 78.4퍼센트가 긍정하는 반면, 남성 20대는 68.5퍼센트, 30대 58.5퍼센트, 40대 53.2퍼센트로 낮게 나와서 남성들이 전통적인 남성 정체감을 강하게 갖고 있는 것으로 나타났다. 또한 '가족의 생계를 남성이 책임져야 하는 것은 아니다'에 대해서도 여성 20대는 85.8퍼센트, 30대 71.6퍼센트, 40대 66.1퍼센트가 긍정하는 반면, 남성 20대는 67.6퍼센트, 30대 59퍼센트, 40대 53.5퍼센트로 낮게 나와 가장으로서 남성이 가족을 부양해야 한다는 의식이 강한 것으로 나왔다.

그리고 '남성이 전업주부가 되는 것은 부끄러운 일이 아니다'에 대해서도 여성 20대는 85.9퍼센트, 30대 83.6퍼센트, 40대 78.4퍼센트가 긍정하는 반면, 남성 20대는 76.7퍼센트, 30대 73.5퍼센트, 40대 64.6퍼센트로 낮게 나와서 가정주부는 여성의 몫이라는 인식이 더 강했다. 이 조사에서는 청소년에 대한 의식 조사도 하였는데, 성인보다 전반적으로 양성평등 의식이 높은 것으로 나왔지만, 직업과 관련된 태도에서는 성인 응답자보다 상대적으로 성별 고정관념의 수용 정도가 높게 나왔다. 따라서 앞으로 우리 사회가 남녀가 보다 평등한 사회가 될 것이라고 기대하기는 쉽지 않아 보인다.

이렇게 서로 다른 성정체성에다 성역할에 대한 이데올로기가 더해져서 가부장적 성차별을 강화시킨다. 오늘날 '가부장제'라는 말은 사회 형태나 구조와 상관없이 남성 중심의 지배 체제를 가리키는 말로 사용되고 있다. 본래 가부장제는 가족 안에서 아버지의 지배를 의미하지만, 오늘날에는 여성을 체계적으로 차별·배제하는 사회 제도와 관행을 가리키는 말로 확장된 것이다.

가부장제가 성차별을 재생산하는 방식은, 먼저 여성과 남성의 성을 각각 통제하면서 가부장적 성윤리를 강조하는 것이다. 가부장제 성윤리는 남성에게는 매우 관용적인 대신 여성에게는 매우 엄격한 이중 기준을 가지고 있다. 여성을 대상화하는 성폭력, 성상품화를 '어쩔 수 없는 일'로 방치하며, 성폭력을 당한 경우에도 여성은 자신의 몸을 제대로 간수하지 못했다는 비난을 받기 일쑤이다. 남성의 경우에게도 전통적인 남성성을 강요하고 '남성답지 못한 남성'은 비난을 받는다. 이러한 가부장적 성차별은 여성에게 고통을 줄 뿐만 아니라, 개인의 다양성과 개성을 존중하는 개방적이고 민주적인 문화를 발전시키는 데에도 걸림돌이 된다.

가부장제에서는 성별 분업을 통해 여성의 노동을 통제하기도 하는데, 먼저 가정에서의 성별 분업은 남성은 직장 노동을, 여성은 가사 노동을 담당하도록 강제하는 것이다. 가사 노동은 여성의 당연한 몫이며 집에서 놀며 하는 일로 낮게 평가된다. 그래서 가사 노동은 보이지 않는 노동, 지불되지 않는 노동, 그림자 노동으로 불린다. 여성이 가정에 종속되는 것은 남편이 벌어 오는 돈으로 살아야 하기 때문이다. 그래서 '남자는 밖에 나가 힘들게 일을 해서 돈을 벌어 왔으므로 집에서 쉬어야 하는 반면에, 집에서 편하게 애나 보는 여자는 남편의 시중을 들어야 한다'는 생각이 널리 퍼지게 되었다.

가사 노동은 별로 가치가 없다는 인식이 오래되었는데, 막상 가사 노동을 도우미에게 맡긴다면 상당한 지출을 해야 하는데도 불구하고 가사 노동의 가치를 인식하지 못하는 사람들이 많다. 앞에서 살펴본 대로 여성 1인당 가사 노동의 가치는 연간 천만 원이 넘는다. 그럼에도 가사 노동을 평가 절하하는 이유는 그것이 생산 활동이 아니라 소비 활동으로 여겨지기 때문이다. 그러나 이러한 가사 노동이 없이는 가정이 유지될 수 없고, 가사 노동을 바탕으로 하여 출산과 육아가 가능하기 때문에 가사 노동은 '재생산' 노동으로 보아야 한다.

또한 가부장제에서는 직업 구조 안에서도 남성이 지배적·주도적인 일을 주로 하고 여성은 보조 업무나 지원 업무를 담당하는 경우가 일반적이다. 여성들은 남성 가장에게 의존해 생계를 유지하는 수동적 존재로 취급된다. 여성을 차별하는 논리는 '남자는 생계를 책임지고 여자는 가계에 보조적이므로 남자의 임금이 더 높은 것은 당연하다', '여성이 하는 일은 단순하고 보조 노동이기 때문에 임금을 적게 준다', '여성은 근무 연한도 짧고, 직업의식도 없다', '모성 보호의 부담 때문에 생산성도 떨어지고 그에 대한 사용자의 부담도 늘어난다' 등이다.

때로는 성차별의 근거로 전문 의학 정보가 활용되기도 한다. 서양의학은 역사적으로 여성의 몸을 끊임없이 여성의 열등성을 강조하는 식으로 해석하여 성차별의 구심적 역할을 해 왔다. 지금은 믿기 힘든 이야기지만, 과거 서양의학에서는 여성의 자궁을 몸속에서 떠다니는 것으로 생각하였다고 한다. 몸속 구석구석을 돌아다니며 심지어 머리까지 올라오는 자궁 때문에 여성은 알 수 없는 많은 질병을 앓는다고 생각하였다. 따라서 여성의 몸은 지극히 불안정한 것으로 여겨졌고, 이성이 자리 잡기에는 자궁이 차지하는 비중이 너무 큰 것으로 풀이되었다. 19세기에는 여성의 두뇌 구조가 남성과 다르다는 의학적 연구들이 쏟아져 나왔는데, 이것들이 여성들은 감성이 발달한 반면 이성은 부족하기 때문에 참정권을 줄 수 없다는 '과학적' 근거로 이용되기도 하였다.

산업화가 가속화될 당시에는 여성의 뼈의 굳기나 골반의 구조와 같은 것들이 세세하게 연구되면서 여성의 신체 구조가 산업 현장에는 어울리지 않는 것으로 강조되었다. 몇 년 전에는 덴마크 암 연구소가 여성 유방암 환자의 작업 내력을 연구한 결과 야근이 유방암을 발생시킨다고 하여 크게 이슈가 되기도 하였다. 야근을 하게 되면 수면과 신체 리듬을 조절하는 호르몬인 멜라토닌의 분비가 줄어들어 면역력이 약화되기 때문에 일반적으로 암 발생률이 높아지게 된다. 그런데 이것을 '여성' 유방암 환자의 사례만을 거론하며, 마치 야근이 여성에게만 암을 발생시키는 것처럼 호도한 것이다.

이후에 캐나다의 한 연구소가 실행한 연구의 결과에서는 집안일처럼 몸을 적당히 움직이는 여성이 유방암에 걸릴 위험이 훨씬 낮다는 내용이 보도되었다. 이 두 연구 결과를 종합하여 '여성은 야근을 하면 안 되니 직업 현장에는 적합하지 않은 신체를 가지고 있는데, 그냥 집에서 쉬기보다 집안일을 하면서 몸을 움직여야 암에 걸리지 않는다'고 하는 어처구니없는 결론을 내리기도 한다. 첨단 의학 정보를 남성 중심적 관점에서 악의적으로 이용하면 여성을 직장에서 배제하는 논리적 근거가 될 수도 있는 것이다.

이렇게 여성을 직업 활동에서 배제하는 것은 전체 사회와의 관련 속에서 볼 때도 적절하지 않다. 남성에게만 가족 부양의 책임을 전담케 하는 것은 인간적인 권리와 의무에 차등을 두는 것이고, 양질의 노동력을 단지 여성이기 때문에 사장시키는 것은 사회적인 손실이기도 하다. 때때로 노동에서 여성을 보조 수단으로만 사용하는 것은 남성 노동자와 여성 노동자 간의 위계 서열을 세움으로써 노동자의 단결을 저해하여 노동 운동을 효과적으로 막아보려는 노동 사용자의 수단이 되기도 한다. 앞에서 살펴본 바와 같이, 모성 보호는 건전한 사회 구성원을 재생산하는 사회 유지 발전에 필수적인 공공 행위이므로, 이에 대한 책임을 여성 개인들에게 전가하기보다 사회가 함께 지는 것이 마땅하다.

3. 교회 안의 성평등

그렇다면 교회 안에서는 어떨까? 초기 한국교회는 남녀를 구별하던 휘장을 걷어 내고 한 공간에서 남녀가 같이 예배를 드리는 등 기존의 불평등한 사회 질서를 돌파하며 사회를 선도해 나갔다. 여성 교육을 통해 생겨난 '전도부인'들은 복음 전도뿐만 아니라 여성 개화를 위한 계몽 운동의 지도자 역할까지 하였다. 그리고 일제 강점기와 해방 후 시기까지도 여성들은 교회 부흥에 적극적인 역할을 하였다. 그러나 한국교회가 성장의 정점에 달했을 때 오히려 여성들의 역할은 주요 영역에서 배제되었고, 단순 봉사의 영역으로 제한되어 보조적인 역할을 맡게 된다.[4] 한국교회가 규모와 체계를 갖추게 되면서 여성이 주변부로 밀려나게 된 것이다.

오늘날 한국교회를 보면 교회 행정을 목회자와 목회자를 보좌하는 장로들이 전담하는 성직자 중심 구조로, 여성의 지도력은 제도적으로 차별받는 가부장제식의 남성 지배 체제라고 할 수 있다. 당회와 기획위원회와 같은 교

---

4. 성호숙, 「한국교회 내에서 여성의 역할의 변천에 따른 교육적 방안 모색」, 『개혁논총』, 22권.

회의 주요 직책은 대부분 남성 교인들이 차지하고 있고, 여성들은 주로 주방에서 일하거나 교회 행사에 동원되는 등 대개 부수적이거나 부차적인 일을 맡고 있는 실정이다.[5]

그래서 한국교회에서는 여성들의 능력이 제도에 의해 억압되고 있다는 목소리가 높다. 한국교회에서는 교인의 70퍼센트 이상이 여성인데 교역자는 70퍼센트 이상을 남성이 차지하고 있다. 여성에게 목사나 장로 안수가 제한되어 있는 교단에서는 학문과 신학과 신앙을 겸비한 여성들도 교회 운영에서 주변적 역할을 맡고 있다. 여성 안수를 허용한 교단이라고 해도 교단 총회에서 여성 총대 비율은 무시해도 좋을 정도로 미미하다는 것은 잘 알려진 사실이다. 여성이 목회자나 장로가 되더라도 교회를 주도하는 핵심 역할을 하는 경우는 그리 많지 않다.

한 교단에서 실시한 설문 조사에 따르면, '교회 여성의 활동 정도'는 일반 사회와 비교할 때 '매우 활발하다'와 '활발한 편이다'를 합하여 활발하다는 응답이 70.8퍼센트에 이르고 있는 것으로 나타났다. 여성들이 교회 안에서 하고 있는 일 가운데서 가장 큰 비중을 차지하는 것은 '청소와 음식 만들기'(51.0%)로 나타났는데, 그러나 '그것이 하고 싶은 일'이라는 응답은 0.3퍼센트에 불과하였다. 이것은 여성의 교회 활동에 대한 만족도가 매우 떨어지고 있다는 점을 보여 주는 것이다.

이와 관련하여 필자는 '한국교회탐구센터' 주관의 '한국 개신교인의 성평등 의식 조사'를 실시한 바 있다. 이 조사에 따르면 개신교인들이 우리 사회에서 가정, 직장, 학교, 교회 중 가장 여성 불평등이 심하다고 생각하는 영역은 직장으로 나타났으며, 그 다음으로 가정, 학교, 교회 순이었다. 다른 영

---

5. 김병서, 『한국사회와 개신교』(서울: 한울, 1995), 243-244쪽.

역들과 비교해서 교회에 대해서는 남녀가 평등하다는 의견이 과반수를 차지하여 상대적으로 훨씬 평등하다고 생각하는 것으로 나타났다. 또한 출석 교회에 대해서도 비슷하지만 약간 더 높은 비율로 평등하다고 응답하였다.[6]

<그림8>

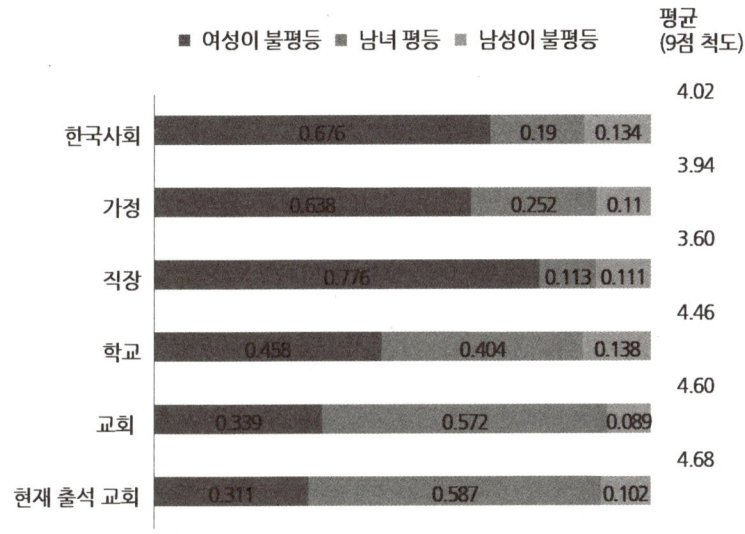

<출처: 한국교회탐구센터>

이에 대해서는 몇 가지 해석이 가능한데, 먼저 전래 초기부터 남녀 차별을 극복하고자 노력했던 한국교회가 다른 사회 영역에 비해 성차별이 심하지 않다고 볼 수 있을 것이다. 여성들이 활동할 수 있는 기회가 적었던 우리 사회에서도 교회 안에서는 여성들이 상대적으로 많은 활동 기회를 얻을 수 있었기 때문이다. 과거 유명 대형 교회에서 구역장(소모임 지도자)을 임명하

---

6. 이 조사 결과에 대해서는 정재영, 「성 평등에 대한 개신교인의 인식」, 송인규 외, 『페미니즘 시대의 그리스도인』(서울: IVP, 2018)을 볼 것.

면서 가방을 하나씩 선물했는데, 여성들이 이 가방을 들고 다니면서 열심히 교회 일을 하여 교회 성장에 기여했다는 일화는 유명하다. 대개 집에서는 이름 대신 누구 엄마, 누구 처로 불리는 여성들이 교회 안에서는 아무개 집사, 아무개 권사로 불리는 것도 여성의 자존감을 높이는 데 기여하는 측면이 있었다.

그럼에도 여전히 교회 안의 주요 직책이나 역할은 남성 교인이 맡고 여성들은 보다 부차적인 위치에 처하는 경우가 많은데, 이 경우에는 한국교회의 신앙생활이 가족 단위로 이루어지기 때문에 여성들의 차별이 은폐되는 경향이 있다는 해석도 있다. 교회 안에서 지위의 차이가 나는 경우 고위직을 차지하는 남성이 여성의 남편, 아버지, 형제라는 가족상의 지위와 연결되어, 지위에 따른 성차별 문제는 친족 관계로 환원되어 문제시되지 않는다는 것이다.[7] 보기를 들면, 여성 장로가 인정되지 않는 교단에 속한 교회의 여성일지라도 '장로 부인'으로 불리게 되면 일종의 대리 만족을 얻기 때문에, 성차별을 민감하게 느끼지 않게 된다는 것이다.

다음으로, 이 조사에 따르면 개신교인들은 성평등 의식에 대한 모든 항목에서 앞에서 소개한 여성가족부의 '양성평등 실태조사'에서 전체 국민을 대상으로 조사한 결과보다 더 평등한 인식을 하고 있는 것으로 나와서, 의식의 측면에서 긍정적인 결과를 보였다. 이것 역시 교회가 다른 사회 영역에 비해 성평등 인식이 높기 때문으로 해석된다. 일부 교회에서 성차별적인 일들이 일어나서 문제가 된 적도 있지만, 이 조사 결과로 볼 때 개신교인의 전체적인 성평등 의식은 긍정적으로 볼 수 있을 것이다.

교회 안에서 성역할 실태에 대해서는 대체로 남녀 구별 없이 하는 경우

---

7. 이에 대하여는, 노치준, 『한국개신교사회학』(서울: 한울, 1998), 6장을 볼 것.

가 많았으나, 전통적으로 기능적 적합성이 다르다고 여기는 주차 봉사와 주방 봉사는 각각 남성과 여성이 하는 경우가 많았다. 그리고 예배에서의 역할은 사회나 기도 등에서 부분적으로 남성 교인이 주도적인 역할을 하고, 여성 교인이 부차적인 역할을 하는 것으로 나타났다. 따라서 성역할 당위성에 대해서는 모든 영역에서 '보다 남녀 구별 없이 해야 한다'는 의견이 많았다. 마찬가지로 '여성들이 주요 의사 결정에 참여해야 한다', '교회 내에서 성역할을 구분하지 않아야 한다', '교회의 양성 평등에 관심을 가져야 한다'에 대해서 매우 높은 동의율을 나타냈다.

<그림9> 교회 안 성역할 실태

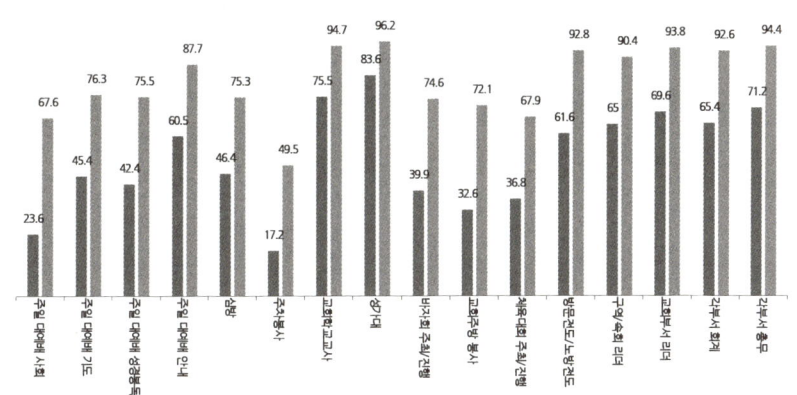

<출처: 한국교회탐구센터>

가정에서도 주로 남성들이 직장에 나가서 돈벌이를 하며 생계를 책임지고 있고 주부들은 집안일을 맡고 있다는 이유로, 교회에서의 이러한 성별 분업을 '기능상 합리적인 업무 분담'이라고 생각할 수도 있다. 그러나 이것은 시대착오적인 발상이다. 과거에는 초등학교 이후 교과목에서 남학생들에게

는 공업과 기술을 가르치고 여학생들에게는 가정과 가사를 가르쳤지만, 요즘에는 남학생들도 학교에서 가사를 배우고 여학생들도 기술을 배우고 있다. 따라서 교회 안에서도 보다 성평등적인 사고가 필요하다.

목회자의 성별 역할에 대해서도 모든 항목에서 '남녀 구분 없이 목회하는 것이 바람직하다'는 의견이 가장 높게 나타났다. 다만 담임 목사에 대해서는 다른 항목에 비해 남성 목회자가 수행하는 것이 바람직하다는 응답이 다소 높게 나와서, 여성 담임 목사를 꺼리는 견해를 일부 나타냈다. 실제로 대부분의 여성 목회자들은 부목사로 사역하고 있는 실정이고 담임 목회를 하는 경우는 거의 모두 본인이 개척한 경우이다. 곧 담임 목회자로 여성 목사를 청빙하는 경우는 전무하다고 할 정도이다. 여성 안수를 허용하는 교회에서는 성도들 사이에서만이 아니라 목회자들 사이에서도 성평등의 여건을 만들 필요가 있다.

목회자 설교 시 남녀 차별적 표현을 한다고 응답한 비율은 10퍼센트 미만으로 낮게 나왔다. 그러나 성차별적인 보기를 제시하고 질문한 결과에서는 들어 보았다는 긍정률이 30퍼센트 내지 40퍼센트대로 상대적으로 높게 나와서, 실제로는 목회자가 성차별적인 발언을 하고 있음에도 이러한 내용이 성차별적 발언이라고 인식하지 못하고 있는 것으로 나타났다. 특히 신앙 단계가 높은 '그리스도 중심층'에서는 모든 내용들에 대해서 들어보았다는 응답이 가장 많았음에도 남녀 차별적 표현을 들었다는 응답은 가장 낮게 나와서, 성평등 의식이 높지 않다는 사실을 알 수 있었다.

<그림10> 설교 시 남녀 차별적 표현

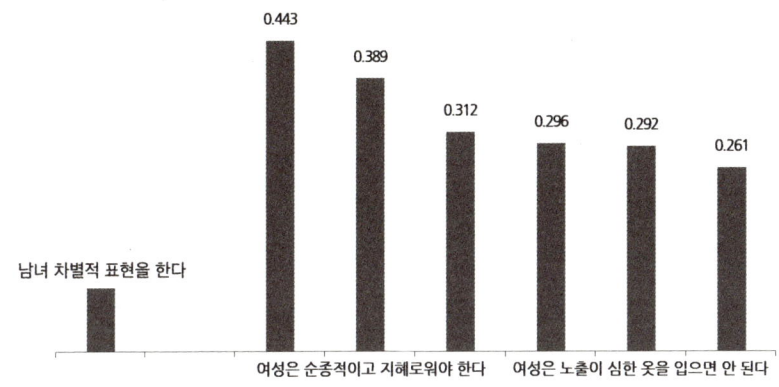

<출처: 한국교회탐구센터>

여성에게 목사나 장로 안수를 주는 것에 대해서는 응답자의 삼분의 이 이상이 찬성하였으며, 반대하는 비율은 10퍼센트를 넘지 않았다. 이에 관하여, 몇 년 전 예장 합동 교단의 설문 조사에서 '여성 목사 안수 금지'에 50.6퍼센트가 '반대'하는 결과가 나오기도 하였다. 『기독신문』이 창간 50주년과 2000호 발행을 앞두고 예장 합동 교단 소속 목회자 500명을 대상으로 '목회자 의식 조사'를 실시한 결과였는데, 여성 목사 안수를 금지하는 교단의 전통적·신학적 배경이 상당함에도 여성 목사 안수를 허용해야 한다는 의견이 응답자의 절반을 넘긴 것이다. 찬반 의견 차이가 오차 범위 내에 있어 과반수라고 단정하기는 어렵지만, 여성 목사 안수에 대한 의식이 크게 변화한 것은 분명해 보인다. 그러므로 현재 여성 안수를 불허하는 교단에서도 여성 목사 안수를 전향적으로 검토해야 한다는 입장이 증가하고 있다고 할 수 있다.

여성 장로 안수를 허용하는 교회들에서도 현재 여성 장로의 비율은 10퍼센트에 이르지 못했는데, 적당한 여성 장로 비율을 묻는 설문에는 응답이 평균 31.1퍼센트로 나와서 현재보다 세 배 이상 많아야 한다는 견해를 나타냈다. 따라서 이러한 교회들에서는 보다 많은 여성 장로를 세워서 교회 운영과 의사 결정에 참여하게 할 필요가 있다고 생각된다. 여성 장로 할당제에 대한 동의율은 과반수가 찬성한다는 견해를 보였으나 삼분의 이에 이르지는 못했다. 따라서 당장 제도를 만들어서 추진하기보다는 교인들의 의식 전환을 통해 점차적으로 여성 장로의 비율을 높여 나가는 것이 바람직하다고 판단된다.

교회 내 성폭력 실태에 대해서는 직간접 경험 비율이 10퍼센트 정도로 낮게 나왔다. 이것은 여성가족부의 조사에서 여성의 15.1퍼센트가 직접적인 경험을 했다는 조사 결과보다 낮은 것이다. 그 이유는 이러한 문제로 교회를 떠난 사람들의 의견이 반영되지 않았기 때문일 수도 있다. 성폭력이 매우 민감한 문제이기 때문에 많은 교회에서 이러한 일이 발생했을 경우에 이를 공론화하기보다는 크게 불거지기 전에 수습하는 경우가 많고, 피해자의 경우에도 수치심이나 2차, 3차 피해에 대한 두려움으로 이를 드러내지 않고 교회를 떠나는 경우가 많다. 따라서 이에 대해서는 추가 조사가 필요하다고 생각된다.

이 조사에서 나타난 한 가지 특징은, 앞에서 말한 바와 같이 신앙 단계가 높은 사람들, 엄밀히 말하면 '스스로 신앙 단계가 높다고 응답한 사람들'이 상대적으로 더 전통적인 성별 관념을 고수하고 있고, 성평등에 대한 감수성이 부족하다는 것이다. 여러 교계 조사에서 신앙심이 강할수록 더 보수적인 성향을 나타내는 경향이 보이는데, 이 조사에서는 보수적인 성향일수록 불평등한 사고를 나타냈으며, 일부 항목에서는 보수성과 무관하게 신앙 단계가 높은 교인들이 더 불평등한 사고를 나타내기도 하여 이에 대한 숙고가 필요하다고 생각된다.

또한 사회 조사에서는 대체로 남성들이 여성들보다 진보적인 견해를 보이는데, 이번 성평등 의식 조사에서는 남성들이 더 보수적인 태도를 나타내 다른 경향을 나타내고 있다. 남성들이 다른 사회적인 태도에서는 진보적인 입장을 취하면서도 성평등에 대해서는 더 보수적인 입장을 고수하고 있는 것이다. 1장에서 살펴본 바와 같이 우리나라는 세계적인 저출산 국가인데, 그 이유 중의 하나는 출산과 육아가 전적으로 여성의 책임이라는 인식이 여성들로 하여금 출산을 기피하게 하는 것이다. 가정과 사회에 대해 공동의 책임을 갖고 더불어 사는 사회를 만들기 위해서도 성평등적인 사고는 매우 중요하다.

4. 남녀가 평등한 교회와 사회를 위하여

한국교회와 여성은 불가분의 관계에 있다. 교회는 유휴자원인 여성을 필요로 하고, 여성은 가정 밖에서 자아를 실현하고 자신의 역량을 발휘할 공간이 필요하다. 집안일에 파묻혀 사는 주부들에게는 교회가 일종의 탈출구로서의 역할을 할 수도 있다. 최근까지도 교회 내에서는 이러한 여성들의 인력이 주로 청소, 주방 봉사 등 단순 봉사에만 국한되었다. 이것은 고급 인력을 활용하지 않는다는 점에서 효율적이지도 않고 공동체의 동등한 구성원인 여성의 권리와 책임을 제한한다는 점에서 바람직하지도 않다.

성별 차이나 역할에 대해서는 다양한 견해가 존재한다.[8] 여전히 여성 안수를 인정하지 않는 교단들도 나름대로의 신학과 성경 해석에 근거하여 이

---

8. 성경에서 성별 차이에 대한 다양한 입장에 대해서는 송인규, 「여성의 위상: 영미 복음주의 내의 지형도」, 『페미니즘 시대의 그리스도인』(서울: IVP, 2019)를 볼 것.

러한 결정을 내리는 것이기 때문에 이를 무조건 비난하는 것은 바람직하지 않다. 보수 교단들에서는 여성 안수가 비성경적이라는 입장을 취하고 있고, 그 근거로 성경에는 여성 목회자와 장로가 나오지 않는다는 점을 제시한다. 그러나 성경을 이해할 때 성경이 기록된 시대의 상황을 고려할 필요가 있음을 지적하는 학자들이 많다. 여성이 일반적으로 높은 수준의 교육에서 배제되었던 당시 상황을 고려할 때, 성경이 기록된 이른 시기에 교회에서 역량을 갖춘 여성 지도자가 등장하는 것은 쉬운 일이 아니었을 것이다. 그러므로 막달라 마리아와 같은 여성이 성경에 주요한 인물로 등장하는 것 자체가 오히려 당시 사회의 상식을 뛰어넘는 매우 파격적인 것으로 이해되고 있다. 예수님께서는 여성을 비하하지 않았고 남성 제자들과 동등하게 대하셨다.

우리는 성경을 오늘날의 교회에 적용할 때 지나치게 문자에 얽매이기보다는 성경 말씀이 담고 있는 본래의 정신을 이해하고, 오늘날의 상황에 비추어 적절하게 적용해야 한다. 이런 점에서, 앞에서 소개한 예장 합동 교단의 설문 조사 결과는 시사하는 바가 크다. 교단에서는 여성 안수를 금하고 있지만 상당수의 목회자들이 이를 반대했기 때문이다. 요즘 젊은 세대들은 보다 평등한 사고를 하고 있고 교회 안에서도 이러한 환경이 이루어지기를 요구하고 있기 때문에, 이러한 요청에 교회가 어떻게 대응하느냐 하는 것은 매우 중요하다. 교회가 공동체라고 한다면 특정 부류의 사람들의 권리를 억압하거나 무시해서는 안 될 것이다.

여성의 권리가 회복됨에 따라서 우리 사회에서는 여성들의 사회 진출이 점차 확대되고 있다. 통계청과 여성가족부가 발표한 '2017 통계로 보는 여성의 삶'에 따르면, 2016년 기준으로 공공기관과 500인 이상 대규모 사업장의 여성 관리자 비율은 처음으로 20퍼센트대(20.1%)에 진입했다. 여성 교장 비율은 초등학교에서 34.5퍼센트를 기록하여 처음으로 30퍼센트대에 진입하였고, 2015년 기준 4급 이상 일반직 국가공무원 중 여성 비율은 10.6퍼센트로 처음으로 10퍼센트를 넘어섰다. 같은 해 기준 여성 법조인 비율은 24.1퍼센트로 나타났다. 2000년 3.1퍼센트에서 16년 만에 무려 8배나 증가했다.

여성 정치인도 꾸준히 증가하고 있다. 2016년 20대 국회의원 선거에서 당선된 여성 국회의원 비율은 17.0퍼센트(51명)로 19대 15.7퍼센트보다 1.3퍼센트 포인트 늘었다. 2014년 6회 지방의원 선거에 당선된 여성 지방의원 비율은 22.9퍼센트(845명)로 2010년 20.3퍼센트보다 2.6퍼센트 포인트 증가했다. 의료 분야 전문직 여성도 지속적으로 늘고 있다. 1980년 13.6퍼센트이던 여성 의사 비율은 지난해 25.1퍼센트로 증가했다. 1980년 과반인 50.4퍼센트를 기록한 여성 약사 비율은 64.0퍼센트를 기록했다. 이렇게 여성의 사회 진출이 확대되고 있다는 것은 여성의 능력이 남성과 별 차이가 없다는 것을 나타내기도 한다.

이렇듯 사회에서 여성의 역할은 확대일로에 있지만, 여전히 교회 안에서는 아내의 중요한 역할은 남편을 내조하는 것이라는 생각이 주류를 이룬다. 가정 안에서 남성이 중심 역할을 하고 여성은 이를 잘 보조하는 것이 최선의 역할이라고 보는 것이다. 그리고 이것이 성경적인 가르침이라고 생각한다. 어느 교회에서는 가정 단위로 소모임을 구성하며 특히 부부가 함께 참여하는 것을 중요하게 여겨 소모임 지도자도 부부가 함께 맡아서 했는데, 남성 지도자는 소모임 인도와 멤버 관리를 주요 역할로 하면서 여성 지도자의 주요 역할은 식탁 봉사였던 경우도 있었다.

이러한 모습은 하나님 앞에서 모든 인간은 평등하다며 남녀 차별과 신분 차별을 혁파했던 전래 초기 교회의 모습과는 매우 거리가 멀다. 개신교가 한국에 처음 들어왔을 때에는 양반과 평민의 구분이나 남성과 여성의 구분에 따른 차별을 철폐하고, 모든 사람들이 교회 안에서 평등한 인간관계를 형성함으로써 사회에 본이 되었다. 그러나 오늘날의 한국교회의 의식은 일반 사회의 의식과 별로 다를 바가 없거나 뒤쳐진 부분도 있어서, 우리 사회에서 불평등 구조가 고착화하는 것을 막지 못하고 있다. 우리가 가지고 있는 성역할에 대한 고정 관념이 성경의 가르침에 따른 것인지, 아니면 우리 사회에 오랫동안 자리 잡아 온 전통적인 사고에서 비롯된 것인지, 그것도 아니라면 기득권을 가지고 있는 남성들이 자신에게 유리한 체제를 유지하기 위한 것인지 분별해야 한다.

성역할은 시대에 따라 변하기 마련인데, 앞의 조사 결과에서와 같이 교회 안에서 신앙심이 깊은 사람일수록 전통적인 성역할을 고수하고 있다는 것은 교회 교육에서도 변화가 필요함을 보여 주고 있다. 기존의 여성 교회 교육은 여성 개개인의 신앙 성장을 위한 교육의 차원이 아니라, 봉사나 전도를 잘 하게 하여 교회의 성장을 보조하는 역할을 하게 하기 위한 것이라는 비판도 있다.[9] 오늘날의 교회 교육도 잘못된 편견이나 관습, 그리고 지배 문화를 재생산하는 방식으로 진행되고 있다는 비판으로부터 자유로울 수 없다.

우리 사회는 빠르게 변하고 있다. 5만 원권 지폐가 새로 생길 때 이 지폐에 들어갈 인물로 신사임당이 정해지면서, 여성계를 중심으로 강한 반발이 일어난 적이 있었다. 신사임당은 현모양처의 대명사로 우리 역사에서 위인으로 여겨지고 있지만, 조선시대의 이상적 여성상이 과연 21세기 대한민국의 바람직한 여성상일 수 있느냐는 문제 제기였던 것이다. 보다 평등한 사회로 나아가기 위해 다양한 목소리가 나오고 있고 이를 위한 노력이 이루어지고 있는 이 시점에, 교회 역시 여성에 대한 고정 관념을 버리고 남성 중심의 권위주의 구조를 돌파해야 한다는 강한 요구를 받고 있다. 이것은 교회로 하여

---

9. 백은미, 「한국교회 급성장 시기의 여성 교육과정에 대한 분석」, 『여성신학논집』, 3권.

금 신분이나 지위나 성에 따른 차별이 없는 진정한 공동체가 되게 하는 길이기도 하다.

제4장

다문화 사회가 오고 있다

: 다문화 사회와 문화

21세기에 들어 외부 요인에 의한 한국사회의 변화 중에 주목할 만한 한 가지가 바로 다문화성이 증대하는 현상이다. 1990년대부터 '산업 연수 인력'이라는 명칭으로 외국인 근로자의 국내 고용이 가능해지면서 '이주노동'이라는 형태의 외국인 한국 거주가 공식화되었으며, 결혼을 통한 이주 여성의 유입이 농어촌을 중심으로 확대되면서 다문화 가정의 형성이라는 새로운 사회 현상이 나타나기 시작하였다. 이제 우리 주변에서 외국인들을 만나는 것은 더 이상 신기한 일이 아닐뿐더러, 우리 사회가 점차로 다민족 사회로 변하고 있어 민족 정체성이 흔들리게 될 것을 우려하는 목소리도 나오고 있다. 이에 다문화 현황을 살펴보고 다문화 사회에서 교회의 역할을 모색해 보려 한다.

1. 다문화 사회로의 전환

우리 사회는 2007년에 국내 체류 외국인 수가 백만 명을 넘어서면서 본격적인 '다문화 사회'에 접어들었다. 백만이라는 인구는 한국 전체 인구에 비하면 2.2퍼센트에 불과한 적은 수치이지만, 우리나라 국민들이 수천 년 동안 단일민족이라고 여겨 왔던 것을 생각하면 커다란 변화라고 할 수 있다. 특히 이러한 변화가 불과 십여 년 사이에 일어난 일이라는 점에서 그 진행 속도가 매우 빠르다는 특징이 있다. 1994년에 9만 5천여 명에 불과했던 국내 체류 외국인 수는 2000년에 들어 24만여 명으로 증가하였고, 2006년에는 63만여 명으로 주민등록인구의 1퍼센트를 넘어섰다. 그리고 2007년에 백만 명을 넘은 것이 언론에 대대적으로 보도되면서 '다문화'가 우리 사회에서 화두가 되었다.

2016년 기준으로 국내 체류 외국인 수는 200만 1,800명(전체 인구의 3.9%)으로, 2007년에 1백만 명을 넘어선 이래 9년 만에 2백만 명을 넘어섰다. 장기체류자는 153만 명, 단기체류자는 52만 명으로 추산된다. 출신 국가도 200여 개국에 이르면서 우리 사회는 지금 빠르게 다출신국이자 다인종사회로 변화고 있다.

체류자격을 기준으로 하면 단순 기능 인력(연수취업, 비전문취업, 선원취업, 방문취업)이 54만 9,000명으로 가장 많다. 다음으로 영주자격으로 체류 중인 외국인이 13만 명, 유학 및 한국어 연수 등의 학업 목적으로 체류 중인 외국인이 11만 6,000명이다. 출신 국가별로는 한국계를 포함한 중국 출신이 102만 명으로 가장 많고 다음으로 베트남 15만 명, 미국 14만 명, 타이 10만 명 등의 순이다. 중국 출신 비중이 월등하게 높은 것은 재외동포 자격을 지닌 체류자가 많이 포함되어 있기 때문이다.

외국인이 90일을 초과하여 체류하려면 입국일로부터 90일 이내에 주소지 관할 사무소에 외국인 등록을 해야 하는데, 이러한 등록외국인은 1998년 18만 명에서 2016년 116만 명으로 약 6.4배 증가하였다. 성별로는 남자가 여자보다 많은데, 이것은 외국인 근로자의 대부분이 남자이기 때문이다. 등록 외국인을 지역별로 보면, 2016년 현재 경기도에 거주하는 외국인이 전체의 32.2퍼센트인 37만 명으로 가장 많다. 다음으로 서울 27만 명(23.5%), 경남 8만 명(7.0%), 충남 6만 명(5.2%) 등의 순으로 많다. 이는 내국인의 지역별 분포와 마찬가지로 외국인 인구도 수도권에 집중되어 있는 것을 나타낸다.[1]

1995년 이후의 출입국 통계를 보면, 한국 체류 외국 국적인 인구는 약 10년 동안 2.5배 가까이 늘어났으며, 그중에서도 이주노동자의 체류가 2배 이상의 증가율을 보였다. 최근에 증가율이 주춤하기는 하지만, 비합법 인력을 포함할 경우 실제로는 3배에 육박하는 증가세로 추정할 수 있다. 또한 결혼 이주 여성의 경우 절대 수치에서는 이주노동자의 규모에 훨씬 미치지 못하지만, 증가 속도에서는 6배를 넘어서는 수치를 보임으로써 이주 여성 본인과 그를 포함하는 가족 및 지역사회가 중요한 관심 대상으로 부상할 수밖에 없음을 보여 준다. 특히 결혼에 의한 외국인의 유입은 이주 인구 중에서도 정주 가능성을 가장 크게 내포하고 있기 때문에 이에 대한 관심이 요구되고 있다. 외국인을 배우자로 맞이하는 혼인 건수는 10년 사이에 10배로 증가했는데, 2005년에는 한국 총 결혼 건수의 13.6퍼센트를 차지할 정도로 급격히 증가하였다가 최근에는 다소 감소하였다. 더욱이 이러한 결혼이 농촌 및 지방 도시를 중심으로 전개되고 있다는 점을 주목할 때, 현재 젊은 층을 중심으로 나타나는 저출산의 경향을 다소간 상쇄하는 다문화 인구의 증가를 예측할 수

---

1. 유정균·김두섭, 「외국인 거주자의 다양성과 추이」, 『한국의 사회동향』(2017년), 45~46쪽.

도 있다.[2]

2016년 기준으로 국내 체류 외국인의 절반은 중국인(101만 2,273명)이며, 미국(15만 5,495명)과 베트남(14만 3천 394명, 전체의 7.2%) 출신이 전체의 7.8퍼센트로 뒤를 이었다. 국내에 91일 이상 거주하는 장기체류 외국인은 2000년 21만 9,962명에서 현재 148만 1,603명으로 약 7배 증가했다. 전체 체류 외국인 중 장기체류 외국인 비중은 74퍼센트를 차지했다. 국적별 비중은 중국 54.5퍼센트, 베트남 8.8퍼센트, 미국 4.7퍼센트 순으로, 중국과 베트남의 비중은 커졌지만 미국과 대만의 비중은 작아진 것으로 집계됐다.

<그림11> 체류 외국인 수

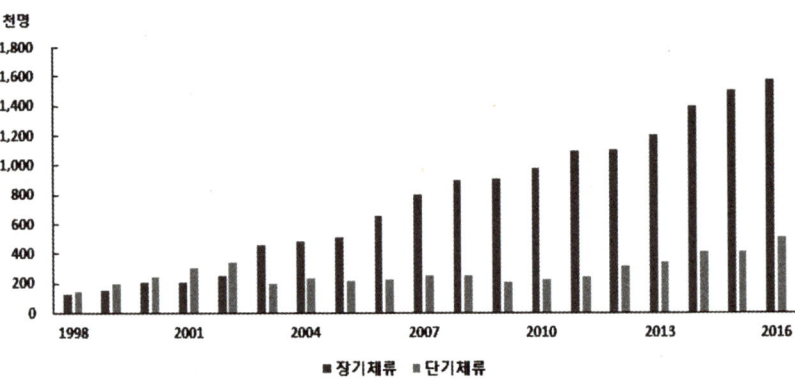

장기체류 외국인의 증가 이유는 중국인 체류자, 취업외국인, 결혼 이민자, 외국인 유학생이 늘었기 때문으로 분석됐다. 특히 2007년 3월부터 방문취업제가 시행되면서 중국 동포의 국내체류가 급속히 늘었고, 그 결과 중국인 장기체류자는 2000년 5만 8,984명에서 현재 80만 7,076명으로 14배나

---

2. 한국문화관광연구원 엮음, 『미래사회의 인구구조와 문화수요』(서울: 대왕사, 2008), 33쪽.

늘었다. 국내 취업외국인도 2000년 2만 538명에서 현재 60만 8,867명으로 30배나 증가했다. 2004년 고용허가제, 2007년 방문취업제 도입으로 단순 기능 인력이 늘어난 것이 주요 요인으로 분석됐다.

국내에 90일 이내로 머무는 단기체류 외국인은 52만 225명으로 집계됐다. 국적별 비중은 중국 39.4퍼센트, 미국 16.6퍼센트, 태국 12.5퍼센트 순이었다. 단기 체류 외국인 증가의 가장 큰 이유는 중국 관광객 증가로 분석됐다. 단기체류 중국인은 2000년 10만 491명에서 20만 5,197명으로 약 2배 증가했다. 연간 중국인 입국자 수도 2000년 27만 9,572명에서 작년 615만 4,730명으로 약 22배 늘었다. 현재는 2017년의 사드 보복 이후 중국인 단기 체류자는 크게 줄어든 상태이다.

불법체류자 수는 20만 명 수준을 유지했다. 하지만 전체 체류 외국인 중 불법체류자 비율은 2000년 41.8퍼센트에서 올해 10.6퍼센트까지 떨어졌다. 법무부는 2011년부터 2015년 사이에 체류 외국인이 연평균 8퍼센트씩 증가한 것을 고려할 때, 2021년 국내 체류 외국인이 300만 명을 넘어서 전체 인구의 5.82퍼센트가 될 것으로 예상했다. 이는 경제협력개발기구OECD 평균인 5.7퍼센트를 웃도는 수치다.

이러한 사실은 우리나라에서도 이제 서구 국가들에서만 논의되었던 다문화·다인종 문제를 사회 현상의 주요한 변화 중의 하나로 논의하는 것이 낯설지 않게 되었다는 것, 그리고 이에 대한 교회의 대비가 시급히 요청되고 있다는 것을 의미한다. 우리 사회의 문화적 다양성과 인구 구성의 변화가 심해짐에 따라 더 이상은 한국 사회가 전통적으로 단일 민족, 단일 문화, 단일 언어로 구성된 사회라고 강조할 수 없다는 것이 학자들의 공통된 견해이다.

장미혜 교수는 이주 단계별로 '다문화 사회로의 진입 단계', '다문화 사회로의 전환 단계', '다문화 사회로의 정착 단계' 등과 같이 다문화 사회로의 이행 단계를 구분하여 향후 다문화 사회의 전개 양상을 예측하고, 각 단계별로 발생할 수 있는 사회적 위험의 내용을 정리하였다.[3] 이 내용에 따르면 우리 사회는 2단계, 곧 다문화 사회로의 전환 단계로, 인종, 민족의 다양화로 가치관의 혼란 및 사회 일체감의 약화와 사회 불평등이 가시화되고 있는 상황이다.

따라서 민족, 인종 간 사회 불평등이 심화되어 심각한 사회문제가 발생하기 전에, 다양한 측면에서 사회 갈등 및 혼란의 요소가 잠재해 있다는 점을 인식하고 다문화 사회의 정착 단계에 대한 적극적인 준비가 시급하다고 하겠다. 곧 다른 인종 및 인구 유입으로 우리 사회가 인종, 민족, 언어, 문화적으로 다양화되어 가고 있음에 따라, 하루속히 이들의 문화와 역사를 존중하고 이해하는 사회 분위기를 조성하고 그들의 인권을 보호하며 사회 통합을 강화하는 일이 다양한 차원에서 이루어져야 한다는 것이다.

2. 다문화 현황

(1) 이주노동자

범세계화 추세는 자본과 정보뿐만 아니라 사람의 이동을 촉발하고 있으며, 국가와 민족의 경계를 넘나드는 이주 노동을 더욱 증가시키고 있다. 이주 노동은 국가와 지역 간에 일자리를 구할 기회와 임금의 격차가 있는 한 지속될 수밖에 없는 국제적인 현상이다. 시장경쟁력이 강조되면서 경쟁에서 배제된 실업자는 자국 내에서 적당한 일자리를 찾지 못하고, 결국 생존을 위해 다양한 경제적 목적으로 이주를 감행하게 된다. 1970년대까지 우리나라는 노

---

3. 장미혜, 「다문화 사회의 미래와 정책적 대응방안」, 『젠더리뷰』(2008).

동력을 수출해 온 전형적인 인력 수출국이었으나, 1990년대에 들어서면서 외국인 노동력의 수입국이 되었다.

우리나라에 외국인 노동자들이 처음 들어온 것은 1987년이었다. 노동자 대투쟁 이후 국내 노동자 임금이 상승하자 중국과 동남아 노동자들이 관광 또는 단기 방문 사증으로 입국하여 일을 하게 되면서부터였다. 그 후 1991년에 해외에 투자한 국내기업들이 현지에서 고용한 인력들을 국내에 유입함으로써 우리 사회에 외국인 노동자들이 공식적으로 등장하게 되었다.

'외국인 근로자'는 한국 국적 없이 지자체 관내에 소재하는 사업장에서 임금을 목적으로 근로를 제공하는 자를 의미한다. 출입국 관리법상 단기 취업, 교수, 회화 지도, 연구, 기술 지도, 전문 직업, 예술 흥행, 특정 활동, 비전문 취업, 선원 취업, 방문 취업의 자격을 가진 자가 해당된다. 외국인 근로자는 2009년까지 꾸준히 증가하였으나 그 후에는 증감을 반복하고 있다. 외국인 근로자의 전체 규모는 2016년 현재 54만 1,673명이며, 이 중 남자가 41만 6,357명으로 76.9퍼센트를 차지한다.

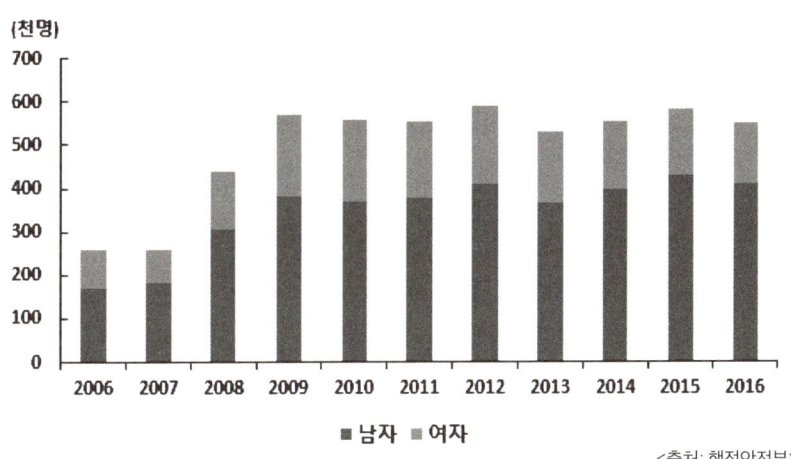

<그림12> 성별 외국인 근로자 수

<출처: 행정안전부>

출신 국가별로는 남녀 모두 중국 출신 한국계가 가장 많고, 이 외에 베트남, 필리핀, 태국 등의 동남아시아와 중앙아시아 국가 출신이 대부분이다.[4] 일반적으로 외국인 이주노동자라고 할 때는 저개발국 출신의 생산기능직 종사자인 단순기능 인력을 지칭하는데, 2007년 자료에 따르면 이들은 전체 외국인 이주노동자의 93퍼센트에 해당한다. 현재 대략 50만 명 정도가 된다고 추산할 수 있다.

앞으로도 외국인 이주노동자의 한국으로의 유입은 줄어들지 않을 것이다. 앞에서도 말한 바와 같이 범세계화로 국가 간 자본의 이동이 자유로워짐에 따라, 자본의 이동을 통해 형성된 사회 연결망을 타고 저개발국 노동자들이 해외 취업의 기회를 찾아 나서는 전 세계적인 차원의 노동력 이동이 더욱 가속화될 것이다. 이미 국내에 거주하는 외국인 이주자의 절반 이상이 이주노동자들인 데다 그 비중이 계속 늘어날 것으로 예상되고 있는 상황이기 때문에, 전문가들은 우리 사회가 이들과 공존하기 위해 노력해야 한다고 조언하고 있다.[5]

우리 사회에서 외국인 이주노동자가 증가한 것은 노동자 자신들의 필요 때문이기도 하지만, 우리 사회의 필요 때문이기도 하다는 점이 중요하다. 현재 우리 사회의 저출산과 고령화에 따른 인구 구성의 변화 때문에 이주노동자는 국내의 노동력 수요를 충족시키기 위해 반드시 필요한 인력이 되었다. 대다수의 젊은이들을 포함한 한국인들이 힘들고 어렵고 위험한 이른바 3D 업종에서 일하기를 꺼려하여, 이 분야에서는 상당 부분을 외국인 노동자들에게 의존하고 있는 형편이다. 일부에서는 외국인에 의한 내국인 일자리 잠

---

4. 유정균·김두섭, 윗글, 48쪽.
5. 전숙자·박은아·최윤정, 『다문화 사회의 새로운 이해』(서울: 그린, 2009), 222쪽.

식을 우려하기도 하지만, 외국인 노동자들은 대부분 내국인들이 꺼려하는 3D 업종에 종사하고 있기 때문에 그러한 일은 거의 발생하지 않고 있다는 것이 전문가들의 분석이다.

실제로 2015년 기준으로 외국인 노동자들의 직업을 살펴보면, 단순노무 종사자가 29.0퍼센트로 가장 많고, 서비스종사자(18.7%), 장치·기계 조작 및 조립 종사자(14.6%), 전문가 및 관련 종사자(12.2%)의 순으로 나타났다. 이것은 외국인 노동자들이 우리나라 전체 취업자들에 비해 직업지위가 낮은 직종에 편중되어 있음을 보여 주는 것이다. 우리나라 전체 취업자의 직종별 분포와 비교하면, 단순노무직(외국인 29.0%, 전체 13.4%)과 서비스직(외국인 18.7%, 전체 10.5%)에 종사하는 비중은 월등히 높고, 전문가 및 관련종사자(외국인 12.2%, 전체 19.8%)와 사무종사자(외국인 4.6% 전체 16.8%)는 월등히 낮다. 하지만 현재 우리 사회는 이들 이주노동자들에 대해 개인적·일상적 차원뿐 아니라 사회·정치·경제적 차원에서도 권리와 기회를 제한하고 있으며, 법과 제도의 차원에서도 차별과 배제로 대응하고 있다고 평가되고 있다. 그러므로 이에 대한 대책이 시급히 마련되어야 할 것으로 보인다.

(2) 결혼 이주 여성

우리나라에서 외국인 유입의 흐름을 보면, 1980년대 말에는 외국인 노동자들이 대량 유입되었다가 1990년대 중반부터는 외국인 결혼여성의 비율이 현저하게 증가하였다. 일반적으로 외국인 남성들의 이주는 노동을 중심으로 하는 반면, 여성의 이주는 결혼이나 성산업과 관련된 취업이 주를 이룬다. 성매매 규제에 따라 성산업과 관련된 이주는 다소 주춤한 데 비하여 결혼을 통한 이주는 급격히 확대되면서 '남성=노동 이주, 여성=결혼 이주'라는 이주의 성별 구분이 더욱 선명하게 드러나고 있다.

1990년대 이전까지 우리 사회에서 국제결혼은 한국 여성이 미국이나 일본으로 결혼 이주를 떠나는 것이 대부분이었다. 그러나 1992년 한중 수교 이후 조선족 여성과 한국인 남성이 결혼하는 사례가 등장하였다. 그리고 1998년에 2년 이상 한국에 거주하며 혼인을 유지한 외국인 배우자에 한해 국적을 취득하도록 국적법이 개정되고 2002년에 고용허가제를 도입한 이후부터는, 우리보다 사회경제 수준이 낮은 중국과 동남아시아 외국인과의 결혼이 본격적으로 증가하게 되었다. 이러한 제도의 변화 외에도 출산율 감소와 농촌 지역 미혼 남성이 혼인하기 어려운 현실 등도 최근 결혼 이민자가 증가하는 요인이 되고 있다.

'결혼 이민자'는 체류 외국인 중 국민의 배우자 체류 자격을 가진 자를 의미하며, 귀화로 한국 국적을 취득한 자는 포함되지 않는다. 결혼 이민자의 규모는 2001년 2만 5,182명에 불과하였으나 2016년에는 15만 2,374명으로 약 6.1배 증가하였다. 같은 기간 전체 체류 외국인 중 결혼 이민자의 비중은 2001년 4.4퍼센트에서 꾸준히 증가하여 2010년 11.2퍼센트로 정점에 이르렀고, 이후 점차 감소하여 2016년에는 7.4퍼센트로 나타난다. 결혼 이민자의 비중 감소는 국제결혼의 변화 추이와 밀접하게 관련되어 있다. 국제결혼은 2005년까지 빠른 속도로 증가하였으나 이후 감소 추세가 지속되고 있다. 농촌 인구의 감소와 아울러 중국 조선족에게 방문취업이 허용되면서 한국인과의 결혼에 대한 수요가 줄어들었기 때문이다.

이렇게 20년 사이에 국제결혼이 크게 증가하면서 이제 우리 사회에서도 국제결혼은 더 이상 이례적인 일이 아닌 일반적인 현상이 되고 있다. 그런데 이런 국제결혼은 여성화 현상이 뚜렷해서, 한국인 남성이 외국인 여성과 결혼하는 경우가 전체 국제결혼의 약 62.6퍼센트를 차지한다. 1994년까지만 해도 한국 남성과 외국 여성의 결혼이 한국 여성과 외국 남성의 비율보다 낮았으나, 1995년부터 반대 현상이 나타나기 시작해 현재까지 지속되고 있다. 그 이유는 우리 사회에서 결혼의 주변부로 밀려난 남성들이 결혼을 목적으로 이주하는 중국, 베트남, 필리핀, 태국, 몽골 등의 여성들을 배우자로 맞이하여 국제결혼을 하는 사례가 증가한 것과 밀접한 관련이 있다.

<그림13> 국제결혼 건수와 결혼 이민자 수

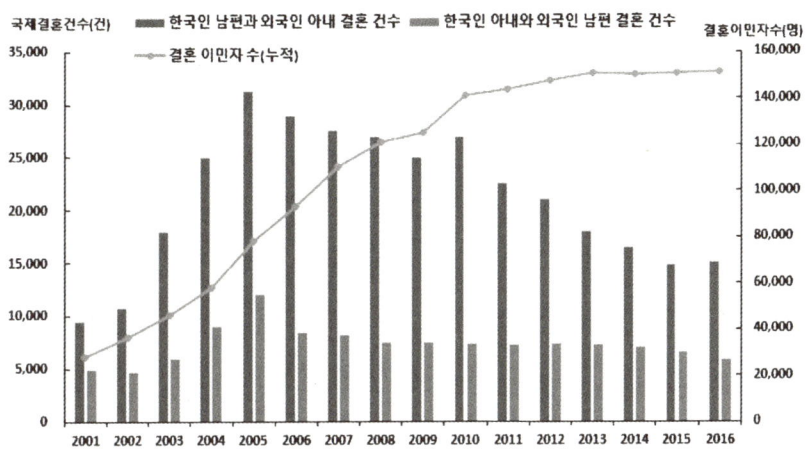

<출처: 법무부, 통계청>

출신국가별 결혼 이민자 수는 중국 출신이 5만 6,930명으로 가장 많고, 다음으로 베트남 4만 1,803명, 일본 1만 3,110명 등의 순이다. 앞에서 말한 바와 같이, 중국 출신 결혼 이민자의 비중은 감소하는 추세를 보이는데 중국 출신의 비중은 2006년에 60.0퍼센트로 압도적으로 높았으나 2016년에는 37.4퍼센트로 낮아졌다. 반면, 베트남 출신 결혼 이민자는 꾸준히 늘어나 2016년에는 27.4퍼센트를 차지하고 있다.[6]

---

6. 유정균·김두섭, 윗글, 47~48쪽.

결혼 이주 여성의 거주지별 분포를 보면 이들은 전국에 흩어져 거주하고 있지만, 서울과 경기도에 각각 사분의 일이 거주하여 결혼 이주 여성의 절반이 수도권에 집중되어 있는 것을 알 수 있다. 도시·농촌의 비율로 보면 도시에 75퍼센트, 농촌에 25퍼센트가 거주하고 있는 것이나, 실제 농촌 거주 인구 대비 결혼 이주 여성의 비율이 도시에 비해 높다는 점을 고려해야 할 것이다.

(3) 다문화 가정 자녀

1990년대 중반부터 국제결혼이 급속도로 증가하면서 학령기를 맞이하는 그 자녀들의 수 역시 매년 증가하였다. 교육과학기술부의 자료에 따르면, 2015년 현재 전국적으로 다문화 가정 초·중·고교 재학 자녀는 74,011명으로 꾸준히 증가하고 있으며, 조사가 시작된 2006년의 7,998명과 비교하면 8배 가까이 늘어났다. 학교별로 보면, 2006년에 전체의 85퍼센트를 차지했던 초등학생의 비율은 73퍼센트로 떨어지고 있는 반면, 중학생과 고등학생의 증가율은 더욱 높아지고 있다. 중학생 수는 10배 가까이, 고등학생 수는 10배 이상 증가하였다. 외국인 가정의 경우 초등학생 비율이 82퍼센트를 차지하고 있는 것과 비교된다.

<표5> 연도별 학교급별 다문화가정 학생 수(2012~2015)

단위: 명

	국제결혼 가정									외국인 가정		
	초등학교			중학교			고등학교			초등학교	중학교	고등학교
	소계	국내출생	중도입국	소계	국내출생	중도입국	소계	국내출생	중도입국			
2012	31,951	29,282	2,669	9,179	8,194	985	3,083	2,536	547	1,789	448	326
2013	35,829	32,823	3,006	10,305	9,162	1,143	4,358	3,793	565	3,531	975	500
2014	44,808	41,546	3,262	11,702	10,316	1,386	6,312	5,562	750	3,417	804	422
2015	54,156	50,191	3,965	12,443	11,054	1,389	7,411	6,688	723	6,006	1,384	735

<출처: 한국교육개발원(2015), 『교육통계분석자료집』 유·초·중등 교육통계편>

이것은 외국인 가정이 대개 단기 체류 후 출국하는 데 반해 다문화 가정의 경우 국제결혼이 본격적으로 시작되고 20년 가까이 지나면서 자녀가 성장했기 때문이다. 따라서 앞으로 5년 후가 되면 본격적으로 다문화 가정의 자녀들이 성인기에 들어서게 될 것이다.

　지역규모별, 학교급별 다문화 학생 비율은 2015년 기준 국제결혼 가정의 경우에는 대도시보다는 중소도시와 읍면지역에 많은 것으로 나타났으며, 외국인 가정의 학생은 대도시가 중소도시 및 읍면지역에 비해 상대적으로 많다. 2015년 기준 전체학생 대비 다문화 학생 비율은 국제결혼가정 학생의 경우 초등학교가 2퍼센트, 중학교가 0.8퍼센트, 고등학교가 0.4퍼센트로 나타났으며, 외국인 가정의 경우는 전체 학생 대비 다문화 학생비율이 초등학교 0.22퍼센트, 중학교는 0.09퍼센트, 고등학교는 0.04퍼센트이다.

　시도별·학교급별 다문화 학생 수를 보면, 국제결혼 가정의 학생은 경기지역이 초등학생(12,045명), 중학생(2,625명), 고등학생(1,527명) 모두 가장 많은 것으로 나타났다. 서울과 합하면 수도권에 많이 몰려 있는 것을 알 수 있다. 반면, 전체 학생 대비 국제결혼 가정 학생의 비율은 전남지역이 초등학생(4.3%), 중학생(2.1%), 고등학생(1.1%) 모두 가장 높았다. 외국인 학생의 경우는 경기지역이 초등학생(2,075명), 중학생(447명)은 가장 많았고, 서울은 고등학생(180명)이 가장 많았다. 전체 학생 대비 외국인 가정 학생의 비율은 초등학생(0.42%)과 중학생(0.15%)은 서울이, 고등학생(1.0%)은 충남지역이 가장 높은 것으로 나타났다.

<표6> 시도별·학교급별 다문화 학생 수

단위: 명

		국제결혼 가정										외국인 가정					
		초등학교			중학교			고등학교			초등학교		중학교		고등학교	
		전체	비율*	국내출생	중도입국	전체	비율*	국내출생	중도입국	전체	비율*	국내출생	중도입국	전체	비율*	전체	비율*	전체	비율*
전체		54,156	2.0	50,191	3,965	12,443	0.8	11,054	1,389	7,411	0.4	6,688	723	6,006	0.22	1,384	0.09	735	0.04
지역규모	대도시	16,745	1.5	15,036	1,709	3,689	0.6	3,042	647	2,015	0.3	1,691	324	2,771	0.25	624	0.09	327	0.04
	중소도시	17,343	1.5	15,841	1,502	4,148	0.6	3,614	534	2,808	0.4	2,515	293	2,292	0.20	486	0.07	247	0.03
	읍·면지역	18,526	4.2	17,818	708	4,303	1.9	4,104	199	2,413	1.0	2,312	101	850	0.19	266	0.12	157	0.06
	도서지역	1,542	6.9	1,496	46	303	2.5	294	9	175	1.5	170	5	93	0.42	8	0.07	4	0.04
시도	서울	6,600	1.5	5,689	911	1,641	0.6	1,282	359	899	0.3	734	165	1,914	0.42	408	0.15	180	0.06
	부산	2,420	1.6	2,202	218	500	0.5	420	80	271	0.2	234	37	142	0.09	27	0.03	34	0.03
	대구	1,773	1.4	1,658	115	322	0.4	290	32	176	0.2	158	18	133	0.10	27	0.03	19	0.02
	인천	2,971	1.9	2,660	311	679	0.8	581	98	351	0.4	300	51	369	0.23	89	0.10	57	0.06
	광주	1,284	1.4	1,230	54	310	0.5	266	44	166	0.3	136	30	89	0.10	23	0.04	26	0.04
	대전	1,226	1.4	1,158	68	187	0.4	163	24	129	0.2	117	12	91	0.10	27	0.05	7	0.01
	울산	1,287	1.9	1,199	88	201	0.5	179	22	102	0.2	81	21	105	0.16	37	0.09	8	0.02
	세종	226	1.7	220	6	39	0.7	36	3	25	0.5	24	1	6	0.04	2	0.03	3	0.06
	경기	12,045	1.6	10,660	1,385	2,625	0.6	2,174	451	1,527	0.3	1,276	251	2,075	0.28	447	0.11	151	0.03
	강원	2,102	2.7	2,024	78	671	1.4	632	39	537	1.0	515	22	75	0.10	38	0.08	29	0.05
	충북	2,217	2.6	2,159	58	561	1.1	532	29	351	0.6	334	17	99	0.12	20	0.04	16	0.03
	충남	3,493	3.0	3,334	159	751	1.2	699	52	505	0.7	479	26	332	0.29	88	0.13	74	0.10
	전북	3,252	3.2	3,155	97	868	1.4	841	27	529	0.7	513	16	75	0.07	24	0.04	42	0.06
	전남	4,068	4.3	4,013	55	1,235	2.1	1,208	27	744	1.1	730	14	33	0.03	7	0.01	3	0.00
	경북	3,995	3.1	3,859	136	770	1.0	736	34	496	0.5	487	9	148	0.11	31	0.04	21	0.02
	경남	4,492	2.4	4,345	147	954	0.9	905	49	542	0.5	521	21	268	0.14	72	0.07	62	0.05
	제주	705	1.8	626	79	129	0.6	110	19	61	0.3	49	12	52	0.14	17	0.08	3	0.01

<출처: 한국교육개발원(2015), 교육통계분석자료집, 유·초·중등 교육통계편>

다문화 학생 부모의 출신 국가는 국제결혼 가정의 경우 대체로 중국과 일본이 가장 많았다. 2012년에는 일본과 중국(한국계) 순으로, 2013년에는 일본과 중국 순으로, 2014년에는 중국과 일본 순으로 나타났으며, 2015년에는 베트남과 중국 순으로 많았다. 그러나 중국 다문화 학생 수를 순수 중국인과 한국계 중국인을 합쳐서 계수할 경우에는 중국이 가장 많은 것으로 나타났다. 외국인 가정 학생의 경우도 2015년 기준으로 중국이 가장 많고, 일본, 중앙아시아, 베트남 순으로 나타났다.

서울시교육청 자료에 의하면 서울에 있는 다문화 가정 자녀는 5,222명인데, 이 중 초등학생이 3,492명으로 전체 다문화 가정 자녀의 66.8퍼센트, 중학생이 824명으로 15.7퍼센트, 고교생이 289명으로 5.5퍼센트를 차지했다. 그리고 유치원생은 617명으로 11.8퍼센트였다. 이는 전년도 대비 1년 동안 초등학생이 27.9퍼센트 포인트, 중학생이 55.2퍼센트 포인트, 고교생이 51.3퍼센트 포인트 늘어난 수치였다. 이는 상급학교로 진학할수록 수도권 등 도시 지역으로 학생이 쏠리는 현상이 다문화 가정 자녀에게도 반영되기 시작한 결과로 분석된다.

이에 따라 국내 학생들과의 갈등도 벌어지고 있다. 최근에는 서울 영등포구의 한 초등학교에서 다문화 학생이 많다는 이유로 신입생들이 대거 다른 학교로 전학을 간 일도 있었다. 한 신문 보도에 따르면, 이 학교 1학년의 다문화 학생 비율은 전년도 3월에 50퍼센트에서 현재 80퍼센트로 높아졌다. 이에 따라 비다문화 학생 부모들은 "다문화 학생이 많으면 면학 분위기를 해치고 안전이 위협받는다"라며 자녀들을 전학시켰다고 한다. 다문화 학생이 많은 서울지역 초·중학교의 전출률은 다른 학교에 비해 최고 두 배나 높다는 것이 서울시교육청의 분석이다. 2017년 기준으로 다문화 학생 비율이 20퍼센트 이상인 서울 초·중학교는 21곳이다. 이들 학교의 학생 전출률은 8퍼센트에 달해, 서울 전체의 평균 전출률(4.9%)보다 월등히 높았다.

농촌 지역의 경우 전체 학생 수가 적어서 다문화 가정 자녀 증가세가 두드러져 보이지만, 다문화 가구가 직업을 찾아 수도권 등 도시 지역으로 이동하기 때문에 도시 지역에서도 다문화 가정 자녀인 재학생이 점차 늘고 있는 실정이다. 비록 도시 지역에서는 전체 학생 수가 많기 때문에 다문화 가정 학생이 부각되지 않는 측면이 있지만, 점차 서울과 경기지역 학교에 다니는 다문화 가정 자녀가 늘고 있다는 점에서 농촌뿐 아니라 도시 지역에서도 다문화 사회에 대한 대책을 시급히 마련해야 할 필요가 있다.

또 한 가지 중요한 사실은 다문화 가정 학생 중에서 학업 중도 탈락자가 꾸준히 늘고 있다는 점이다. 입학 자체를 하지 않았거나 중도에 탈락하는 등의 사유로 학교 밖에 있을 것으로 파악되는 아동의 비율이 초등학생보다는 중학생, 중학생보다는 고등학생이 높은 것으로 나타났다. 이러한 다문화 가정 자녀의 '탈학교율'은 비다문화 가정 학생들과 비교해 볼 때 크게 차이가 나는 것으로 나타나 심각성을 더해 주고 있다. 비다문화 가정 학생들은 초등학생의 경우 거의 모든 아동이 취학하고(미취학율 0.4%), 중학생의 경우도 취학대상 중 96퍼센트의 청소년이 취학하고 있으며, 고등학교의 경우에도 취학률이 91.3퍼센트에 이른다. 이를 다문화 가정 자녀와 비교한다면 다문화 가정 자녀의 '탈학교율'이 비다문화 가정보다 초등학생의 경우 22배나 높으며, 중학생 9.9배, 고등학생은 8배 높은 것으로 나타났다.

여성가족부의 '2015 전국 다문화 가족 실태 조사' 결과, 다문화 가정 자녀가 학교를 떠나는 가장 큰 이유는 '학교생활 및 문화가 달라서(18.3%)'였다. 학교생활에 잘 적응하지 못한 것이다. 이어 '학교 공부가 어려워서(18.0%)', '편입학 및 유학 준비(15.3%)', '돈을 벌어야 해서(14.4%)', '그냥 다니기 싫어서(11.1%)' 순이었다. 다문화 가정 자녀들은 학교에서 차별이나 무시를 받으면 소극적으로 대응하고 있다. '옳지 않다고 생각했지만 참았다'라는 답변이 44.9퍼센트로 가장 높은 수치를 기록했다. '부모님, 선생님께 말씀드렸다'라는 답변은 34.7퍼센트, '별 다른 생각 없이 그냥 넘어갔다'라는 응답은 26.4퍼센트를 기록했다.

고민은 주로 친구보다 부모님에게 털어놓는 비율이 높았다. 고민 대화 상대로는 '친구·동료(33.2%)', '어머니(32.2%)', '스스로 해결(15.1%)', '아버지(9.8%)' 순이었는데, 전체 청소년에 비해 친구나 동료와 상의하는 비율은 13퍼센트 포인트 더 낮고, 부모님과 상의하는 비율이 15.9퍼센트 포인트 더 높았다. 그러나 다문화 가정 부모는 자녀의 교육에 직접적으로 관여하기도 어려울 수 있다. 한국어 구사에 큰 어려움을 겪는다면 자녀의 교육 지도가 쉽지 않고, 자녀의 학교 선생님을 만나는 것에도 큰 부담을 느낀다.

한 조사에 따르면 결혼 이민자 취학 자녀의 11.5퍼센트가 학교생활에 어려움을 겪고 있고 집단 따돌림을 당한 경험도 5.3퍼센트로 나타나는 등, 다문화 가정 아동들은 학교생활이나 상급학교 진학 등에서 어려움을 겪고 있다. 그나마 부모 한쪽이 내국인인 국제결혼 출신 다문화 가정의 학생은 상황이 좀 더 나은 편이다. 그렇지 않고 부모 모두가 외국인인 경우가 대부분인 외국인 근로자 다문화 가정 출신의 학생은 학교에서 적응하기가 훨씬 더 어렵다. 그렇다고 현재 우리나라에 학력이 인정되는 다문화 가정 학생을 위한 대안 학교가 있는 것도 아니다. 게다가 불법 체류자의 경우 중학교 학칙 때문에 초등학교까지만 다니는 경우가 대부분이다. 따라서 이에 대한 대책을 마련하는 것이 시급하다.

3. 다문화 사회의 문화 갈등

이와 같이 국내 이주 외국인의 수가 폭발적으로 증가하는 상황에서 외국인과 내국인 사이에서 문화적인 갈등이 빚어질 가능성이 매우 높다. 아니, 이미 그러한 갈등이 곳곳에서 발생하고 있다. 비단 외국인들의 절대적인 수가 크게 증가하고 있는 도시뿐만이 아니다. 국제결혼으로 이주 여성이 크게 유입되고 이들과 이루고 있는 다문화 가정이 주변에 널리 퍼져 있어 인구에 비해 외국인들의 수가 상대적으로 많은 농어촌 지역에서도 이러한 문제가 결코 멀게 느껴지지 않는다.

대부분의 한국인들에게 '순수 혈통의 단일민족'이라는 관념이 뿌리 깊게 자리 잡고 있는 상황에서, 다수의 외국인이 밀려와 일상생활의 여러 측면에서 이들과 부닥치게 되었을 때 예기치 않았던 여러 가지 갈등 요소가 수면 위로 떠오를 수 있다. 나아가 이런 요소들이 우리 사회의 평화를 크게 위협할 가능성도 있다. 우리 사회가 다문화 사회로 접어들면서 발생할 수 있는 문제들은 다음과 같은 것들이다.

(1) 이주민에 대한 차별

첫 번째 문제는 이주민에 대한 차별이다. 이주민들의 입장에서는 '다문화'라는 말 자체가 편견이 담긴 말로 여겨져 어려움을 겪는다고 말한다. 실제로 다문화 가정의 가족들이 가장 듣기 싫어하는 말은 놀랍게도 '다문화 가정의 아이'라는 말 자체였다. '다문화 가정의 아이'라는 말은 과거에 썼던 '혼혈아'라든가, 이를 속되게 표현했던 '튀기'라는 말에 비하면 매우 순화된 말이다. 그러나 외국인의 입장에서는 한국인들이 "이 아이는 다문화 가정의 아이야"라고 하는 말은 "이 아이는 우리 같은 한국인이 아니야"라는 의미가 되고, 그 순간 한국인의 자녀들과 자신들의 자녀들을 구별하여 선을 긋는 느낌을 아주 강하게 받는다는 것이다.

게다가 경제주의식 사고에 크게 영향을 받고 있는 한국인들은 우리보다 경제 사정이 좋지 않은 동남아시아에서 온 외국인들에게 특히 적대감을 강하게 드러내고 있다. 버스나 지하철 안에서 서양인들이 대화하는 것은 그냥 지켜보면서도 동남아시아인들이 대화하는 것은 시끄럽다고 크게 화를 내는 한국인들이 많다는 이야기를 흔히 듣는다. 심지어 특정 국가에서 온 사람들을 '파퀴벌레'라고까지 표현하며 인격 모독을 하는 경우조차 있다. 최근에는 연예계에도 혼혈인들이 대거 등장하고 주목을 받는 사례도 있어서 다문화 사회를 반영한다는 평가도 있지만, 대중문화계에 등장한 혼혈인들은 거의 백인계 혼혈인들이고, 아시아인과의 혼혈이나 흑인 혼혈 등 유색인 혼혈인은 드물다.

실제로 '2015년 전국 다문화가족 실태조사'에서는 결혼 이민자·귀화자 등 가운데 '외국인'이라는 이유로 사회적 차별을 경험한 적이 있다는 이들이 40.7퍼센트에 달하는 것으로 나타났다. 2012년 조사 결과 41.3퍼센트인 것과 별로 차이가 없다. 성별로 보면, 남성(43.3%)이 여성(40.1%)에 비해 사회적 차별을 경험한 비율이 높으며, 차별에 대해 강하게 인식하는 것이 여성보다는 남성에게서 매우 두드러짐을 알 수 있다. 또한 농촌보다는 도시에서, 연령과 학력이 높을수록, 그리고 체류기간이 길어질수록 차별대우를 받은 적이 있다는 응답이 더 많이 나타나고 있다.

외국인 아내들은 남편의 직계 가족 이외의 친족망에 쉽게 편입되지 못하는 경우가 종종 있으며, 후진국에서 왔다고 무시하는 가족과 이웃들 때문에 일상생활을 하는 데 어려움을 겪는 것으로 나타났다. 게다가 무조건 돈을 위해 한국에 왔다고 생각하거나, 도망을 갈 것이라고 생각하는 등의 편견으로 고통을 받기도 한다. 이러한 편견은 한국인 배우자에게서도 나타나 외국인 배우자의 존재를 무시하고 국제결혼 사실을 숨기거나 부정하기도 한다. 이것이 외국인 배우자의 자존감을 떨어뜨리고 부부 관계 및 가정생활에 부정적으로 작용하기도 한다.[7]

한 일간지에서 실시한 조사에서는 "당신 자녀의 학교에서 결혼 이주자 자녀가 반장이 되어도 괜찮은가"라는 질문에 응답자의 92.2퍼센트가 "그렇다"라고 응답하였다. 그러나 "베트남인 또는 필리핀인과 어느 정도의 사회적

---

7. 김영주, 『충남 국제결혼가족 실태 및 지원정책에 관한 연구』(공주: 충남여성정책개발원, 2006), 41~42쪽.

관계를 허용할 수 있는가"라는 질문에 대해서는 가까운 이웃(39.6%), 절친한 친구(36.2%), 직장 동료(14.0%), 배우자(7.2%), 자녀의 배우자(3.0%) 순으로 나타났다. 이것은 우리가 아직 외국인을 가족으로 받아들이는 단계에까지 이르지는 못하고 있음을 잘 보여 준다. 특히 지난 19대 총선에서 새누리당의 비례대표인 이자스민 씨가 당선되자 온라인상에서는 인신공격성 발언들이 터져 나오기도 하였다. 매매혼 출신이라든가, 불법체류자라는 등 사실과 다른 주장까지도 이어졌다. 그의 정치적 입장과 자질에 대해서는 비판할 수 있어도 인종차별주의적인 비판은 결코 바람직하지 않다.

급기야 최근에는 외국인들에게 적대감을 드러내는 단체들이 등장하여 우려를 낳고 있다. 이들은 인터넷상에서 수천 명의 회원을 거느리고 있고 최근에는 외부 행사에도 모습을 드러내고 있다. 이들은 무분별한 외국인의 국내 유입이 외국인 범죄를 증가시키고 있고 외국인에 대한 우대 정책 때문에 오히려 내국인이 역차별을 받고 있다고 주장한다. 그러나 이런 주장과는 달리 외국인 범죄율은 내국인 범죄율보다 높지 않은 데다, 외국인 때문에 내국인이 차별을 받는 경우 역시 극히 제한적이기 때문에 우려할 정도가 아니라는 점을 인식해야 한다. 오히려 이들의 주장은 사회에 대한 불만을 사회적 약자인 이주노동자를 희생양으로 삼아 해소하려는 측면이 있으므로 경계해야 한다. 우리 국민도 외국에 나가면 똑같은 입장에 처하게 된다는 사실을 기억해야 한다.

이주민들은 다문화 가정을 특별하게 대하는 차별정책보다는, 다문화 가정도 여느 한국 가정과 다르지 않은 하나의 가정으로 대하는 인식의 개선이 필요하다고 주장하고 있다. 우리는 한국 전쟁 이후에 출생한 다수의 혼혈아들을 외국으로 입양시킨 가슴 아픈 역사를 가지고 있다. 해외 입양으로 고아 수출국이라는 오명까지 갖게 되었는데, 본래는 전쟁고아들 중에서 특히 혼혈아들에 대한 차별과 냉대가 심했기 때문에 그들을 외국으로 입양 보낸 것이 해외 입양의 시초였다. 이러한 좋지 않은 역사를 안고 있는 우리 사회가 이제 그 역사의 아픔을 씻기 위해서라도 우리 가운데 자리하기 시작한 다문화 가정을 품을 수 있는 사회적 포용성을 길러야 할 것이다.

(2) 다문화 가정의 문제

두 번째 문제는 다문화 가정의 문제이다. 외국인들이 국내에 이주하여 겪게 되는 문화 갈등은 무엇보다 의사소통의 어려움에서 온다. 즉 이웃들과 대화하는 것이 불편할 뿐만 아니라, 국내에서 출생한 자신의 자녀와 의사소통하는 데도 어려움을 겪는 것이다. 그 다음의 문제는 일상생활의 변화이다. 새로운 사회 환경에서는 아주 단순한 일 처리에도 커다란 정신적 부담을 받게 되고 많은 시간을 허비하게 되기 때문이다. 세 번째 문제는 관계의 변화이다. 본국에서는 다른 사람들에게 자신의 존재를 인정받고 살았으나, 한국에서는 본국에서의 모든 정체성을 잃게 되기 때문이다. 마지막 네 번째 문제는 가치관의 혼돈인데, 한국인의 정서와 규범이 본국과는 다르기 때문에 번번이 오해를 받고 시행착오를 겪게 된다.

다문화 가정의 부부들은 실제로 결혼 초기부터 친밀한 관계를 형성하는 데 많은 어려움을 겪는다. 이는 짧은 기간에 결혼이 진행되면서 서로에 대해 알 수 있는 시간적 기회가 거의 없는 데다 서로 다른 언어와 문화적 차이에서 오는 갈등이 크게 작용하기 때문이다. 한 조사에 따르면, 국제결혼 부부 중 90퍼센트 이상이 한국어로 대화를 하며, 필리핀 부인은 53퍼센트가 한국어와 영어를 동시에 사용하고 있는 것으로 밝혀졌다. 반면에 베트남 부인들 중 약 9퍼센트 정도는 부부간 대화가 거의 없는 실정이다.[8]

---

8. 설동훈, 『국제결혼 이주여성 실태조사 및 보건복지 지원 정책방안』(서울: 보건복지부, 2005),

한국인 배우자가 낯선 언어와 문화 속에 있는 외국인 배우자의 현실적인 어려움을 배려하지 않아 부부간 갈등이 야기되며, 그 갈등이 신체적·정서적 폭력이라는 극단적인 형태로 표출되기도 한다.[9] 또한 한국어 구사능력의 부재는 다문화 가정의 부적응 및 각종 사회 문제를 발생시키는 원인이 될 뿐 아니라, 결혼 이주 여성들을 남편과의 관계에서 취약한 입장에 놓이도록 하여 남편에게 의존할 수밖에 없도록 만드는 요인이 되기도 한다. 이처럼 국어가 서툴러 의사소통이 되지 않는 것이 이주 여성들의 가장 큰 어려움으로 확인되고 있다.[10] 또한 가정과 지역사회 내에서 의사소통은 이들의 생활 만족이나 한국 생활 전체에 크게 영향을 미치는 것으로 밝혀지고 있다.[11]

한편 다문화 가정이 겪는 경제적 어려움은 매우 심각한 상태이다. '2015년 전국 다문화가족 실태조사' 결과 한국인이 외국인과 결혼해 꾸린 다문화 가정의 월평균 소득은 200만 원에서 300만 원 사이가 30.4퍼센트로 가장 많고, 100만 원에서 200만 원 사이(23.8%), 300만 원에서 400만 원 사이(20.5%) 순이며, 400만 원 이상이 16.5퍼센트였다. 5년 전에 비하면 다소 나아지기는 했지만 다문화 가정은 63퍼센트가 월평균 소득 300만 원 미만으로, 우리나라 전체 가구의 한 달 평균 소득인 453만 1,000원에 한참 못 미치는 소득으로 생활하고 있는 것이다. 그리고 32.6퍼센트는 월 소득이 200만

19~25쪽.
9. 김상임, 「상담사례를 통해 본 한국남자와 결혼한 이주여성의 삶」, 이주여성센터 3주년기념심포지엄, 2004.
10. 강혜경, 정미선, 「다문화가족의 결혼생활 관련요인 분석: 용산구 다문화가족 사례연구를 중심으로」, 한국가족자원경영학회, 『한국가족자원경영학지』 제13권 제3호 (2009): 41쪽. '2009년 전국 다문화가족 실태조사' 결과 다문화 가정이 한국에서 살아가는 데 가장 힘든 점으로는 남성 결혼 이민자는 경제문제(29.5%), 여성 결혼 이민자는 언어문제(22.5%)를 각각 꼽았다.
11. 강기정·변미희, 「다문화 가족 남편의 결혼만족도에 영향을 미치는 부부 관련 변인」, 한국가족자원경영학회, 『한국가족자원학회지』, 제13권 제3호(2009): 126쪽.

원 미만인 빈곤층 수준이었다.

이런 낮은 소득 탓에 2009년 한 해 동안 사회보험료 또는 전기·수도세 등을 내지 못하거나 병원 이용을 포기·중단한 경험을 가진 이들이 30퍼센트에 이른 것으로 나타나기도 하였다. 이처럼 다문화 가정의 경제적 수준은 매우 심각한 것으로 나타난다. 여성 이민자와 결혼한 한국인 남편들의 직업 유형을 살펴보면 육체노동직과 자영업이 가장 많으며, 남편의 경제적 지위가 낮을수록 외국인 아내들이 취업을 하여 가계에 보탬이 되려는 경향을 보이고 있다.

경제생활과 관련하여, 많은 경우 한국인 남편이 모든 살림과 경제권을 가지고 외국인 아내에게는 소액의 용돈이나 필요한 돈만을 지불하는 관리방식을 취함으로써 경제권을 둘러싼 부부간의 갈등이 발생하기도 한다.[12] 경제적 무능력은 결혼 이민자의 주요한 이혼 사유이기도 하다. 앞선 조사 결과 이혼·별거 중인 응답자는 6.9퍼센트로, 이혼·별거 이전의 혼인 지속 기간은 2012년 7.1년에서 7.9년으로 다소 길어졌다. 이혼 및 별거 사유는 성격 차이(45.3%)가 가장 많았고, 그 다음으로 경제적 무능력(17.7%)이 2위를 차지했다.

그 밖에 외도 등 애정 문제(10.0%), 배우자 가족과의 갈등(8.7%), 음주·도박(7.5%) 순으로 나타났다. 특히 가구 소득별로 살펴보면, 저소득층에서 배우자가 있는 사람들의 비율이 낮아지는 반면 사별 및 이혼·별거 중인 사람이 많은 것으로 나타났다. 가구소득이 100만 원 미만인 응답자 중에서는 사별(17.5%), 이혼·별거(20.6%)를 겪은 사람들의 비중이 매우 높다. 배우자 없이 생활하는 사람들이 빈곤 위험에 노출될 가능성이 더 높은 것으로 보이므로 이에 대한 대책이 필요하다.

---

12. 모선희 외, 『다문화 가정의 문제점과 정책적 지원방안 연구』(공주: 충남발전연구원, 2008), 18쪽.

(3) 이주민들의 사회 불만 세력화

세 번째 문제는 이주민들이 새로운 사회 계층을 형성하게 될 가능성과 관련된다. 현재 대부분의 이주노동자들은 대개 하류층에 속하고, 농어촌을 중심으로 하는 국제결혼도 대부분 중하류층에 속하는 사람들이 한다. 미국에서도 청소업은 히스패닉계, 세탁업은 한국계, 상업은 중국계가 점유하고 있는 것과 같이, 이주민들이 한동안 한국 사회에서 또 하나의 하류 계층을 형성할 가능성이 높다. 특히 이주노동자들은 대개 3D 업종에 종사하는 경우가 많고, 이들 중 상당수가 임금 체불의 경험이 있어 우리 사회에 대한 불만이 증폭될 우려가 있다.

이러한 문제들로 갈등을 겪는 이주민들 또는 다문화 가정의 자녀들이 심각한 사회 불만 세력을 형성하게 될 가능성도 있다. 현재 우리 사회에서 이주민들은 비교적 소수이고 그들의 자녀 또한 아직 어린 상태이지만, 앞으로 5년, 10년 후가 되면 이들이 인구의 20퍼센트를 차지하게 되고 그들의 자녀 또한 성인이 된다. 그런데 만약 그들이 억압받으며 내면에 억눌러 놓은 분노를 밖으로 표출할 경우 커다란 사회 문제가 될 수 있는 것이다. 실제로 얼마 전에는 친구들의 따돌림으로 학교를 떠난 다문화 가정의 청소년이 연쇄 방화를 저질러 이목이 집중되기도 하였다. 이러한 다양한 문제들이 수면 위로 드러나게 되면 매우 파괴적인 결과가 나타날 수 있다는 사실은 얼마 전에 있었던 노르웨이 테러 사건이 여실히 보여 주고 있다.

그러나 현재 우리 사회에서 25세 이상 다문화 가정의 청년에 대해서는 실태 파악조차 되어 있지 않다. 다문화 가정 실태 조사는 2008년 제정된 다문화가족지원법에 근거해 매 3년마다 이루어지는데, 다문화가족지원법에서 지원 대상을 결혼 이민자와 아동·청소년으로 규정하고 있다. 때문에 청소년기가 지나서 25세 이상으로 사회에 진출한 다문화 2세 청년에 대해서는 실태조사가 이루어지지 않으므로, 이들이 어떤 일을 하고 있는지 정확하게 알 수가 없다. 앞에서 살펴본 대로 다문화 가정은 자녀 교육에 어려움을 겪고 있고 경제적으로도 넉넉하지 않기 때문에 다문화 가정의 자녀들이 대학에 진학하는 경우는 매우 드물다. 따라서 다문화 가정에 대한 보다 면밀한 실태 파악이 필요한 상황이다.

한편, 한국형사정책연구원이 조사한 '한국의 범죄현상과 형사정책(2017)' 통계에 따르면 외국인 범죄 검거 인원은 2005년 9,042명에서 2016년 4만 1,044명으로 4.5배 증가했다. 이것은 앞에서 살펴본 바와 같이 국내 체류 외국인이 증가하면서 자연스럽게 증가한 수치이다. 그러나 2017년 들어서는 외국인 범죄 건수 증가세가 꺾였다. 경찰청 통계에 따르면 최근 5년간 외국인 범죄 발생 현황은 2013년 2만 6,663명, 2014년 3만 684명, 2015년 3만 8,355명, 2016년 4만 3,764명으로 계속 늘다가, 2017년에는 줄어서 3만 6,069명을 기록했다.

내국인과 비교해 범죄 발생 가능성도 낮은 편이다. 경찰청에 따르면 2017년 기준 인구 10만 명 당 피의자 현황은 내국인이 3,636명인 반면, 외국인은 1,654명으로 절반에도 못 미친다. 하지만 구체적 내용을 살펴보면 외국인 범죄는 내국인 범죄보다 살인, 강도 등 강력 사건 발생 비율이 높은 경향을 보였다. 살인의 경우 전체 외국인 범죄에서 차지하는 비중이 2012년부터 0.3퍼센트에서 0.4퍼센트대를 유지해, 같은 기간 내국인의 살인범죄 비율(0.05~0.06%)에 비해 현저히 높았다.

그러나 전문가들은 강력범죄 비율이 높다고 해서 '외국인 범죄=강력사건' 공식이 성립될 수는 없다고 본다. 우리나라에 온 외국인들은 단순노동을 하는 20대에서 50대 사이의 남성들이 많으므로 사기, 횡령 등 화이트칼라 범죄 발생률이 낮고, 그러므로 강력범죄 비율이 상대적으로 높아지는 것이기 때문이다. 게다가 우리 국민들의 편견에서 비롯된 외국인에 대한 인격 무시와 차별 대우, 가혹 행위가 외국인 범죄를 부추기기도 한다.

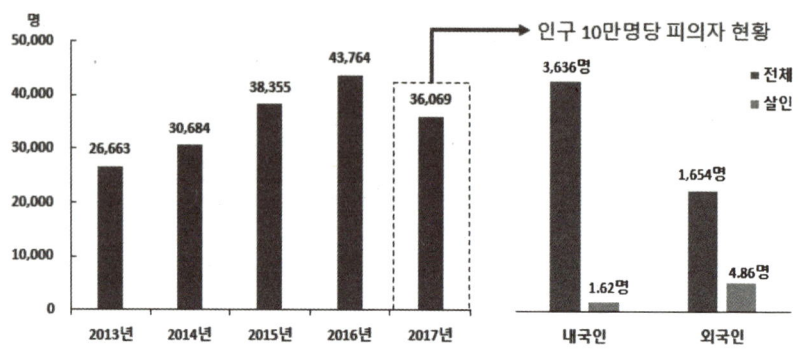

<그림14> 외국인 범죄 발생 현황

또한 외국인 살인범죄의 대부분은 자국인 간 범죄로 외국인 밀집 지역 내 주점 등에서 음주 후 발생하는 경우가 다수로, 일반적으로 생각하는 내국인 상대 범죄는 거의 없으며 계획적·조직적 살인보다는 우발적 살인이 많은 것으로 나타났다. 우리나라 사람들 역시 외국에서 동포들끼리 범죄를 저지르는 경향은 비슷하다. 따라서 이주노동자나 국내에 거주하는 교포들을 우범자들로 보거나 혐오의 대상으로 여기는 것은 적절치 않다.

한편으로 외국인 노동자들의 경우 저임금과 체불 등으로 경제적으로 어려워 생계형 범죄에 빠지기 쉬울 뿐 아니라, 혼자 사는 비율이 높아 정서적으로 외롭고, 갈등을 원만하게 풀어 나갈 사회연결망도 부족한 상태이다. 이러한 상황이 이주노동자나 국내 거주 교포들로 하여금 범죄를 저지르게 되는 상황으로 몰고 갈 우려가 있는 것이 사실이다. 그러므로 우리 사회는 하루속히 이들을 우리 공동체의 구성원으로 인정하고 심리적으로 안정을 찾을 수 있게 이들과 소통하는 것이 외국인 범죄를 낮추는 중요한 방법이 될 것이다.

한국보건사회연구원이 외국인과 이민자에 대해 국민의식 조사를 실시한 바에 따르면, '외국인 이민자가 증가하면 외국과 같이 외국인 이민자들의 소요사태나 데모 등이 발생할 것이다'라는 문항에 64퍼센트가 동의한다고 밝혔다(전적 동의 7.5% 포함). 그만큼 내국인들도 외국인 이민자 문제를 잠재적인 사회 문제로 인식하고 있는 것이다. 앞에서 말한 바와 같이, 우리 사회는 아직 외국인들의 국내 유입이 시작된 지 그리 오래되지 않았기 때문에 다양한 차원에서 갈등이 발생할 우려가 높다. 따라서 그만큼 우리 사회는 다문화 관련 문제에 대해 보다 깊은 관심과 주의가 필요한 시점에 와 있는 것이다.

4. 다문화 사회 정착을 위한 준비

(1) 다문화 사회의 시민 교육

다문화 사회로의 전환 단계로 접어들고 있는 시점에서 무엇보다도 중요한 것은 다문화 사회에 걸맞은 시민 교육이다. 공교육을 통해 반만 년 역사 동안 단일 민족을 지켜 왔다고 자랑스럽게 가르쳐 온 한국 사회는, 공동체의 성격이 변화하는 데 대해서 사회적·교육적 차원에서 대비해야 한다. 정부가 결정해야 하는 정책적이고 법적인 문제부터 일상생활 속에서 각 개인이 외국인 또는 다문화 가정의 자녀와 함께 어떻게 갈등 없이 조화롭게 공존할 것인가 하는 문제를 다문화 사회에서의 바람직한 시민의 자질과 교육의 문제와 함께 생각해 보아야 한다.

외국인 이민자에 대한 한국인들의 편견과 차별적 행동은 다양한 이유가 복합적으로 작용하여 발생하는 것이므로, 우리의 의식과 가치관을 변화시키는 것이 가장 근본적인 해결 방법이 될 것이다. 곧 배타 의식과 위계 의식에 젖어 민족주의적, 인종주의적 사고방식이 있는 한국인들이 인종·민족·문화적 다양성의 가치를 인식하고, 다른 인종, 민족, 문화의 배경을 가진 사람들을 존중하고 공존할 수 있는 관용과 평등의 가치 등을 함양하도록 변화되어야 한다. 또한 우리보다 잘사는 이른바 선진국 출신의 외국인들과는 다르게 우리보다 경제 사정이 좋지 않은 저개발국 출신의 외국인들을 특히 더 무시하고 경시하는 경제주의 가치관도 바뀌어야 한다. 이러한 가치관의 변화를 위해서는 그에 맞는 사회 분위기를 조성하고, 나아가 실질적인 시민 교육을 통해 의식을 개선해야 할 것이다.

다문화 가정의 문제를 해소하는 일을 위해서도 무엇보다 다문화 가정에 대한 편견을 해소하는 것이 급선무이다. 국내 체류 외국인이 100만 명을 넘어서면서 다문화 문제가 본격적으로 대두되던 시기에 통계청이 펴낸 '2008 사회조사보고서'에 따르면, '다문화 가구원을 위해 가장 시급히 해결해야 할 사항'으로는 '사회적응을 위한 한글·문화 교육 서비스'가 첫 번째(61.8%)였고, 다음으로 '다문화가족 편견을 없애는 사회분위기 조성'이 그 다음 자리(56.4%)를 차지했다. 이것은 외국인이라는 이유로 차별을 경험한 비율이 40퍼센트가 넘는 오늘의 상황에서도 마찬가지이다. 이렇듯 우리 국민 특유의 단일 민족 의식과 집단주의 의식은 자칫 다문화 가정과 그 구성원을 대하며 '차이'를 존중하기보다는 '차별'할 우려가 크다.

여기서 우리나라 특유의 단일 민족 신화도 수정될 필요가 있다는 사실을 생각해 보아야 한다. 지구상에 분포된 민족들 가운데 유전 속성이 단일한 혈통으로 구성된 민족은 거의 없으며, 역사가 길면 길수록 찾아보기가 더욱 힘들다. 한민족의 피에는 본토인, 북방계, 남방계가 섞여 있다는 유전학적, 고고학적 연구결과가 단적인 증거가 되고 있다. 우리나라 사람들의 얼굴형도

각이 진 북방계와 둥그스름한 남방계로 구분될 정도이다. 한민족은 수많은 외침과 전쟁을 겪으며 다양한 민족의 피가 섞일 수밖에 없었고, 대규모의 인구 유입도 피할 수 없었다.[13] 이러한 점에서 단군신화 자체도 우리 민족이 단일 민족이 아닌 혼합 민족임을 드러내고 있는 것으로 해석된다. 단군신화에 나오는 곰과 호랑이는 각각 곰을 숭상하는 부족과 호랑이를 숭상하는 부족을 나타내는데, 이 중에서 호랑이를 숭상하는 부족은 배척되고 곰을 숭상하는 부족이 수용되어 정착된 것이 신화로 표현되었다는 것이 전문가들의 중론이다.

또한 이진경 교수는 『역사의 공간』이라는 책에서, 왜구가 단순히 일본 해적들이 아니라 일본인과 조선인, 중국인, 오키나와인은 물론 베트남, 인도네시아 등 동남아인들까지 포함된 혼성적 집단이었고, 대부분 자신의 국가에서 쫓겨나거나 살기 힘들어 도망친 사람들이었다는 연구 결과를 내놓았다. 이는 지배자 또는 다수자 중심의 역사가 사실을 왜곡하여 그릇된 이해를 만드는 문제를 잘 보여 주고 있다.[14] 사실 오늘날과 같은 단일민족 신화에 근거한 민족주의는 구한말 이후 뒤늦게 발현하여 일제의 탄압 속에서 유지되다가, 1970, 80년대에 이르러 국가주도형 개발정책의 이데올로기 속에서 깊게 뿌리내린 것이다.[15] 따라서 이제는 좁은 민족주의를 넘어서 세계 시민의식에 대한 교육이 절실한 시점이다.

이러한 점에서 다문화 시민 교육을 통해 모든 인종, 민족, 언어, 문화, 종교 배경을 지닌 학생들이 자신과 다른 배경을 지닌 타집단의 사람들과 조화롭게 공존하고 상호작용하며, 자신이 속한 지역사회, 국가, 세계를 더욱 도덕

---

13. 평택대학교 다문화가족센터 엮음, 윗글, 18쪽.
14. 이에 대하여는 이진경, 『역사의 공간』(서울: 휴머니스트, 2010)을 볼 것.
15. 평택대학교 다문화가족센터 엮음, 윗글, 19쪽.

적이고 평등한 민주 사회로 발전시키기 위한 지식, 기능, 가치와 태도를 습득하도록 도와줄 필요가 있다. 특히 그동안 사회에서 차별받고 소외되었던 유색 인종, 소수 집단 학생들이 우리 사회의 시민으로서 사회에 활발하게 참여하고, 국가와 세계를 보다 정의롭고 인간적인 공동체로 변화시킬 수 있도록 교육해야 할 것이다.

(2) 다문화 역량의 강화

안산 원곡동의 '국경 없는 마을'을 중심으로 이주민 사역을 해 온 박천응 목사는 『다문화교육의 탄생』에서 다문화 역량 강화 훈련을 강조하고 있다.[16] 역량 강화는 19세기 후반 미국 흑인 여성들이 백인의 차별과 불평등한 서비스 등에 대항하기 위하여 사회개혁의 차원에서 활동을 시작한 것에 기초하고 있는 것으로, 힘 또는 권위를 주거나 어떤 것을 가능하게 하고 세력화하여 나가는 것을 의미한다. 사회복지에서의 '역량 강화' 역시, 무력감을 느끼는 개인이나 가족 또는 지역사회가 힘을 갖도록 하는 것을 말한다.

세계화는 이주를 추동하고 있는데, 정작 자신의 나라를 떠나 살아가는 이주민들은 다른 나라에서 경제 불평등, 복지 악화, 차별과 배제의 인권 침해, 문화 소외 등으로 인간의 기본권을 상실하게 된다. 전통적으로 역량 강화의 대상으로는 빈민과 억압받는 사람들, 이주민과 소수자들, 낙인 받거나 차별 상황에 놓인 사람들, 사회 자원에 접근하는 것을 거부당한 사람들이 중심에 있다. 이런 의미에서 소수자의 다문화적 역량 강화를 생각해 볼 수 있는데, 이는 소수자의 입장에서는 그들 스스로 자신이 처한 상황을 개선하는 행동을 취할 수 있도록 개인적, 대인적, 정치적 측면에서 힘을 키워 나가는 것

---

16. 이에 대하여는 박천응, 『다문화 교육의 탄생』(안산: 국경없는 마을, 2009), 26장을 볼 것.

이며, 동시에 다수자의 입장에서는 차이와 다양성을 받아들여서 소수자들과 함께 더불어 살아가는 세상을 만들어 나가는 능력을 향상시키는 것이라고 할 수 있다.

이와 같은 활동들을 통하여 다문화적 시민성 역량을 강화하게 되는데, 여기서 다문화적 시민성이란 다문화 사회에서 요구되는 민주시민의 자질, 곧 문화의 다양성과 민주적인 대화를 통하여 자신이 속한 문화를 재구성하고 공통문화를 창출할 수 있는 시민의 자질이라고 규정할 수 있다. 일상생활에서 이와 같은 다문화적 시민성을 적용하기 위해서는 나 자신과 우리를 둘러싼 일상생활의 문화에 유의하며 이에 대하여 민감하게 반응할 필요가 있다. 그리고 이를 위해서는 학교뿐만 아니라 종교 기관을 포함한 다양한 시민사회 단체가 협력하여 노력해야 한다.

(3) 다문화 사회에서 교회의 역할

영국의 경우 100여 년 전에는 90퍼센트의 기독교 인구를 자랑하며 세계 선교를 이끌었지만, 100여 년이 지난 지금에는 기껏해야 6퍼센트의 신자와 저출산, 고령화사회에서 이민율 상승 등으로 오히려 피선교지가 되어 버렸다. 우리나라 역시도 최근 국내에 들어오는 이주민들 중에는 모슬렘Moslem, 이슬람교도들이 다수 포함되어 있기 때문에 기독교의 입장에서는 큰 위협으로 느껴질 수 있고, 나아가 크고 작은 갈등을 일으킬 소지도 다분하다. 일례로 국내의 한 기독교 대학에서는 모슬렘들을 전도하기 위해 그들 중에서 유학생을 선발하여 입학시켰는데, 이 모슬렘 유학생이 기독교인 여학생과 사귀고는 이 여학생을 이슬람으로 개종시켜 논란이 되기도 하였다.

이러한 상황에서 이주민들을 섣불리 기독교로 개종시키려고 한다면 오히려 갈등의 요인이 될 공산이 크다. 가뜩이나 차이를 인정하고 소수자를 존중하는 의식이 약한 한국인들이 이주민들을 무시하는 상황에서 기독교인들마저 이주민을 전도의 대상으로만 여길 경우, 이주민들과 한국인들 사이의 갈등의 골은 더욱 깊어지게 될 것이다. 따라서 섣불리 개종시키려고 하기보다는, 먼저 그들도 하나님의 형상으로 지어진 이웃으로 여기고 우리 사회의 어엿한 구성원으로 인정하는 태도가 필요하다.

이러한 현실에서 한국 교계에서는 최근에 다문화 사회에 관심을 갖고 '다문화 사역' 또는 '다문화 선교'라는 이름으로 교회의 역할을 찾아 나서기 시작하였다. 일례로 현재 많은 대형 교회들이 대부분 이주노동자나 국제결혼 가족을 위한 다문화 관련 부서를 갖추어 여러 가지 다문화 사역을 하고 있고, 심지어 최근에는 다문화 사역만을 위해 교회를 설립하여 교회 이름 자체가 '다문화 교회'인 경우도 생기고 있다.[17]

한국 교계에서 이러한 다문화 사역은 외국인 노동자들이 본격적으로 증가하기 시작한 1990년대 초에 몇몇 선구적인 사역자들에 의해 시작된 이래, 2014년 현재 다문화 사역을 하는 단체가 500개가 넘는 것으로 파악되고 있다. 2014에 출판된 『이주민선교 기초조사 보고서』에 따르면, 이주민 선교를 실시하는 교회와 기관과 단체는 총 575곳이었다. 이주민 선교의 형태를 보면, 교회 부설(119개), 이주민 교회(43개), 이주민 선교 기관/센터(66개), 이주민 기관(법인, 비영리: 73개), 복합 형태(교회+선교 기관: 65개), 자조 모임/독립 외국인교회(30개), 기타(23개) 등 총 7종류 417개이다.

교단별 비율은 예장 통합이 32퍼센트로 가장 많았고, 예장 합동이 22퍼센트, 다음으로 예장 고신, 감리교, 기독교장로회, 기독교침례회, 기독교성결교회 순으로 나타났다. 이주민 선교에서 참여하고 있는 부문을 보면, 이주노

---

17. 다문화 교회에 대하여는 이 책의 10장을 볼 것.

동자 선교가 215곳(32%), 결혼 이민 여성 선교가 198곳(29%), 다문화 가정 선교가 129곳(19%), 유학생 선교가 105곳(15%), 난민 선교가 34곳(5%) 순으로 나타났다. 지역별 분포는 경기도 66곳, 서울 49곳, 인천 24곳 등 총 139곳(51.5%)이 수도권에 집중되어 있지만, 이 지역에 거주하는 이주민의 숫자에 비해 수도권 지역의 사역기관 수는 타지역에 비해 오히려 부족한 것으로 조사되었다.[18]

다문화 사역에서는 무엇보다도 타문화와 타종교에 대한 이해를 넓히고 그들과 함께 공동체 사회를 이루어가는 노력이 필요하다. 이를 위해서는 먼저 그들의 문화를 이해할 뿐만 아니라, 진정성을 가지고 그들의 어려움에 동참하여야 한다. 그들이 우리 사회에서 무시당하거나 차별을 받지 않도록 배려하며 대화와 토론을 통해 복음을 받아들일 수 있도록 해야 한다. 일부 교회에서는 기초적인 한국어밖에 하지 못하는 이주민들을 무리하게 한국어 예배에 참석시키는 경우도 있는데, 한국어를 제대로 이해하지 못하는데 한국어로 예배를 드린다는 것에 큰 의미를 두기는 어렵다. 우리가 외국에 선교를 나가면 먼저 그들의 언어와 문화를 배우는 것처럼, 국내에 있는 이주민들에게 선교를 할 경우에도 마찬가지로 먼저 그들의 언어와 문화를 이해할 필요가 있다.

이러한 관점에서 흔히 '나민기'로 줄여서 표현되는 '나라와 민족을 위한 기도회'도 좁은 민족주의의 지평을 넘어서 세계 시민을 지향하는 방향으로 개선될 필요가 있다. 이주민들이 우리 민족을 위해서 기도를 한다는 것도 적절하지 않고, 여러 나라 출신의 이주민들이 각각 자기 민족의 발전을 위해 기도를 하는 것도 긍정적으로만 볼 수는 없다. 좁은 민족 단위의 시각보다는 전

---

18. KD 한국교회희망봉사단 편집, 『이주민선교 기초조사 보고서』 (서울: 도서출판 꿈꾸는 터, 2013).

세계를 향한 하나님의 뜻을 분별하고 그 뜻이 이루어지기를 위해 기도하는 것이 더 바람직할 것이다. 이를 위해 이주민들에 대한 교육뿐만 아니라 국내 기독교인들이 이주민들을 이해할 수 있도록 돕는 교육 프로그램이 함께 교회 안에서 시행되어야 한다. 그렇게 함으로써 그들이 우리 사회의 당당한 구성원으로 스스로 설 수 있도록 교회가 성심으로 도와야 할 것이다.

제5장

경제적 환경에 변화가 시작되다
: 경제 상황의 변화

우리 사회에서 경제는 매우 뜨거운 이슈이다. 정권에 따라서 경제민주화, 창조경제, 소득주도 성장 등이 주요한 이슈가 되어 왔다. 뿐만 아니라, 미래 사회에서 직업 구조는 어떻게 변화할 것인지, 고용과 실업 문제, 빈부 격차와 같은 사회적 불평등이 미래 사회로의 변화에 따라 어떻게 달라질 것인지는 초미의 관심사일 수밖에 없다. 앞에서 살펴본 고령화·저출산의 심화, 다문화 사회로의 전환 등도 이러한 경제 문제와 밀접하게 관련되어 있다. 특히 미국발 경제위기 이후 현실 자본주의에 대한 다양한 비판적인 전망들이 나오고 있는 시점에서, 경제 상황의 변화에 따른 대안 경제 운동을 모색하고 교회가 여기에 어떻게 참여할 것인가 하는 것도 매우 중요한 어젠다 중의 하나이다.

1. 일자리의 변화

기획재정부가 2017년에 실시한 '경제정책방향 설문조사' 결과에서 2016년 경제 상황이 2015년에 비해 '나빠졌다'고 평가한 경제전문가는 87.6퍼센트에 달했고, 일반 국민도 절반 이상이 지난해 살림살이가 더 나빠졌다고 답한 것으로 나왔다. 그리고 2018년 한국 경제는 더 어려운 터널을 지날 것으로 예고되고 있다. 국제통화기금IMF은 한국 경제 성장률 전망치를 현행 3.0퍼센트에서 2퍼센트대로 하향 조정했다. 선진국 평균성장률 전망치를 상향조정하면서 한국과 이탈리아 두 나라만 하향조정했다고 공식 언급한 것이다. 박근혜 전 대통령은 대선 공약으로 고용률 70퍼센트 달성, 1인당 국민소득 4만 달러를 약속했었지만, 2017년 경제협력개발기구OECD 기준 15세부터 64세 사이의 고용률은 66.3퍼센트를 기록했고, 1인당 소득은 2만7000달러대이다. 2012년 대선에서는 경제민주화가 뜨거운 이슈였지만, 민주화는커녕 사상초유의 국정농단 사태로 우리 경제는 더욱 어려운 상황으로 치닫고 있다.

우리나라의 경제 상황은 세계적인 경제 상황의 변화에 크게 영향을 받고 있다. '범세계화'의 흐름으로 세계 경제가 하나의 단일 체계를 이루면서 일자리의 환경도 크게 변하였다. 세계화의 영향으로 지식과 정보뿐만 아니라 인력의 이동까지 국제화 되었고, 이로써 한 국가 안의 일자리 또한 세계화의 여파로부터 자유롭지 못한 채 세계 경제의 영향 아래 놓이게 되었다. 여기에다가 70년대 이후 부각되기 시작하여 현재까지 세계적으로 논란이 되고 있는 신자유주의 경향은 일자리의 변화에도 지대한 영향을 미치고 있다. 왜냐하면 신자유주의에 입각한 정책으로 고용 불안정이 심화되고, 또 실업이 증가함으로써 일자리가 줄어들고, 사회경제적 양극화도 심화되었기 때문이다. 물론 산업 기술의 발달로 말미암은 공장 자동화와 직업 구조의 변화 역시도 지속적으로 일자리 변화에 영향을 미치는 요인으로 작용하고 있다.

한국 경제는 1970, 80년대의 고도 성장기에는 일자리와 일할 사람이 모두 증가하였다. 그러나 1997년 외환위기 이후 산업 구조조정과 세계화의 영향으로 일자리는 크게 변화하게 되었다. 현재 노동시장의 주요 흐름은 고용 없는 성장에 따른 노동력 수요 부족과 고용 불안정으로 이어지고 있다. 특히 정보통신 기술의 발달이 가져온 노동 생산성의 혁신은 노동량과 노동시간의 절감 효과를 증폭시킴으로써 대규모 일자리 감소 현상이 불가피해 보인다.[1]

이에 따라 한국개발연구원KDI은 우리나라 제조업에서 취업계수가 10년 단위로 절반 수준으로 감소하는 것으로 분석한 바 있다. 노동연구원에 따르면 2016년 취업계수는 17.4명을 기록했는데, 전년 대비 0.3명 줄어든 수치로 사상 최저 수준으로 떨어진 것이다. 취업계수는 GDP 10억 원의 생산에 필요한 취업자 수로서 고용창출력을 나타내는 지표인데, 직접적인 고용 효과를 나타낸다. 한국경제가 성장세에도 불구하고 고용창출능력이 갈수록 저하되고 있는 것으로 나타난 것이다. 우리 경제의 취업계수는 2008년 20명 밑으로 떨어진 이후 2010년 18.8명, 2012년 18.4명, 2014년 17.9명, 2015년 17.7명 등 해마다 하락했다.

업종별로 본 취업계수에서는 제조업의 부진이 눈에 띄었다. 제조업 취업계수는 산업 구조조정 등의 여파로 전년 대비 0.2명 줄어든 10.6명에 그쳤다. 이른바 괜찮은 일자리로 여겨지는 금융보험업의 취업계수 역시 2014년까지만 해도 10명이 넘었지만(10.1명) 2015년 8.9명으로 떨어진 데 이어 2016년 8.7명으로 다시 낮아졌다.

---

1. 김태황, 「미래 산업구조와 일자리의 변화」, 박찬식·이우성 엮음, 『한국교회여, 미래사회를 대비하라』 (서울: 기독교산업사회연구소, 2006), 65쪽.

이러한 일자리의 부족은 결국 실업 문제를 악화시킨다. 통계청이 발표한 '2016년 연간 고용동향'에 따르면 2016년 취업자는 2,623만 5,000명으로 전년 대비 29만 9,000명이 증가했다. 연간 기준으로 볼 경우 7만 2,000명 감소했던 2009년 이후 7년 만에 가장 적은 수치다. 그리고 연간 실업자는 101만 2,000명으로, 전년에 비해 3만 6,000명이 늘어나 처음으로 '실업자 100만 명 시대'가 됐다. 실업률은 3.7퍼센트로 전년 대비 0.1퍼센트 포인트 올라 2010년의 3.7퍼센트 이후 가장 높은 수치를 기록했고, 15세에서 29세 청년층의 실업률 역시 9.8퍼센트를 기록하며 1년 만에 다시 사상 최고치를 경신했다.

비경제활동인구 역시 늘어났는데, 1,616만 9,000명으로 전년 대비 6만 4,000명(0.4%) 증가했다. 특히 '쉬었음' 인구는 162만 5,000명을 기록해, 2011년 이후 처음으로 160만 명을 넘어섰다. '쉬었음' 인구는 큰 질병이나 장애가 없는데도 1주간 연속 쉰 사람을 뜻하는 것으로, 심신이 멀쩡한데도 구직·가사·학업·육아·취업 준비 등 아무것도 하지 않는 백수인 셈이다. 뿐만 아니라 공식 실업자에 취업준비생, 고시학원·직업훈련기관 등 학원 통학생, 쉬었음, 주당 18시간 미만 취업자 등을 모두 합친 '사실상 실업자'는 2016년에 453만 8,000명이었다. 이른바 '사실상 백수' 인구가 사상 처음으로 450만 명을 넘어선 것이다. 이것은 공식 실업자 수의 4.5배에 달하는 수치로, 2015년에 27만 5,000명 늘어난 데 이어 14만 1,000명 또 증가한 것이다.

또한 직업이 있어도 수입이 적어 경제적으로 어려운 '워킹 푸어Working Poor'가 전국적으로 300만 명에 이르는 것으로 추산된다. 국세청에서 2016, 2017년 근로장려금 지급 현황에 따르면, 전체 가구 중 7.4퍼센트가 근로장려금을 지급받은 것으로 나타났다. 근로장려세제Earned Income Tax Credit는 빈곤층의 노동의욕을 북돋고 실질소득을 높이기 위해 세금환급 형태로 근로장려금을 주는 제도다. 소득액이 낮은 빈곤층한테 납부할 세금을 공제하는 데 그치지 않고, 납부할 세금이 없어도 현금으로 근로장려금을 지원하는 복지적 성격을 띠고 있다. 그러나 근로장려금을 받지 못했지만 사실상 워킹 푸어에 해당하는 인구가 10퍼센트를 웃돌 것으로 추정된다.[2]

그리고 최근에는 집을 보유하고 있으면서도 생활고에 시달리는 '하우스 푸어House Poor'라는 말까지 생겼다. 예전에는 내 집을 장만하는 것이 꿈처럼 여겨졌지만, 그토록 그리던 집을 장만하고도 경제적인 어려움에 처하게 되어 집을 담보로 생활 자금을 대출하는 사람들이 늘고 있는 것이다. 이에 빗대어 결혼하자마자 빈곤하다는 '허니문 푸어Honey-moon Poor', 아기를 낳고 빈곤해진다는 '베이비 푸어Baby Poor', 늙어서도 빈곤하다는 '실버 푸어Silver Poor'라는 말이 나올 정도로 오늘날 빈곤의 문제는 특정 부류에 한정된 말이 아니다.

이와 함께 청년 실업 문제가 더욱 장기화될 것으로 전망된다. 우리나라의 청년층 취업자 수는 1996년 이후 지속적인 감소세를 기록하고 있는데, 현재 우리나라의 청년 고용률은 23.8퍼센트로 OECD 국가 중 최하위권이다. 이는 최고수준인 네덜란드의 69.2퍼센트와 비교하면 삼분의 일 수준에 불과한 것이다. 실업률이 우리나라보다 높은 미국, 일본도 청년 고용률만큼은 각각 51.2퍼센트와 41.4퍼센트로 훨씬 높다. 2018년 통계청의 고용동향에 따르면, '그냥 쉬었음' 인구는 총 182만 4,000명인데, 이 중에 20대(20~29세)가 15.7퍼센트였다. 이는 전년 대비 7.8퍼센트 포인트 늘어난 수치다.

25세에서 29세까지의 인구 중 '쉬었음' 인구는 전년 4월(12만 명)부터 전월(11만 3,000명)대비 6.2퍼센트 포인트 늘었다가, 5월에 감소(10만 8,000

---

2. 현대경제연구원의 '워킹 푸어' 관련 보고서를 보면, 일은 하지만 생활고에 시달리는 워킹 푸어가 우리나라 전체 근로자의 11.6퍼센트로 집계되었다.

명)한 것을 제외하고는 6월(11만 2,000명), 7월(13만 3,000명)까지 계속해서 늘어났다. 8월 들어서는 7월과 동일한 13만 3,000명이었다. 25세에서 29세 사이의 연령층이 사회 진출 나이임을 감안할 때 증감의 차이는 있으나, '구직을 하지 않고 그냥 쉬고 있는 20대'가 많은 것이다. 졸업이 늦어질 뿐 아니라 청년층의 구직활동이 용이하지 않아 잠정적으로 구직을 단념한 이들이 많은 것으로 보인다.

이와 함께 니트족도 100만 명을 넘어섰다. 니트NEET족이란 영어 'Not in Education, Employment or Training'의 약자로, 일하지 않고 일할 의지가 없는 청년 무직자를 가리키는 말로 영국 정부가 1999년에 처음 사용한 말이다. 한국노동연구원은 2011년 우리나라 15세에서 34세의 청년 인구 가운데 일을 하지도 않고 구직 활동도 포기한 니트족이 100만 8,000명으로 늘었다고 밝혔다. 이러한 니트족은 나라마다 조금씩 다른 특징이 있는데, 우리나라에서는 스스로 구직을 포기하기보다는 일자리 부족으로 취업 경쟁에서 낙오된 사례가 더 많아서, 이 역시 고용 없는 성장의 여파로 여겨진다.

이것은 단지 경기 침체의 영향만이 아니라 산업구조와 생산양식의 변화에 따라 청년 노동력 수요가 변하고 있음을 의미한다. 미래 시장 환경이 급변하고 상품 수명 주기도 단축됨에 따라 기업이 단기적인 시장 대응력을 높이기 위해서는 신규 청년 인력보다는 즉각적인 활용이 가능한 경력직 채용을 선호하고 소수 핵심 인력 양성에 집중할 것이므로, 신규 청년 인력의 취업난은 향후에도 해소되기 어려울 전망이다.[3] 특히 최근에 논의되고 있는 정년연장형 임금피크제가 확산된다면 신규채용은 현격하게 줄어들어 우리 사회에서 청년들의 취업난이 훨씬 더 가중될 것으로 보인다.

---

3. 김태황, 윗글, 69쪽.

이렇다 보니 청년 세대를 가리켜 '오포 세대'라고 말할 정도이다. 얼마 전까지만 해도 경제적 어려움 때문에 '연애, 결혼, 출산'을 포기해 '삼포 세대'라고 했는데, 이제는 '인간관계'와 '내 집 마련'까지 포기해 오포 세대라고 말하는 것이다. 한창 미래에 대한 꿈을 꾸며 인생을 설계할 나이에 모든 것을 포기한 불행의 세대가 되어 버린 것이다. 심지어 최근에는 '헬조선'이라는 말도 쓰이고 있다. 지옥이라는 뜻의 'Hell'과 한반도를 가리키는 '반도'를 합성한 신조어이다. 이러한 '헬조선'이라는 표현은 한국에 더 이상 희망이 없다는 청년층의 극단적인 시각이 반영된 현상이다.

이러한 청년들의 경제 문제는 단순히 청년들의 빈곤문제로 끝나는 것이 아니라 각종 사회문제를 동반한다는 점에서 더 큰 우려를 낳고 있다. 실업으로 인한 자신감 결여와 사회에 대한 불만이 범죄나 자살로 이어질 우려가 있다.[4] 최근 10여 년 가까이 우리나라 10대에서 30대의 사망원인 1위가 자살이라는 것은 잘 알려져 있는 사실이다.[5] 또한 경제적 불안정과 취업 준비의 장기화가 혼인율과 출산율을 저하시키게 된다. 그렇지 않아도 세계 최저 수준인 출산율이 더 떨어질 우려가 있는 것이다. 뿐만 아니라 청년 실업 문제는 가족 구성원들에게도 고통과 긴장을 주며 강력한 스트레스의 원인이 될 수 있다.

그리고 이러한 경제적인 제약은 청년들의 사회 활동을 위축시키고, 이것

---

4. 2017년에 '학원복음화협의회'에서 대학생 의식을 조사한 결과에 의하면, "자살에 대해 심각하게 생각해 본 적이 있다"라는 진술에 대해서는 전체의 23.8퍼센트가 그렇다는 응답을 하였는데, 2012년의 16.3퍼센트 대비 7.5퍼센트 포인트 상승한 것으로 상당히 심각한 수준으로 나타났다. 조사에 따라 다소 차이가 있지만, 통계청이 펴낸 사회조사보고서에 따르면 대개 7 내지 10퍼센트 정도가 자살충동이 있다고 응답하였으며, 「2010년 사회조사보고서」에서 20대의 7.5퍼센트가 자살 충동이 있었다고 응답한 것과 비교하면 두 배가량 높은 수치이다.
5. 2014년의 경우 세월호 참사 때문에 10대 사망원인 1위가 예외적으로 운수사고였다.

이 사회자본의 쇠퇴를 가져온다. 사회자본이란 협력 행위를 촉진해 사회 효율성을 향상시킬 수 있는 사회 조직의 속성을 가리키는 말로, 사회학자인 퍼트넘Robert D. Putnam은 사회자본은 생산성이 있기 때문에 특정 목표를 달성하는 것을 가능하도록 해 준다고 말한다.[6] 곧 구성원들이 서로 신뢰하고 다른 사람들에 대한 믿음을 보이는 집단은 그렇지 않은 집단보다 많은 것을 성취해 낼 수 있다는 것이다.[7]

그런데 경제적인 압박은 사회적 참여를 약화시킨다. 퍼트넘은 경제적으로 곤궁하다고 느끼는 사람들과 저소득층은 잘사는 사람들에 비해 모든 형태의 사회생활과 공동체 생활에 훨씬 덜 참여한다고 말한다. 결국 사회자본의 쇠퇴는 청년들의 문제 해결을 위한 노력까지도 위축시킴으로써 악순환을 일으키게 될 것이다. 이렇게 장기적 침체로 실업율이 꾸준히 증가하고 있을 뿐 아니라 고용이 된 경우에도 안정적이지 못해 일용근로와 실업을 반복하는 '반실업층'의 범위도 넓어지고 있다. 빈곤층은 더욱 늘어나고 그 성격도 장기화·고착화되고 있어, 이들이 빈곤에서 탈출해 자립할 가능성은 더욱 희박해지고 있는 상황이다.

1990년대 중반까지 중산층으로 올라왔던 많은 이들이 1997년 외환 위기를 겪으면서 직장 퇴출이나 사업 실패 때문에 하층민으로 전락했다. 이러한 상태는 위기가 어느 정도 극복되었다고 믿었던 2000년대에 들어와서 더욱

---

6. 로버트 퍼트넘, 『사회적 자본과 민주주의』(안청시 외 옮김, 서울: 박영사, 2000), 281쪽.
7. 퍼트넘은 『나홀로 볼링(Bowling Alone)』이라는 책에서 미국에서 볼링리그의 감소가 자발적 시민 결사체를 통한 공동체의 참여가 급감하고 있는 현실을 상징적으로 보여 주고 있다고 말한다. 볼링장에서 맥주와 피자를 들면서 사회적 교류를 하고 공동체의 문제에 관해 이야기하는 사람들은 줄어들고 자기만의 여가를 즐기려는 나 홀로 볼링족만 북적대고 있다는 사실은 미국의 사회자본의 감소를 상징적으로 보여주고 있다는 것이다. 이에 대하여는 Robert D. Putnam, *Bowling Alone: The Collapse and Revival of American Community*(New York: Simon & Schuster, 2000), 4장을 볼 것.

고착되고 있다. 노동의 유연화라는 이름으로 일자리가 불안정해졌고, 소비가 늘고 물가가 오르면서 예전처럼 자신의 소득으로 적당한 소비의 삶을 누릴 수 없게 된 계층의 상대적 박탈감이 커지고 있다. 이렇게 인구 대다수가 가난하던 시절에 겪었던 빈곤과는 사뭇 다르게, 국민소득이 2만 달러에 이른 풍요의 시대에 겪는 빈곤을 바로 '신빈곤'이라고 부른다.[8]

과거의 빈곤이 경제활동에 참여하지 못한 데 따른 물질적 박탈의 결과라면, 신빈곤은 경제활동에 참여하면서도 빈곤 상황을 벗어나지 못하는 노동빈곤이 확산된 결과이다. 신빈곤은 이렇듯 일을 하면서도 고용 불안정과 소득 감소를 겪는 것이 일차적이고 주된 양상을 이루고 있다. 그러나 생산 또는 고용 영역을 벗어나 소비나 재생산 영역에서 겪는 상대적 박탈감이나 배제로 신빈곤이 광범위하게 발생함으로써 이 또한 중대한 양상을 이루고 있다. 다시 말하면 구빈곤이 총체적 결핍상태에 처한 절대적 빈곤의 문제라면, 신빈곤은 빈부격차의 심화로 고통을 겪는 상대적 빈곤의 문제라고 할 수 있다. 예를 들어 가족의 삶의 안정성을 지켜주는 적당한 주거 여건이 결핍되어 나타나는 주거 빈곤, 무난히 먹고사는 가운데서도 불안정한 영양섭취로 겪는 건강상의 빈곤, 저소득층이 겪는 교육 빈곤 등을 들 수 있다.

빈곤 문제가 절대적 빈곤에서 상대적 빈곤의 문제로 전환되면서, 빈곤은 단순히 경제 차원의 결핍만을 의미하지 않게 되었다. 절대적 빈곤 상황에서는 물질의 결핍이 빈민 생활 전반을 규정짓기 때문에, 취업이나 사회적 부조 등을 통해 물질의 결핍 상황을 벗어나면 곧바로 빈곤상태에서 탈출할 수 있었다. 그러나 상대적 빈곤 상황에서는 사회적 관계의 단절, 문화·심리적 소외 등이 경제 차원의 결핍 못지않게 중요한 문제로 대두된다. 즉 사회적 배제

---

8. 이에 대하여는 한국도시연구소, 『한국 사회의 신빈곤』(서울: 한울, 2006)을 볼 것.

나 문화·심리적 소외가 완화되지 않고는 경제 차원의 결핍 상황에서도 벗어나기 어려운 것이 신빈곤의 문제이다.

한편 미래 노동시장에서는 여성 인력의 비중이 더 증대될 것으로 전망한다. 과거의 육체노동에 의존한 산업 활동이 산업의 중심에서 점차 벗어나고, 지식 정보화 사회가 더욱 확장되어 육체노동에 크게 의존하지 않는 산업 활동이 계속 늘어나고 있기 때문이다. 이에 따라 여성 인력이 산업 현장에 참여하게 될 가능성은 더욱 높아질 것으로 보인다. 그러나 다른 한편에서, 이것이 노동 공급의 증가로 이어져 오히려 고용을 더욱 불안정하게 할 수 있다.

더불어 일자리의 양극화 현상 역시 미래 노동시장의 가장 두드러진 문제 가운데 하나가 될 것으로 보인다. 즉 저성장 고실업 시대의 취업자와 실업자 사이의 단절뿐만 아니라 지식 근로자와 일반 근로자 사이의 양극화도 심화될 것이다. 특히 일반 근로자층은 임시직, 계약직 등 비정규직으로 충당될 것이며, 실업자 집단에서 소수의 인력을 취업시켰다가 다시 해고하는 실업의 반복이 일반화될 것으로 예상된다. 실제로 한국노동연구원의 조사에 따르면, 최근 10년간 상위 30퍼센트에 해당하는 직업과 하위 30퍼센트에 해당하는 직업은 일자리가 증가한 반면, 중위권 일자리는 정체 상태로 나타났다. 중위권 일자리는 또한 정규직이 차지하는 비중이 점차 줄어들고 저임금 일자리에서도 비정규직화가 급속하게 진행되고 있는 것으로 조사되었다. 이러한 일자리의 변화는 결국 중산층의 붕괴와 경제 양극화를 초래하게 된다.[9]

---

9. 박동현·이수진·이진석, 『미래, 미래사회』(서울: 동아대출판부, 2007), 208쪽.

2. 양극화 문제

직업 구조의 양극화는 단순히 일자리를 줄이는 문제를 넘어서 사회 전체에 경제 위기를 퍼뜨림으로써 우리 사회에 큰 위협이 될 수 있다. 우리 사회의 양극화는 양적으로나 질적으로 더욱 심화되고 있다. 양극화의 주요 지표인 소득격차 확대, 지니계수의 악화, 절대빈곤층인 기초생활수급자의 확대, 비정규직 노동자의 확산, 농가 부채의 증가 등에서 단적으로 알 수 있다.

이를 몇 가지 지표를 중심으로 하여 구체적으로 살펴보자. 먼저, 소득 양극화 현황을 보면, 국회 입법 조사처에서 분석한 2014년 우리나라의 전국 2인 이상 가구의 월 평균 소득은 4,302,352원으로 10년 전인 2004년에 비해 1,513,891원 증가하였다. 2004년 2,788,461원이었던 가구 월 평균 소득은 10년간 연평균 4.4퍼센트 증가하였다. 여기서 소득 10분위(상위 10%)의 월평균소득은 9,621,438원으로 소득 1분위(하위 10%)의 평균소득 981,849원에 비해 8,639,589원 더 많은 것으로 나타났다.

<그림15> 상하위 소득 격차 추이

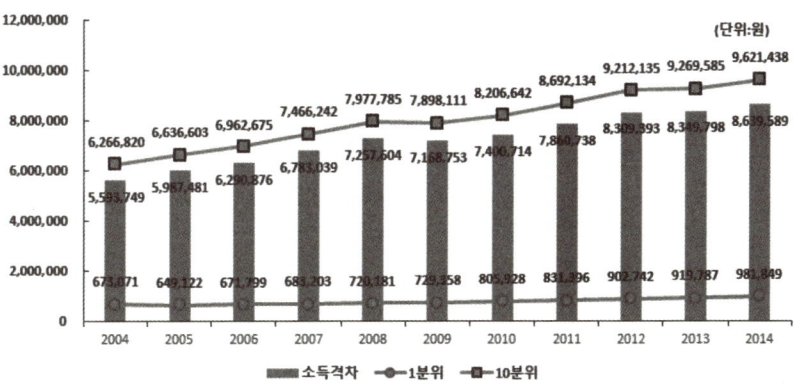

소득 10분위의 평균소득은 2004년 6,266,820원에서 2014년 9,621,438원으로 3,354,618원 증가한 반면, 소득 1분위의 평균소득은 673,071원에서 981,849원으로 308,778원 증가하는데 그쳤기 때문이다. 이에 따라 2004년 5,593,749원이었던 소득 10분위와 1분위 간의 소득격차는 2014년 8,639,589원으로 더 벌어진 것으로 나타나 부가 불균등하게 배분되고 있는 상황을 보여주고 있다.

양극화 지수로 가장 널리 쓰이는 지수 중 하나인 지니 계수는 전 계층의 소득분배 상태를 하나의 숫자로 나타내는 지표로, 소득 분배의 불균등 정도에 따라 0에서 1까지의 값을 가지며, 값이 클수록 불균등한 소득분배를 의미한다. 곧 국민 모두가 동일한 소득을 갖고 있을 경우 지니계수는 0이 되고, 특정인이 국민 전체의 소득을 모두 가질 경우 지니계수는 1이 되는 것이다. 지니 계수가 0.5 이상이면 '매우 높은 불균등 분배', 0.3 이하이면 '낮은 불균등 분배', 0.4에서 0.5이면 '중간 불균등 분배 상태'라고 여긴다.

2012년에 우리나라의 지니계수는 OECD 30개국 중 20위였다. 1990년부터 1997년 사이에 지니계수의 평균치가 0.286이었다가 외환위기 이후인 1998년에서 2005년 사이에는 0.314로 크게 높아짐으로써 소득 양극화가 급속하게 진행됨을 알 수 있다. 2008년 이후에는 불균등이 다소 해소되는 듯 보이면서 2015년에는 0.295까지 떨어졌으나, 통계청이 발표한 '2016년 소득분배지표'에 따르면 2016년에는 다시 0.304로 올라갔다. 이처럼 외환위기 이후 지니계수는 거의 개선되지 않고 있는 실정이다.

지니계수, 5분위 배율, 상대적 빈곤율을 보통 '소득 분배 3대 지표'라고 하는데, 최근에는 지니계수뿐만 아니라 다른 지표들도 모두 악화된 것으로 나타났다. 처분가능소득 기준 상위 20퍼센트 계층의 소득을 하위 20퍼센트 계층의 소득으로 나눈 '소득 5분위 배율'도 높아졌다. 2015년에는 상위 20퍼센트의 처분가능소득이 하위 20퍼센트의 5.11배였는데, 2016년에는 5.45배로 높아졌다. 특히 은퇴 연령층(66세 이상)의 소득 5분위 배율은 7.86배로 평균보다 훨씬 높았다.

중위 소득 50퍼센트 이하인 계층이 전체 인구에서 차지하는 비율을 뜻하는 상대적 빈곤율도 악화됐다. 중위 소득은 우리나라 인구를 소득순으로 나열했을 때 가운데 위치한 사람의 소득을 의미한다. 상대적 빈곤율이 높아질수록 소득이 낮은 계층이 고소득층보다 더 많이 늘었다는 뜻이다. 지난해 처분가능소득 기준 상대적 빈곤율은 14.7퍼센트로, 2015년(13.8%)보다 증가했다.

<표7> 소득분배지표 추이

	'06년	'07년	'08년	'09년	'10년	'11년	'12년	'13년	'14년	'15년	'16년	증감
지니계수	0.306	0.312	0.314	0.314	0.310	0.311	0.307	0.302	0.302	0.295	0.304	0.009
소득 5분위 배율	5.38	5.60	5.71	5.75	5.66	5.73	5.54	5.43	5.41	5.11	5.45	0.34
상대적 빈곤율(%)	14.3	14.8	15.2	15.3	14.9	15.2	14.6	14.6	14.4	13.8	14.7	0.9

출처: 통계청

이와 더불어 또 하나의 중요한 문제는 절대빈곤층의 증가이다. 절대빈곤율은 80년대와 90년대 초반까지 급속한 경제 성장에 힘입어 급격히 하락해서, 외환위기 직전인 1996년과 1997년에는 7퍼센트까지 하락했다. 그러나 외환위기를 겪으면서 절대빈곤율은 16퍼센트까지 상승했다가, 2000년 국민기초생활보장제도의 실시와 함께 지속적으로 낮아져 2002년에는 8.5퍼센트까지 하락했으나, 2003년도부터 다시 증가하는 추세이다. 한국개발연구원이 2009년에 발표한 내용에 따르면, 지난 2000년 중위소득의 50퍼센트를 빈곤선Poverty Line으로 설정한 후 전체 가구에서 빈곤선 이하의 가구비율을 추정한 절대빈곤율은 지난 2002년 이후 9퍼센트대에서 하락하지 않고 정체되어 있다.

또한 한국보건사회연구원의 '2015년 빈곤통계연보' 연구보고서에 따르면, 상대빈곤율은 다소나마 개선되지만 시장소득근로·사업·재산·사적이전소득 등을 시장에서 벌어들인 소득 기준 2014년 '절대빈곤율'최저생계비보다 소득이 낮은 가구의 비율은 전년보다 0.5퍼센트 포인트 상승해 12.2퍼센트를 기록했다. 시장소득 기준 절대빈곤율은 2010년 이후 감소하다가 2013년 이후 증가 추세를 보이고 있다. 절대빈곤율 상승의 이유는 성장률(소득증가율)의 감소로 성장효과가 줄어들었기 때문이기도 하지만, 그보다는 소득분배가 빠르게 악화되어 분배효과가 빈곤층을 증가시키는 방향으로 작용했기 때문이다.

양극화 심화의 또 다른 요인은 근로 소득보다 부동산 같은 비근로 소득의 격차가 벌어졌기 때문이다. 한국노동연구원의 '노동패널' 조사(2000년~2007년, 통상 표본 5,000가구)를 분석한 데 따르면, 우리 사회는 상위 10퍼센트의 부자가 우리나라 전체 자산총액(거주주택 제외)의 74.8퍼센트를 차지하여 자산 양극화가 매우 심각한 것으로 나타났다. 또한 자산 1분위에서 7분위 가구의 부동산자산 보유(거주주택 제외)가 '0'이고 상위 5퍼센트가 전체 부동산자산 점유율의 64.8퍼센트에 이르는 등 부동산 소유의 불평등이 매우 극심한 편이다.[10]

최근에도 부의 불평등은 계속되고 있다. 김낙년 교수가 국세청의 2000년부터 2013년 사이의 상속세 자료(20세 이상 성인 기준)를 분석한 결과에

---

10. 자산 10분위(1~10분위)는 계층별 재산 및 소득 분포를 알아보기 위해 많이 쓰이는 통계 지표로 10분위가 상위 10퍼센트를 나타내며, 1분위는 그 반대 개념이다.

따르면, 한국사회 부의 분포도를 추정한 결과 우리 사회에서 소득 불평등의 양태가 2010년 이후 변하고 있다. 가계소득에서 임금이 차지하는 비중이 매우 높은 만큼 소득 불평등이 빠르게 심화한 1990, 2000년대에는 근로소득의 격차가 이런 소득 불평등을 주도했다. 하지만 2010년대 이후에는 소득 불평등 심화의 원인이 근로소득보다는 금융자산에서 나오는 이자 및 배당, 부동산 임대료, 영업이익 등 비근로소득 격차에서 발생하고 있다.[11] 이러한 자산 양극화는 소득 양극화를 초래하는 악순환을 낳기 때문에 더욱 심각한 문제이다.

금융자산도 1분위에서 3분위 가구는 금융자산을 전혀 보유하지 않고 있고, 4분위 가구가 고작 73만 원을 보유하는 데 그쳤다. 이에 비해 상위 5퍼센트가 전체 금융자산의 50.1퍼센트, 상위 10퍼센트가 66.5퍼센트를 점유하고 있는 것으로 나타나 금융자산 소유에 따른 불평등도 극심했다. 또 노동패널의 자료를 이용해 자산지니계수를 조사한 결과, 거주주택을 포함한 자산총액은 0.6499, 거주주택을 제외한 자산총액은 0.7871, 거주주택을 포함한 부동산자산은 0.5721, 거주주택을 제외한 부동산자산은 0.6346, 금융자산은 0.6952로 집계됐다. 거주주택을 제외한 자산총액의 지니계수가 0.7871로 가장 높게 나타난 것은 부동산 소유의 양극화가 자산 소유의 불평등을 초래한 주요한 원인이었음을 보여 주는 것이다.

게다가 2000년부터 2007년까지의 자산지니계수를 보면 전체적으로 상승하는 모습을 보임으로써 자산양극화가 갈수록 깊어지고 있음을 알 수 있다. 거주주택을 포함한 자산총액의 지니계수는 2000년 0.6132에서 2007년

---

11. 김낙년, 「한국의 소득집중도: 업데이트, 1933~2016」, 『한국의 장기통계 발간 기념 심포지엄 자료집』 (2018년 1월 19일)

0.6499로 상승했다. 거주주택을 제외한 자산총액 지니계수 또한 같은 기간 0.7400에서 0.7871로 큰 폭의 오름세를 보였다. 이는 가구 총소득의 양극화가 단순 근로소득보다 비근로소득, 즉 부동산과 이전 소득의 영향을 더 크게 받는 것을 보여주며, 특히 2001년부터 이런 현상이 더욱 심화된 것을 나타내 주었다.

김낙연 교수의 최근 연구에서도 우리나라에서는 자산 상위계층 10퍼센트에 금융자산과 부동산을 포함한 전체 부富의 66퍼센트가 쏠려 있어서, 소득불평등보다 오히려 '부의 불평등'이 심각한 것으로 나타났다. 20세 이상 성인을 기준으로 한 자산 상위 10퍼센트는 2013년 전체 자산의 66.4퍼센트를 보유하여, 글로벌 금융위기 이전인 2000년에서 2007년까지의 연평균인 63.2퍼센트보다 부의 불평등 정도가 더 심해진 것으로 드러난 것이다. 이들의 평균 자산은 6억 2,400만 원이고, 자산이 최소 2억 2,400만원을 넘어야 상위 10퍼센트 안에 드는 것으로 추정됐다.

2013년 상위 1퍼센트의 자산은 전체 자산의 26.0퍼센트를 차지해 역시 2000년에서 2007년(24.2%)보다 불평등이 심화된 것으로 조사됐다. 상위 1퍼센트의 평균 자산은 24억 3,700만 원으로, 자산이 9억 9,100만 원 이상이어야 상위 1퍼센트 안에 들어갈 수 있는 것으로 나타났다. 상위 1퍼센트의 평균 자산은 2000년 13억 7,500만 원, 2007년 22억 7,600만 원에서 계속 늘어나는 추세다. 자산에 들어가는 부동산은 공시가격 기준으로 추산됐다. 특히 0.5퍼센트 안에 드는 슈퍼 부자의 평균 자산은 36억 5,900만 원이었다. 게다가 하위 50퍼센트가 가진 자산 비중은 2000년 2.6퍼센트, 2006년 2.2퍼센트, 2013년 1.9퍼센트로 갈수록 줄어들고 있어 대조가 되고 있다.

3. 대안 경제 운동

이러한 양극화 지수의 변동이 경제성장률이나 실업률과는 큰 상관관계가 없는 것으로 나타나는 것을 볼 때, 양극화는 일시적인 경기 회복으로 완화될 성격의 것이 아니라 보다 구조적이고 장기적인 관점에서 대책이 필요한 것임을 알 수 있다. 최근 노동연구원이 주요 산업의 유입 경로를 분석한 결과를 보면, 개인이나 사회 전체의 복지 증진이나 삶의 질 향상을 위해 사회적으로 제공되는 사회서비스업이 실업자 등은 많이 흡수하는 대신, 다른 산업의 인력을 빼오지는 않기 때문에 안정적으로 사회 전체의 고용률을 높이는 데 적합한 것으로 나타났다. 이것은 사회서비스업이 고용 없는 성장의 해법이 될 수 있다는 뜻이며, 동시에 복지 수준도 향상시킬 수 있다는 점에서 매우 시사하는 바가 크다.[12]

그러나 단순히 일자리 창출만으로는 근본적인 문제를 해결할 수도 없다는 점도 주목해야 한다. 2010년에 정부에서는 3조 5,883억 원이라고 하는 천문학적인 돈을 들여 일자리를 만든다고 하였지만, 대부분 청년 인턴이나 조사원, 희망 근로 같은 단기 임시직 일자리들이다. 학벌 과잉으로 이른바 '스펙'은 더 화려해졌지만, 그들이 원하는 양질의 일자리는 턱없이 부족한 현실이다. 이러한 상황에서 청교도 윤리에서 강조하는 직업 소명 의식이 부재하다는 사실이 우리 사회의 경제 문제에 미치는 영향이 크다는 지적이 있다. 한편에서는 일자리가 없다고 아우성이지만, 많은 중소기업에서는 구인난에 어려움을 겪고 있는 실정이라는 것이다. 곧 일자리는 있는데 일할 사람이 없는

---

12. 이에 대하여는 임혁백 외, 『사회적 경제와 사회적 기업: 한국형 사회적 일자리와 사회 서비스 모색』 (서울: 송정, 2007)을 볼 것.

것이다. 근로 환경이 좋지 않은 이른바 3D 업종에서는 언제나 구직난이 아니라 구인난이 벌어지고 있다. 사람들이 일하기 쉽고 보수가 좋은 직종으로만 몰리는 까닭이다.

'학원복음화협의회'에서 최근 조사한 결과에 따르면, 취업이 힘든 이유에 대해 대학생들의 31.7퍼센트는 '일자리 부족'이라고 응답했지만, 네 명 중 한 명은 '대기업 선호 경향 때문'이라고 응답하였다. 대학생들 스스로도 취업에 대한 눈이 높기 때문에 취업이 어렵다는 점을 인정하는 것이다. 또 다른 설문조사에 따르면, 젊은 사람들이 직장을 구할 때 가장 중요한 조건은 '보수'인 것으로 나타났다. 사회에 대한 기여나 명예, 심지어는 적성보다도 월급이 많은 회사에 가고 싶다는 것이다. 우리 사회의 왜곡된 직업관을 단편으로 보여 주는 사례이다. 작은 일이라도 사회에 기여할 수 있다면 의미 있게 여기고 충실히 일하는 직업의식이 절실하다.

그러나 한편으로는 현실적으로 근무 환경과 복지 등 많은 부분에서 중소기업과 대기업의 차이가 날로 커지는 상황에서, 무조건 눈높이만 낮추라고 요구하는 것도 무리일 수 있다. 비정규직이 사회 문제로 대두하고 있는 시점에서 불안한 중소기업보다는 양질의 일자리를 제공하는 대기업을 원하는 것은 어찌 보면 당연한 결과일 수도 있다. 따라서 중소기업에 인재를 끌어들이기 위해서는 하루빨리 비정규직 문제를 해결하는 한편, 실업 등으로 생활의 어려움을 겪고 있는 이들을 위해 사회안전망을 강화할 필요가 있다. 그리고 무엇보다 경제 성장이 현실적으로 쉽지 않은 상황에서 비현실적인 성공의 꿈을 꾸기보다는, 현재의 상황을 직시하며 현실을 바꾸어 나갈 수 있는 대안 경제 운동에 관심을 가질 필요가 있다.

최근에는 신자유주의로 말미암은 시장의 위기를 극복하기 위해서 대안으로 '자본주의 4.0'과 관련된 논의들이 폭넓게 이루어지고 있다. 자본주의 4.0

을 논의하는 사람들은 정부가 간섭하지만 않으면 효율적인 시장이 모든 문제를 해결할 수 있다는 신고전학파 경제학의 이론적 가정은 정치 선전의 형태로 타락했다고 보고, 따라서 이런 시장근본주의 이데올로기를 부추기는 것이 오히려 위기를 확대시키는 요인으로 작용하고 있다고 비판한다. 『자본주의 4.0』위선주 옮김, 컬처앤스토리, 2011.을 쓴 아나톨 칼레츠키Anatole Kaletsky는 경제를 이해하는 방식의 근본적인 변화가 필요하며, 정치와 경제, 정부와 시장의 관계를 새롭게 정의함으로써 자본주의 시스템의 구조적 전환을 이루어야 한다고 주장한다. 이렇듯 자본주의 4.0은 정부와 시장의 역할 가운데 하나만 강조했던 이전 시대의 경제 인식과는 달리 정부와 시장이 모두 잘못될 수 있다는 사실에 기초하여, 정치와 경제를 적대적인 관계가 아니라 서로 협력하는 관계로 인식하며 대안 경제 운동을 제시하고 있다.

이러한 대안 경제 운동은 공정무역, 사회적 기업, 윤리적 소비와 같은 '공동체주의적 자본주의' 활동을 뜻하는데, 이는 현재의 자본주의의 문제를 극복할 뿐만 아니라 세계적인 빈곤 문제를 구조적으로 해결할 수 있는 하나의 중요한 방법으로 이해될 수 있다. 그리고 이러한 공동체 운동을 통해 사회적인 연대를 강화시킬 수 있다. 앞에서 언급한 퍼트남은 신뢰와 사회적 네트워크가 번성하는 곳에서는 사람들을 잠재적 경제적 파트너와 연결시켜 주고, 고급 정보들을 제공함으로써 경제적으로 앞서 나갈 수 있다고 말한다. 따라서 공동체 자본주의는 경제 문제를 극복하면서 사회자본을 축적함으로써 우리 사회에 선순환 구조를 만들어 줄 것으로 기대된다.

뿐만 아니라 이러한 대안 경제 운동은 사회자본을 형성하여 사회 안전망 역할을 하게 될 것이다. 퍼트남은 사회자본이 높은 지역에서는 공공장소도 더 깨끗하고 사람들도 더 친근하며 길거리는 더 안전하다고 말한다. 우리 사회에서도 송파 세 모녀 사건에서도 보았듯이 어려운 경제 현실은 사회 구성원으로 하여금 극단적인 선택을 하도록 몰아넣기도 하는데, 여기서 특히 문제가 되는 것이 사회적 고립이다. 이 사건 당시 이들이 긴급 복지 자금을 사용할 수 있었는지가 논란이 되기도 했는데, 정작 당사자들은 정보가 단절되어 이러한 제도가 있는지조차 몰랐다고 한다. 사회 교섭을 증진시켜서 관계들이 두터워지게 되면 사회 구성원들을 고립시키지 않고 사람들의 관계망 속으로 들어오게 할 수 있기 때문에, 따라 그들을 위험으로부터 보호할 수 있게 된다. 아래에서는 이에 대하여 좀 더 자세히 살펴보도록 하겠다.

(1) 윤리적 소비

일반적으로 상품을 선택하는 기준은 가격과 품질이다. 품질이 같은 두 상품이 있다고 할 때는 싼 상품을 구입하는 게 상식이다. 이런 소비를 두고 흔히 '합리적 소비'라고 한다. 하지만 지금은 다른 식의 소비행태가 필요하다. 즉 가격과 품질에 앞서 상품이 나오기까지의 과정을 먼저 살펴보는 것이다. 환경을 해치지는 않았는지, 아동 노동력을 착취하는 등의 비윤리적이거나 불법적인 생산 과정은 없었는지, 생산자들에게 정당한 값을 지불한 제품인지 등을 따지는 것이다. 이런 소비를 일컬어 '윤리적 소비'라고 한다.

한마디로 윤리적 소비는 이웃과 환경, 지속 가능성을 생각해서 소비를 하는 것이다. 농약을 쓰지 않고 유전자 조작이 없는 친환경농산물을 구입하고, 커피 한 봉지를 살 때도 다국적 기업 제품은 아예 손도 대지 않는 것이다. 가격이 아무리 싸도 수입농산물은 거들떠보지도 않는 것이다. 왜냐하면 배나 비행기로 수입하면서 그만큼의 연료를 소비했기 때문이다. 요즈음은 부도덕한 기업에 대한 불매운동과 시위를 소비자의 권리로 간주하고 있기 때문에, 이런 식의 윤리적 소비는 기업들에게 좋은 각성제가 될 수 있다. 한편 윤리적 소비는 상품을 가려 구매하는 일만이 아니다. 비닐봉지는 물론이고 종이 가방 한 개라도 덜 쓰는 것이 윤리적 소비의 첫걸음이다.

(2) 공정무역

1년에 전 세계에서 소비되는 커피는 4천억 잔이다. 그러나 그 이윤 중에 99퍼센트가 대기업, 중간거래상 등 커피의 생산과 관련이 없는 자들에게 돌아가고, 정작 커피를 생산한 농가는 불과 1퍼센트의 이윤만 챙길 뿐이다. 아프리카 내전의 '피 묻은 다이아몬드Blood Diamond' 거래는 소년병들을 내전으로 내모는 참혹함 가운데서 제값도 받지 못한 채 이루어진다. 아프리카에서 생산되는 대부분의 다이아몬드가 그렇다. 파키스탄의 어린이들은 하루에 300원만 받으며 하루 12시간 이상 아디다스나 나이키 축구공을 만들기에 여념이 없다. 어린이들은 축구공을 찰 나이에 이렇게 15만 원짜리 축구공을 만들기 위해 혹사당하고 있는 것이다.

그런데 최근 이러한 약육강식의 국제 자본주의에 반대하는 새로운 움직임들이 일어나기 시작했다. 농민을 착취하는 커피 무역에 대해서는 불매 운동도 불사하고, 윤리적인 기업의 제품을 선호하고, 파키스탄 아동노동의 산물인 축구공을 축구경기에서 사용하는 것을 금지하고, 또 블러드 다이아몬드를 근절하기 위해 국제적으로 선언하기 시작했다. 이와 같이 아름다운 인간적인 자본주의를 위한 국제적 '윤리적 소비'의 밑바탕이 되는 개념이 '공정무역'이다.

따라서 우리가 공정무역 제품을 이용하면 전 세계의 가난한 이웃들이 혜택을 입는다. 공정무역을 통해 가난한 나라의 생산자들은 정당한 대가를 받는다. 이들이 생산한 제품에는 공정한 가격이 매겨지고, 노동자들은 정당한 임금을 받게 된다. 나아가 초과 이익이 발생하면 대개의 경우 자신들의 사업이나 공동체에 다시 투자한다. 이와 같이 공정무역 제품을 사는 일은 더 나은, 그리고 더 관대한 세상을 이루기 위한 아주 현실적인 실천 방식이 될 수 있다.

대다수 공정무역 제품에는 공정무역 상표가 붙는데, 이 상표는 국제 공정무역 상표 기구FLO, Fairtrade Labeling Organizations라고 부르는 공정무역 기구에서 발행된다. 현재 이 FLO는 유럽, 일본, 북아메리카, 멕시코, 오스트레일리아, 뉴질랜드 등 21개 나라에 있는 국가별 공정무역 단체의 산하 기구로서, 국제적으로 인정된 공정무역 기준을 맞춘 상품에만 이 상표를 붙일 수 있도록 허가하고 있다.

케임브리지 대학의 경제학자인 장하준 교수는 개발도상국의 경제가 1960년에서 1980년 사이에는 약 3퍼센트 성장했지만 1980년에서 2000년 사이에는 그 절반인 1.5퍼센트밖에 성장하지 못했다고 지적한다. 또한 최근 20년 동안 아프리카 경제는 성장률이 반으로 줄었고, 라틴 아메리카는 0.3퍼센트의 성장률을 보임으로써 사실상 경제 성장이 멈추었다고 말한다. 이처럼 가난한 나라의 국민과 공동체들이 무역 자유화 아래서 삶의 기반을 잃어버렸다는 명백한 증거들이 개발도상국의 사례에서 발견되고 있다.

대부분의 개발도상국 노동자들은 서유럽에서 쓰이는 옷과 장난감 같은 제품을 만드는 데 1달러도 안 되는 돈을 받고 하루 종일 일한다. 대개 이런 제품들은 유명 상표를 달고 비싼 값에 팔린다. 그러나 제품을 만든 사람들의 임금은 밑바닥 수준이며, 노동 환경도 대부분 지독하게 열악하다. 이처럼 자유무역 아래에서는 가난한 사람들이 가난을 벗어날 수 없다. 그러기는커녕 오히려 가진 것을 잃을 뿐이다.

가난한 사람들에게는 가시적인 이익이 실제로 계속해서 발생해야만 한다. 공정무역 체계는 이 같은 이익을 제공할 수 있다. 왜냐하면 이 체계는 가난한 사람들을 위해 움직이기 때문이다. 이런 점에서 공정무역은 주류 무역 체계를 대체할 수 있는 실용적인 방안이 될 수 있다. 현재 공정무역의 잠재 시장은 거대하다. 뿐만 아니라 공정무역은 세계 무역 체계의 불공정한 거래를 바꿀 수 있고, 가난한 사람들과 공동체들이 가난에서 벗어날 수 있도록 도움 줄 수 있다. 단순히 그들에게 필요한 물품을 제공함으로써가 아니라 그들 스스로 일을 함으로써 가난에서 벗어나게끔 하는 것이다. 즉 물고기를 주는 것이 아니라 물고기를 낚는 법을 알려 주는 것이다.

하지만 이 같은 일이 가능하려면 공정무역이 계속해서 성장해야 한다. 이를 위해 보다 많은 사람들이 공정무역 제품을 이용해야 한다. 사람들이 공정무역 제품을 더 많이 살수록 더 많은 사람이 더 공정한 환경에서 제품을 팔 수 있기 때문이다. 마일즈 리트비노프Miles Litvinoff와 존 메딜레이John Madeley가 쓴 『인간의 얼굴을 한 시장경제, 공정무역』김병순 옮김, 모티브북, 2007, 원제는 *50 reasons to buy fair trade*.은 공정무역으로 변화된 사례 50가지를 제시한다. 우리는 그 사례들을 통해 공정무역이 개발도상국에 사는 어린이와 여성, 남성에게 어떻게 혜택을 주는지, 그리고 선진국에 사는 사람들은 공정무역이 더 큰 효과를 발휘하도록 하기 위해 무엇을 할 수 있는지 직접 볼 수 있다.

(3) 사회적 기업

윤리적 소비, 공정무역과 함께 우리가 관심을 가져야 할 것이 '사회적 기업'이다. 사회적 기업은 두 마리의 토끼, 곧 '영리적 이윤 창출'과 '사회적 사명의 수행'을 좇는다. 그래서 사회적 기업은 재정적 수익이라는 경제 가치와 함께 사회적 목적 달성이라는 사회 가치를 창출하는 기업이다. 사회적 기업에서 이 두 목표의 관계는 명확하다. 즉 영리적인 수익 활동은 우선 목표가 아니라 사회적 목적을 위한 자원 창출의 수단일 뿐이다. 따라서 영리 추구 자체가 목적인 일반 기업과는 달리 사회적 기업은 사회에 대한 공헌을 사업 목표로 하는 기업이라고 할 수 있다. 이러한 사회적 기업은 이타적 동기를 추진 동력으로 한다. 곧 사회적 취약계층에게 일자리나 사회적 서비스를 제공하려는 목적으로 영업활동을 수행하는 것이다.

이러한 사회적 기업은 일회성의 자선이나 구호를 통해서는 가난한 사람들이 빈곤에서 벗어날 수 없기 때문에, 가난한 사람들에게 일자리를 주고 그들이 구입할 수 있는 저렴한 물건을 생산함으로써 구조적으로 가난을 탈출하도록 돕는 것이다. 또한 일반 노동시장에서 배제되거나 환영받지 못하는 저소득 사회계층을 고용하고, 그들의 노동력을 통해 기업 활동을 함으로써 수익을 창출한다. 따라서 일반 기업의 자선 활동이 일회성인 데 반해, 사회적 기업은 이들에게 일자리를 제공할 뿐만 아니라 적절한 이익을 내고, 이러한 이익을 같은 유형의 사업에 재투자함으로써 '지속가능한' 사회적 공헌이 가능하도록 한다.

이와 같은 사회적 기업의 정체성은 "우리는 빵을 팔기 위해 고용하는 것이 아니라 고용하기 위해 빵을 판다"는 미국의 한 사회적 기업가의 말에서 명확히 엿볼 수 있다. 사회적 기업의 원조는 노벨평화상을 받은 방글라데시의 빈민운동가 무하마드 유누스Muhammad Yunus가 30여 년 전에 세운 '그라민 은행Grameen Bank'를 꼽을 수 있다.

또 다른 예로는 비영리 투자기관인 어큐먼Acumen을 들 수 있다. 어큐먼의 설립자인 재클린 노보그라츠Jacqueline Novogratz는 1986년에 아프리카 르완다에 자원봉사를 갔다가 배를 곯는 미혼모들을 위해 무엇을 할 수 있을지 고민하게 되었다. 그러다 마을에서 생산되는 땅콩으로 땅콩버터를 만들어 팔면 땅콩의 부가가치도 늘어나고, 미혼모들을 고용하여 이들에게 일정한 임금을 지급할 수 있을 것이라고 생각하여 땅콩버터 공장을 차렸다. 이 공장은 현재 110억 원 상당의 자본금을 가지고 있다. 재클린은 '가난한 자들을 위한 비즈니스'를 위해 투자자들을 모아 2001년에 어큐먼을 설립했는데, 어큐먼은 아프리카와 남아시아에서 살충 모기장을 팔거나 집을 짓고 생수를 만드는 사업 등으로 사업 영역을 넓히며 세계 최대 규모의 비영리 투자기관이 되었다.

오늘날 세계 도처에서 사회적 기업들이 증가하고 있다. 수송망의 미비로 의약품이 공급되지 않아 목숨을 잃는 사람들을 구하기 위해 아프리카 오지에 의약품을 수송하는 회사를 설립하거나, 어떤 회사는 수익성이 낮아 아무도 손대지 않던 풍토병 치료약을 개발하여 공급하기도 하는 등 세계적으로 많은 기업들이 활동하고 있다. 우리나라에서도 사회적 기업이 속속 출현하고 있다. 노동부는 사회적기업육성법에 따라 아름다운가게, 위캔, 컴윈, 다산환경, 동천모자 등 36곳을 사회적 기업으로 인증하였고, 현재는 한국사회적기업진흥원을 중심으로 사회적 기업 육성을 위한 정책을 시행하고 있다. 『한국의 사회적 기업』정선희 지음, 다우, 2005.에서는 시장경쟁을 헤치고 살아남은 한국의 사회적 기업 열두 개 기업체를 소개하고 있다.

이러한 사회적 기업이 성공하고 지속적으로 그 역할을 하기 위해서는 무엇보다 먼저 사회적 기업가의 정신이 중요하다고 하겠다. 즉 사회적 기업을 하고자 하는 사람들의 확고한 동기와 정신이 무엇보다도 중요하다. 그런데 현재 우리 사회에서는 정부 주도로 사회적 기업을 육성하고 있기 때문에 충분한 토양이 마련되지 않은 상태라고 할 수 있으며, 여전히 많은 시행착오를 겪고 있는 상황이다. 사회적 기업가의 정신과 함께 시민들의 적극적인 관심 또한 매우 중요하다. 그리고 다양한 조직, 다양한 형태의 사회적 기업이 두루 인정받고 이들이 서로 격려하고 연대하여 힘을 모아 일할 수 있어야 한다. 이렇게 사회적 기업이 우리 사회에 뿌리내리고 성장할 수 있도록 관련 제도와 지원책이 마련되고, 그 가치가 사회에 폭넓게 전파되며 참여와 연대가 활발해질 수 있도록 많은 사람들의 관심이 필요한 시기이다.

(4) 협동조합

유엔은 2012년을 '세계 협동조합의 해'로, 매해 7월 7일은 '세계협동조합의 날'로 정했다. 무한경쟁, 승자독식으로 상징되는 신자유주의 체제를 극복할 대안으로, 또한 일자리 창출의 해법으로도 기대를 모으고 있는 것이 바로 협동조합이다. 2008년 이후 국제 금융위기와 유럽 재정위기 속에서도 유럽연합EU의 25만 개 협동조합은 540만 개 일자리를 만듦으로써 충분히 스스로의 생명력을 입증하였다. 스페인 축구클럽 FC바르셀로나가 대표적인 협동조합이고, 전 세계 상위 300대 협동조합은 지난해 1조 6,000억 달러의 매출을 올렸다. 이 매출은 유럽 4대 경제대국인 스페인의 국내총생산GDP을 앞지른 것이다.

협동조합은 경제적으로 약소한 처지에 있는 농민이나 중·소 상공업자, 일반 소비대중들이 상부상조의 정신으로 경제 이익을 추구하기 위하여, 물자 등의 구매·생산·판매·소비 등의 일부 또는 전부를 협동으로 영위하는 조직단체를 의미한다. 협동조합이 가지고 있는 특징은 조직이 자발성에 기초하고 있고, 운영이 민주적이며, 사업 활동이 자조적이고, 경영이 자율적이라는 점에서 정부기업과 구별된다는 것이다. 또한 경제활동의 목적이 조합의 이윤 추구에 있지 않고 조합원에게 봉사하는 데 있다는 점에서 주식회사와도 구별된다.[13]

협동조합이 주목받는 이유는 조합원이 근로자이며 동시에 소유주이기 때문이다. 협동조합은 돈을 버는 것이 주목적이 아니고, 경쟁보다는 협동, 돈보

---

13. 협동조합에 대하여는 스테파노 자마니·베라 자마니, 『협동조합으로 기업하라: 무한경쟁시대의 착한 대안, 협동조합 기업』, 송성호 옮김, (서울: 북돋움, 2012), 그리고 협동조합의 다양한 사례에 대해서는 김현대·하종란·차형석, 『협동조합, 참 좋다: 세계 99%를 위한 기업을 배우다』(서울: 푸른지식, 2012)를 볼 것.

다는 사람을 중심으로 삼고 있다. 독과점의 피해를 입는 경제적 약자들이 혼자서 당하지 않고 힘을 합쳐서 맞서는 것이다. 자본주의의 상징인 주식회사와 비교하면 협동조합의 특징을 한눈에 알 수 있다. 주식회사는 주주들이 회사를 움직이며 1주당 1표다. 반면 협동조합은 출자자들이 있어서 1인당 1표다. 다시 말해서 주식회사에서는 주식을 많이 가지고 있으면 대주주가 되고 의사결정권이 커지지만, 협동조합은 모두의 권한이 동등하다는 것이다. 주식회사는 물건을 비싸게 팔아서 남긴 이윤을 주주들이 나눠 갖는 반면에, 협동조합은 물건을 싸게 팔아서 이용자들이 혜택을 누린다. 이런 점에서 협동조합은 에너지와 식량 문제, 저출산 고령화 문제, 그리고 세계 경제 불평등의 문제에 대해서도 대안이 될 수 있을 것으로 주목받고 있다.[14]

대표적으로 1956년에 스페인 북부 바스크지방의 몬드라곤이라는 작은 도시에서 시작된 몬드라곤 협동조합Mondragon Corporation을 예로 들 수 있다. 현재 10만 명이 이 협동조합에 속한 220개의 협동조합에 고용되고 있으며, 이윤창출이라는 자본의 논리에 대해 노동자들의 경영참여와 고용보장, 고용창출 등의 대안을 제시하는 협동조합 연합체로 발전했다. 몬드라곤 협동조합의 역사는 이 지역에 호세 마리아 아리스멘디에타 신부José María Arizmendiarrieta, 1915~1976년가 부임해 오면서 시작되었다. 협동조합의 시작이 기독교 정신에 터하고 있었던 것이다.

20세기 초 몬드라곤에는 세라헤라 유니온이라는 제철제강공장이 있었는데, 이 공장은 창업자와 소수의 상류층들만이 공장의 지분을 소유하고 있었다. 이런 환경에서 호세 마리아 신부는 1943년에 학교를 열고 지역 노동자와

---

14. 이에 대하여는 김기섭, 『깨어나라! 협동조합: 더 좋은 세상을 만드는 정직한 노력』(서울: 들녘, 2012)을 볼 것.

청년들을 조직해서 교육운동을 시작했다. 그는 이 학교에서 구체적인 행동에 기반을 둔 변혁, 즉 협동조합운동을 통한 사회변혁을 가르쳤다. 호세 마리아 신부의 교육 운동은 1948년 기술전문학교를 열어 교육에 전념하는 것으로 이어졌고, 그로부터 10여 년이 지난 1956년에 호세 마리아 신부의 제자들 중 다섯 명이 몬드라곤 협동조합을 설립하게 되었다.

이 협동조합은 연말에 조합에 속해 있는 기업들이 모여 이윤을 나누는 자리가 있는데, 이때는 이윤만을 나누는 것이 아니라 손실까지도 함께 나눈다. 또한 한 협동조합 기업이 파산해 그 기업에 속한 노동자들이 일자리를 잃게 될 경우, 그들을 다른 협동조합 기업들에 분산시켜 고용하기도 한다. 이런 것이 가능한 이유는 몬드라곤 협동조합의 기본철학이 '노동'의 가치를 매우 중요하게 여기는 것이기 때문이다. 협동조합이 운영하는 개개의 기업이 추구하는 네 개의 가치는 '협동, 참여, 사회적 책임, 창조적 활동'이다. 몬드라곤 협동조합은 이러한 정신에서 자본의 가치가 아닌 상생과 협동의 가치로도, 신자유주의 자본경제 속에서 이윤만을 추구하는 기업들과의 경쟁 속에서도 이길 수 있다는 가능성을 제시하고 있다. 그러나 어느 조직이나 그렇듯 몬드라곤 협동조합도 소속 기업이 많아지고 규모가 커지면서 본래의 목적이 상실되는 경우가 생기기도 했다.

우리나라에서는 2012년 12월에 협동조합기본법이 발효되면서 협동조합의 설립 및 운영이 점차 활성화되어 왔다. 법이 발효되면서 마음에 맞는 사람이 다섯 명만 있으면 누구든 협동조합을 만들 수 있게 되었다. 이로써 앞으로 협동조합이 경제민주화에 이바지하는 새 물결이 될 것이라고 전망하는 사람들이 많다. 민주적인 경영조직을 육성하면 대규모 지배기업의 부당한 활동을 제한할 수 있는 경제적 민주화를 이룰 수 있다는 분석이다.

그러나 앞서 살펴본 사회적 기업과 마찬가지로, 막연한 장밋빛 전망과 기대는 금물이다. 협동조합을 하려면 자금이 필요한데, 자체적으로 조달할 수 있으면 좋지만 경우에 따라서는 외부에서 자금을 조달할 수 있어야 한다. 그리고 민주적 절차는 의사 결정시 다수의 의견을 일방적으로 밀어붙이지 않고, 느리더라도 함께 가야 하기 때문에 불가피하게 힘들고 더딘 과정을 거쳐야 한다. 그러므로 충분한 동기 부여와 역량을 키우는 것이 필요하다. 그리고 몬드라곤 협동조합의 사례에서 보듯이 초기의 정신과 취지를 유지하도록 노력하는 것도 매우 중요하다. 경제민주화가 계속해서 이슈가 되고 있는 만큼, 단순히 경제 개발이나 성장이 아니라 우리 사회에서 경제민주화를 이룰 수 있는 다양한 대안 경제 운동에 관심을 가질 필요가 있다.

4. 경제 문제에 대한 교회의 역할

(1) 경제 문제에 대한 인식의 전환

세계적인 경제 불평등과 양극화 추세가 앞으로 어떻게 전개될지 예측하기는 어렵다. 그러나 선진국들의 경우 비교적 안정을 유지하고 있는 데 반해 우리나라의 경우 이것이 계속 악화되고 있음을 감안한다면, 어떠한 조치가 마련되지 않는 한 이 추세가 지속될까 우려된다. 사실 노무현 전 대통령이 양극화 해소의 기치를 들고 나오기 이전에 이미 박정희 정권 시절부터 우리 사회에서는 양극화에 대한 많은 논의가 있어 왔다. 그런데도 양극화의 문제는 여전히 해결되지 않고 있다. 경제를 더욱 성장시킴으로써 문제를 해결할 수 있다는 측과, 이러한 낡은 성장주의식의 발상으로는 문제를 해결할 수 없다고 비판하는 측이 날카로운 대립각을 형성하고 있다. 심지어는 외국의 사례를 보기로 들며 양극화의 문제를 자본주의 사회에서 자연스러운 현상으로 주장하는 사람도 있다.

그러나 현재의 추세로는 경제가 발전할수록 빈부의 격차가 더 커질 위험성이 크다. 흔히 사회보장제도를 강화해야 한다고 주장하면 현재 우리나라의 경제규모로는 시기상조라는 주장이 돌아온다. 그러나 대부분의 유럽 국가들이 오늘날과 같은 의료보험 및 사회보장 제도를 도입한 때는 2차 세계대전 직후 온 나라가 폐허가 되다시피 했을 시기였다. 아무리 어려워도 돈이 없어서 치료를 받지 못하는 국민이 있어서는 안 되고, 아무리 어려워도 돈이 없어서 공부를 하지 못하는 국민이 있어서는 안 된다는 생각을 했기 때문에, 현재 유럽의 많은 나라들에서는 대학 등록금을 내지 않도록 되어 있다. 따라서 경제규모가 문제가 아니라, 보다 근본적으로는 사람들의 의식이 문제인 것이다.

우리는 양극화와 관련되어 벌여 온 논쟁에서 한 걸음 물러서서 따져 볼 필요가 있다. 물론 먹고 사는 문제는 중요한 문제이다. 할 수만 있다면 모두가 다 같이 잘 먹고 잘사는 것이 좋을 것이다. 그러나 우리 사회는 지나치게 많은 문제를 돈 문제로 귀결시키는 경향이 짙다. 사회 약자들에 대한 배려와 같은 시민 의식이 없이 서로 자기 밥그릇 챙기기에 혈안이 되어 있는 모습을 보노라면, 우리 사회가 뿌리 깊은 반공의식에도 불구하고 역설적으로 "사람의 의식이 그의 존재를 결정하는 것이 아니라 사람의 사회적 존재가 그 의식을 결정한다"라는 칼 마르크스의 주장이 옳지 않은가 하는 생각이 들 정도이다. 우리 사회에서는 경제적 생산이나 부의 축적이라는 대명제 앞에서 모든 활동은 마땅히 능률과 효율이라는 경제 원리를 지향해야 하고, 이를 위해 다른 모든 것은 수단시되어야 한다고 말한다.

이는 곧 경제가 하나의 종교가 되어 사회의 모든 영역을 식민화시켜 버리는 것이다. 심지어 교육과 학문의 영역까지도 그러하다. 우리 사회에서 교육은 경쟁에서 이겨 높은 지위에 올라 더 많은 경제 가치를 차지하기 위한 사사로운 욕구 실현의 도구로 인식되고 있다. 이런 상황에서 가장 중요하게 취급받는 교육은 당연히 입시 교육이다. 심지어 이제는 대학 교육도 취업을 위한 수단이 된 지 오래이다. 더 이상 교육은 인격을 수양하고 사회에 이바지하기 위한 수단이 아니고, 이제 사회에서 개인이 경제적으로 성공하기 위한 수단에 불과하다. 흔히 교육을 '인적 자원의 개발'로 보는데, 사실 이것은 인간을 경제적 가치 창출 수단으로 삼는 사고방식을 표현한 것에 불과하다. 또한 "아는 것이 힘이다"라는 구호 역시 교육을 통해서 권력과 부를 축적하려는 욕구를 표현한 것과 다르지 않다. 이렇게 도구화된 교육의 결과 일의 가치를 평가할 때도 경제적 가치 창출만을 중시하는 풍토를 낳게 되었다.

그렇다면 종교는 어떠한가? 종교의 의미와 그 힘은 무엇보다도 현실 초월의 가능성에 있다. 다시 말해서, 종교는 추구하는 본연의 가치에 근거하여 현존의 가치 질서를 넘어서는 초월성을 바탕으로, 사회에 문제를 제기하고 비판을 가할 수 있어야 한다는 것이다. 하지만 우리 사회에서 종교는 그러한 힘을 잃어버린 지 오래이다. 입시철이 되면 자녀의 개인적 성공을 위해 기도하고 헌금을 바치려는 사람들로 북적이고, 시험 당일에는 굳게 닫힌 시험장 철문 앞에서 저마다의 종교에 기대어 자녀의 성공을 기원한다. 이것은 한국의 모든 종교에서 공통으로 보이는 이미 익숙한 현상이다.

우리나라에서는 2006년에 2년 이상 근무한 비정규직 노동자를 의무적으로 정규직으로 전환하는 비정규직 보호법이 제정되면서 비정규직 문제가 크게 부각되었다. 이때 기독교 기업을 표방하는 한 기업이 끝내 비정규직을 정규직으로 전환하지 않고 해고하여 크게 비난을 받은 일이 있었다. 이에 반해 오히려 다른 대기업들은 비정규직 노동자들을 정규직으로 전환하여 크게 대조되었는데, 이는 기독교 신앙이 삶과 일터에서 실천되지 못하고 있음을 보여 주는 것이었다. 설상가상으로 이때 많은 기독교인들은 오히려 자본주의 사회에서 이윤을 추구하는 것이 무슨 문제가 되느냐는 반응을 보였다. 이것은 기독교인으로서 바른 삶의 태도라 보기 어렵다. 기업이나 경제 활동 역시도 기독교 정신과 원리에 따라서 하는 것이 기독교인의 바른 삶의 방식이다.

그런데 현재 우리나라의 종교계는 삶의 영역에서뿐만이 아니라 종교 활동 자체에서도 세속적인 기업을 경영하듯이 수나 양의 측면에서의 성장만을 성공으로 여기는 경향이 강하다. 종교의 가르침조차 세속적인 경제주의의 손아귀에 사로잡혀, 종교 조직의 운영이 재화 획득과 축적이라는 경제적 욕구를 만족시키는 세속적 기업체의 생리를 따라가고 있는 것이다. 물론 안타깝게도 한국 기독교 역시 이 범주를 벗어나지 못하고 있는 것 같다. 교회의 양적 성장이나 대규모의 예배당 건축, 그리고 엄청난 재정 규모를 동경하며 그것으로 이른바 목회의 '성공'을 가늠하고 있기 때문이다.

일찍이 막스 베버가 산업화 시기의 유럽에 대하여 설파한 바와 마찬가지로, 오늘 우리에게 보다 근본적인 문제는 좁은 뜻에서의 경제 문제나 정치 문제가 아니라 도덕적인 문제이고, 넓은 뜻에서의 종교적인 문제라고 할 수 있다. 경제를 중심에 두고 모든 것을 경제의 수단으로 만드는 우리 사회의 체제는 경제를 섬기는 종교 체제와 다르지 않기 때문이다. 그러므로 오늘의 사회 상황은 오늘을 사는 한국인들에게 종교가 의미 있는 삶의 틀을 제공해 주지 못하고 있다는 점에서 종교적 위기 또는 종교적인 문제 상황이라는 것이다.[15]

요즈음 경제적인 이유로 자살하는 사람이 계속 증가하고 있는데, 그것은 경제적인 이유라기보다는 차라리 종교적인 이유라고 해야 마땅한 측면이 있

---

15. 이에 대하여는 막스 베버, 『프로테스탄티즘의 윤리와 자본주의 정신』(김덕영 옮김, 서울: 길, 2010)을 볼 것.

다. 많은 사람들이 절대적인 궁핍 때문이 아니라, 자신에게 일어난 경제적 신분 하락에 절망하여 더 이상의 삶의 의미를 찾지 못하고 자살을 택하고 있기 때문이다. 이런 사람들에게는 경제적 상실이 곧 존재의 상실로 여겨진 것인데, 이는 우리 사회의 경제주의 사고방식 때문이다. 경제주의 안에는 경제적인 이유로 삶을 포기하지 말아야 한다는 규범이 없고, 이로 말미암아 불행한 결말을 맞게 되었다고 말할 수 있다. 그런데 사람들에게 삶의 올바른 의미를 제공하는 것이 마땅히 교회가 해야 할 역할이기 때문에, 이와 같은 상황에 대해 한국교회의 책임이 크다고 할 것이다.

우리는 이제 경제 중심의 사고에서 눈을 돌려야 한다. 사사롭고 이기심으로 가득 찬 경제주의식 사고에서 보다 넓은 '우리 모두'를 위한 공평과 공공의 영역으로 옮겨 가야 한다. 이런 시점에서 교회는 현존하는 세속적 가치관에 매몰되지 않고 사회에 대하여 성경의 가르침을 외치고 이를 실천하는 예언자로서의 역할을 다해야 할 것이다. 예언자는 대세를 따르는 자가 아니다. 대세를 따르기만 하면 된다면 예언자는 필요가 없을 것이다. 우리는 어떤 것이 성경의 정신을 따르는 것인가에 대해 깊이 숙고할 필요가 있다. 사회에서 성공하고 최고가 되라고 가르치기보다 힘들고 어려운 여건에서도 하나님의 영광을 위하여 사는 것이 어떤 것인지를 가르치고, 나아가 더 어려운 이웃을 돕고 약한 사람을 배려할 수 있도록 가르쳐야 한다. 이것이 오늘날 이 땅에 교회가 존재하는 이유일 것이다.[16]

---

16. 기독교와 경제 문제에 대해서는 '하나님의 오이코노미아'를 주제로 두 차례 열린 12회, 13회 바른교회아카데미 연구위원회 세미나의 여러 글들을 참고할 것.

(2) 대안 경제 운동에 동참하라

이와 같이 경제 문제에 대한 인식의 전환과 함께, 앞서 소개한 대안 경제 운동에 교회가 관심을 갖고 동참할 필요가 있다. 특히 윤리적 소비 운동은 아동의 인권 보호, 환경 보호, 양성평등 등 기독교의 가치들과 일치하는 측면이 커서, 서구에서는 교회들이 중심이 되어 운동을 전개하고 있는 상황이다. 영국에는 무려 4,000개의 공정무역 교회가 있다고 한다.[17] 이러한 공정무역 운동은 외국에 나가지 않고서도 세계 시민사회에 기여할 수 있는 전 지구적 차원의 윤리적 소비 운동이라고 할 수 있다.

그리고 이러한 대안 경제 운동에 대한 관심이 소비의 측면에서만이 아니라 생산의 측면에서도 이루어질 수 있도록 노력할 필요가 있는데, 그것이 바로 사회적 기업이다. 사회적 기업은 사회적 약자를 고용하고, 기업의 판매 수익금으로 장애인이나 독거노인, 외국인 근로자, 노숙인 등 불우이웃을 돕고, 북한과 아프리카 주민들 등 나라 밖의 어려운 이웃들을 돕기도 한다. '사랑의 줄잇기 가게'는 한국교계의 사회적 기업 중의 하나이다.[18] 이 가게는 새 옷을 싸게 구입해 80퍼센트 이상 저렴한 가격에 판매한다. 의류회사들이 스톡세일Stock Sale, 일명 땡처리을 하는 이월상품이기에 가능하다. 또한 높은뜻연합선교회의 '열매나눔재단'은 탈북자들에게 일자리를 제공하고 있다. 2008년에 경기도 파주에 설립한 박스 제조공장에는 탈북자 50여 명이 한국 기술진 10

---

17. '공정무역 교회'로 지위를 부여받기 위해서는 다섯 가지 조건을 만족시켜야 한다. △주요한 구성 대표, 위원 구성 △교회에서 결의 △제품사용 △교회에서 판매 △예배 등에서 적극 홍보. 2008년 9월 6일 서울 명동 청어람에서 열린 '대안경제 아카데미-예스이노베이션'에서 있었던 박창순 한국공정무역연합 대표의 강의 내용 중. <뉴스파워> 2008년 9월 9일.
18. '사랑의 줄잇기 가게'는 자원봉사자들이 중고물품들을 깔끔하게 손질하여 싼값에 판매하고 수익금은 전액 공공복지에 사용한다는 100년 역사의 영국 채리티 샵의 운영 방식과 정신을 이어 한국에 접목한 가게이다. '사랑의 줄잇기 가게' 홈페이지 love2line.firstmall.kr에서 인용.

여 명과 함께 일하고 있는데, 여기서 탈북자들은 직업교육과 함께 사회적응 훈련, 신앙훈련도 받을 수 있다.

이러한 사회적 기업 활동은 거대 자본을 소유한 대형 교회에서만 할 수 있는 일이 아니다. '행복한 나눔'이나 '아름다운가게'와 같은 사회적 기업을 유치하여 지역 생활 운동에 참여하는 것은 작은 교회라도 충분히 할 수 있는 좋은 방법이다.[19] 강원도 동해시에 작은 상가 건물을 가지고 있는 한 소형 교회는 전임 목회자가 진 빚으로 교회를 유지하기도 힘들었으나 '행복한 나눔'을 유치했다. 그러면서 지역 주민들과 자연스럽게 소통하며 교회를 알리게 되었고, 이제는 점차 재정적으로도 안정될 뿐 아니라 교인들 사이에서도 교회에 대한 전망을 공유하게 되는 계기가 되었다고 한다. 이후에 교회는 건물의 한 층을 어린이 도서관 겸 공부방으로 꾸며 낙후된 여건에 있는 어린이들을 위해 사용하기로 하였다.

또한 목회자 스스로 사회적 기업 활동을 하고 있는 한 소형 교회의 경우, 목회자가 직접 커피 학교를 수료하여 커피 로스팅 방법을 터득한 후에 교인들과 함께 커피숍을 열어 운영하고 있다. 커피숍에서 사용하는 모든 커피 원두를 공정무역을 통해 들여온 유기농 커피만을 사용함으로써 착한 소비 운동에도 기여하고 있을 뿐만 아니라, 수익의 일부를 사회로 환원하는 사회적 기업으로서의 특징도 가지고 있다. 또한 커피숍에 반상회를 유치하기도 하고 성탄절 행사를 커피숍에서 지역 주민과 함께 갖는 등 지역공동체 운동에도

---

19. 기아대책에서 운영하는 일종의 자선가게라고 할 수 있는 '행복한 나눔'은 지역의 자원을 통해 운영되는데, 교회나 단체가 사용하지 않는 공간을 기부하여 매장을 열고, 각 지역 기관과 주민들의 자원봉사와 물품 기부로 운영된다. 각 지역 매장의 수익금의 50퍼센트는 지역의 필요를 리서치하여 진행되는 지역 복지 사업을 위해 사용되며, 50퍼센트는 기아대책의 해외 사업장을 통해 전세계 빈곤 퇴치를 위해 사용된다. 또한 지역 매장에서는 지역 내의 취약 계층(특별히 여성)을 고용하여 지역의 고용 창출에도 기여하고 있다. https://www.kfhi.or.kr/apps/business/nanum.asp에서 인용.

힘쓰고 있다.

선교 차원에서도 비즈니스 개념을 도입하는 이른바 BAM Business As Mission 사역을 하는 경우도 등장하고 있다. 비즈니스 선교란 실제로 실행 가능하고 유지 가능하며 이윤을 낼 수 있는 비즈니스로 하나님 나라를 지향하는 사업이다.[20] 곧 개인과 기업의 이윤 추구를 극대화하는 것만을 목적으로 하는 신자유주의적 자본주의를 극복하고자 이타적 자본주의, 공정무역에 근거한 비즈니스 모델이다. 이는 기독교 교세 확장이 아닌 예수 그리스도의 조건 없는 나눔과 섬김의 실천, 그리고 '하나님의 선교'로서의 선교를 통합한 개념이라고 볼 수 있다.

최근에는 앞에서 살펴본 협동조합에 관심을 가지고 참여하고 있는 목회자들도 있다. 사회적 기업이나 마을 기업을 협동조합 형태로 조직하여 지역 활성화와 살기 좋은 마을 만들기에 기여하는 것이다. 1장에서 살펴본 고령 시대를 맞이하여 협동조합을 설립한 교회들도 있다. 부천의 약대감리교회는 고령시대 노인복지를 위한 교회 안에 '약대돌봄협동조합'의 문을 열었다. 약대돌봄협동조합은 현재 반찬 나눔 사업을 주로 하고 있지만, 앞으로 말벗서비스와 병원 동행, 가사 지원까지로 복지서비스의 폭을 넓혀갈 수 있도록 자원봉사자 양성에 주력할 계획이다. 또, 최근 사업 승인을 받은 재가요양센터를 통해 수익구조를 안정화시키고 노인 복지 사각지대를 줄여나갈 예정이다.

약대교회는 66년의 역사 동안 지역사회를 위한 봉사활동을 지속해 왔지만, 협동조합을 추진하기까지는 고민도 많았다고 한다. 교인들 사이에서 조합원들에게만 유익한 협동조합이라는 인식이 강해 동의를 얻어내기 쉽지 않았기 때문이다. 약대교회는 충분한 설득과정을 거친 끝에 교회 부지 안에 협

---

20. 이에 대하여는 매츄 튜내핵, 『Business As Mission』(해리 김 옮김, 서울: 예영, 2010)을 볼 것.

동조합 건물을 짓도록 지원했고, 교회 예산에서 연간 2천만 원씩 지원하기로 결의하여 실행하고 있다.

　전남 장성의 백운교회(예장 통합) 역시 노인복지를 위해 오랫동안 운영해 온 노인학교를 중심으로 '행복한노인복지사회적협동조합'을 창립하였다. 노인 문제의 해결을 국가에만 의지할 수 없기 때문에 스스로 해결하는 모범적인 사례를 만들고자 한 것이다. 건강한 노인들이 다른 노인들을 돌보는 '노노老老케어'뿐만 아니라, 활동성이 높은 젊은이들도 참여시켜 진정한 의미의 공동체를 만들려고 한다. 이를 통해서 노인들이 말년에 정든 집을 떠나 요양원과 같은 낯선 곳에서 살게 되지 않고, 끝까지 정든 마을에서 살다가 여생을 마칠 수 있도록 하고자 한다. 말년을 슬프게 보내면 인생 전체가 슬프게 여겨지기 때문이다.

　이렇게 젊은 세대가 노인들을 지원하는 협동조합뿐만 아니라, 노인들이 스스로 참여하는 협동조합도 가능하다. 독일의 노인협동조합은 조합원이 다른 조합원을 위해 의학·법률 등의 전문적인 상담, 청소·식사·장보기 등 가사노동, 스포츠 활동·문화 행사·산책 등 여가활동, 의료기관 방문 등 현장 케어 서비스 등을 제공한다. 이 노인협동조합은 수요와 공급을 조절해 노인들이 원하는 맞춤형 서비스를 제공하는 역할을 하는데, 조합원이 다른 조합원에게 서비스를 제공하면 그 보상으로 돈이나 서비스 시간을 받는 방식으로 운영된다. 모든 회원은 자신이 서비스를 제공한 시간만큼 본인의 계좌에 시간을 저금할 수 있는 '시간계좌'방식을 통해, 나중에 필요할 때 그 시간만큼의 서비스를 받을 수 있다. 시간계좌에 저축된 시간은 다른 사람에게 기부도 할 수 있다. 또 서비스 시간을 돈으로 환산하는 방식으로 금전적 보상을 받을 수도 있다.

　우리나라에서는 이러한 협동조합의 사례는 없지만, 재활용품을 수집하는 노인들을 위한 사회적 협동조합이 결성된 바 있다. 노인 25명이 직접 조합원으로 참여하고 있는 '실버자원협동조합'이 그것이다. 인천의 해인교회는 폐지를 주워야만 생계를 유지할 수 있는 노인들에 대한 지원이 필요하다고 생각하고 2014년에 '실버자원협동조합'을 창립했다. 노인들이 재활용품을 싣고 시 외곽의 고물상으로 향하다 교통사고를 당하는 일이 자주 일어나자, 이를 방지하기 위해 노인들이 가져온 재활용품을 모아 고물상에 판매하는 작업을 맡기로 한 것이다.

성북구에서 전국 최초로 경로당을 활용한 '어르신 공동작업장'을 개소한 사례도 눈에 띈다. 이 작업장은 길음뉴타운 일대를 기반으로 어르신 마을 택배 사업을 성공적으로 운영하고 있는 길음종합사회복지관이 시작했다. 친환경 먹거리를 제조·판매하는 '길음실버그린이 Silver-Greeny' 사업을 통해 서른 명의 노인들에게 일자리를 제공하기 시작한 것이 2016년에 4호점이 열릴 정도로 성공을 거두었다. 노인들은 카페 운영, 액상차 제조, 쿠키 제조, 친환경 농산물 소분을 통한 한박스 사업, 협동조합과 연계한 제철농산물 판매활동을 하여 매달 34시간씩 근무하고 기본급 21만 원을 받는다. 근로시간을 초과하면 시간당 추가 인센티브를 받는다.

이와 같이 지역사회의 문제들을 커뮤니티 비즈니스와 연계함으로써 해결 방법을 찾을 수 있다. 앞에서 살펴본 대로, 커뮤니티 비즈니스는 지역의 인적자원을 효과적으로 활용한다는 점에서 노인고용의 새로운 대응책이 될 수 있다. 이미 일찍부터 고령화가 사회적 문제로 자리 잡은 일본에서는 노인 인적자원을 이용한 커뮤니티 비즈니스가 활발히 이루어져 왔는다. 한 예로 평균 연령이 78세 이상인 노인들이 운영하는 주식회사 이로도리 いろどり는 노인 참여형 커뮤니티 비즈니스의 가장 대표적인 사례다. 850여 가구가 모여 사는 일본의 산골 마을 카미카쓰에서 설립된 이로도리는 우리 돈으로 30억 원

에 달하는 연 매출을 달성하여 화제가 되었다.

이와 같이 노인들이 참여할 수 있는 다양한 사회 활동을 계발할 필요가 있다. 사회적 기업이나 마을 기업 등이 정부 주도로 신속하게 도입되는 것은 긍정적이나, 실제 일을 담당해야 할 주민들의 역량이 부족한 상황에서 많은 부작용이 일어나고 있는 것도 현실이다. 따라서 이런 일에 목회자와 교회가 관심을 가지고 참여하며 중심을 잡아 줄 수 있다면 매우 큰 도움이 될 것이다. 이러한 다양한 대안 경제 운동을 통해 현재 자본주의 문제와 위기를 극복하고, 기독교 정신에 입각하여 하나님의 형상을 회복하는 삶을 사는 데 일조할 수 있으리라 기대한다.[21]

---

21. 특히 지역공동체 운동 차원에서의 대안경제 운동에 대하여는 정재영, 『함께 살아나는 마을과 교회』 (서울: SFC 출판부, 2018)를 참고할 것.

제6장

정보화 사회가 진보한다
: 정보화 사회의 진전

우리가 살고 있는 사회는 끊임없는 변화의 과정을 겪고 있다. 사회구성원들의 세대교체로 말미암은 변화도 있지만, 사회의 성격 자체가 변하기도 한다. 이러한 변화 요인 가운데 큰 비중을 차지하는 것이 과학 기술의 발달이다. 과학 혁명을 통한 기술의 발달로 대규모 공장 중심의 산업 사회를 이룩한 이래, '현대'와 '비현대'를 구분하는 기준은 산업화였다. 그러나 오늘날의 사회는 이러한 산업화에 크게 의존하지 않고 지식과 정보를 중요시하는 새로운 사회로 이행하고 있다. 따라서 이제까지 당시대를 표현하는 '현대'라는 말로는 설명할 수 없는 새로운 사회를 맞아 학자들은 '포스트모던', 곧 '탈현대' 사회라고 지칭하게 되었다. 현대 사회가 산업 사회인 데 반해 첨단 과학기술과 정보 중심의 탈현대 사회는 '탈산업 사회' 또는 '정보화 사회'라고 불리고 있다.

1. 정보화 사회의 변화

세계적인 미래학자이며 신학자인 레너드 스위트Leonard I. Sweet는 오늘날의 의사소통 기술을 가리켜 'TGIF'라고 말하고 있는데, 이 단어는 정보화 세대의 의사소통 수단인 트위터twitter, 구글Google, 아이폰iPhone, 페이스북Facebook의 이니셜을 사용하여 패밀리 레스토랑 이름에 빗대어 만든 것이다. 이런 소셜 네트워크 서비스Social Network Service, SNS의 위력은 실로 대단하다. 개발된 지 불과 이십 년이 지나지 않은 이 새로운 의사소통 수단들은 이전의 어떤 기술과도 비교할 수 없을 만큼 우리 생활 깊숙이 침투해 들어왔을 뿐만 아니라 실제로 우리의 삶을 지배하고 있다.

가장 저명한 매체이론가인 장 보드리야르Jean Baudrillard는 현대의 대중 매체가 끼치는 영향은 이전까지의 과학기술과는 아주 다르지만 매우 심대한 것이라고 여기고 있다. 그런데 실제로 그의 예상대로 현대 대중 매체의 도래는 우리 삶의 성격 자체를 변화시키고 있다. 특히 그것은 단순히 우리에게 세계를 묘사하고 드러내는 것이 아니라, 우리가 살고 있는 세계 자체를 '정의'하고 있다는 점에서 그러하다. 이에 대해서는 현실과 초현실이 뒤바뀐 삶을 보여 주었던 <매트릭스The Matrix>라든가, 엄청난 돌풍을 일으켰던 <아바타Avatar> 같은 영화가 잘 보여 주고 있다.

또한 뉴미디어New Media 분야에 해박하면서도 사회학, 경영학 등을 전공한 소장 학자들을 중심으로 토론과 협업을 해온 프로젝트 그룹 '팔란티리 2020'이 지은 『우리는 마이크로 소사이어티로 간다』라는 책 역시도 현대의 매체 환경의 변화가 가져오는 삶의 변화와 이에 따른 기존 관념의 해체에 대하여 잘 보여 주고 있다.[1] 이와 같은 작업은 현대 사회의 매체 환경의 변화에 주목하면서 미래를 내다보는 혜안을 얻기 위한 것이다. 사실 근대화 이래 인간은 근대와 전근대(또는 전통)라는 이분법식 분류 체계에 따라 근대적 특징들, 곧 보편적, 공식적, 제도적인 것들을 중요시해 왔다. 그러나 인터넷과 휴대전화로 대표되는 개인 미디어와 네트워크의 발달은 이러한 기존 관념을 뿌리부터 흔들고 있다.

다시 말해, 인터넷이 만들어 주는 네트워크 환경은 단순히 우리의 삶을 풍성하게 해 주는 것뿐만 아니라 우리의 정체성까지 바꾸어 놓고 있다는 것이다. 현대인들은 직업이나 공식 활동에서보다는 네트워크로 형성된 비공식 모임에서 자신의 존재 가치를 찾고 있고, 일상의 소소한 만남들의 소중함을 깨닫고 있다. 개인의 정체성과 자아 형성도 이런 것의 영향을 받는다. 정체성은 사회 관계망 안에서 형성되는 것인데, 개인이 관계하는 사회망이 다양화됨에 따라 정체성도 하나가 아니라 둘 이상이 되기도 한다. 예를 들어 직장에서의 나와 인터넷 공간에서의 나는 전혀 다를 수도 있는데, 이 모두가 나의 정체성을 구성하기 때문이다. 이처럼 네트워크 환경에서 현대인은 전혀 장애가 없이 다중인격의 삶을 살고 있다고 해도 과언이 아니게 되었다.

전에는 공식 모임과 대규모 집회가 중요하였으나 정보화 사회에서는 다양한 네트워크를 통한 소그룹 커뮤니케이션이 중요한 의사소통 수단으로 자리 잡게 되었다. 이에 따라 전에는 사소하고 대수롭지 않게 여기던 '한담'을 나누는 일이 오늘날에는 사람들의 사회자본Social Capital을 형성하는 중요한 수단이

---

1. '마이크로 소사이어티(micro society)'는 작고 사소한 힘이 큰 변화를 이끌어내는 사회로, 네트워크 환경의 변화로 누구든, 언제, 어디서나, 무엇이든 할 수 있는 작은 신세계를 일컫는다. 이에 대하여는 팔란티리2020, 『우리는 마이크로 소사이어티로 간다』(서울: 웅진윙스, 2008)을 볼 것.

되었다.² 뿐만 아니라 이러한 정보통신 기술의 발전은 '거래 비용'을 낮추어서 결혼에 대한 생각까지도 달라지게 한다. 즉 요즘처럼 새로운 파트너를 찾는 데 들어가는 비용이 크지 않은 환경에서는 가능하면 늦게 결혼하려는 경향이 강해지고, 결국 사회 제도로서의 결혼의 필요성과 지위는 낮아지게 될 것이다. 이와 더불어 지식의 개념도 변하고, 경제 분야에서는 새로운 패러다임이 등장하고 있으며, 예술의 의미도 변하고 있다. 이처럼 지금 우리는 궁극적으로 인간의 존재 이유마저도 바뀌고 있는 세상에 살고 있는 것이다.

기존 사회에서 개인은 원자화된 존재, 곧 대중 사회와 대중 매체의 환경에서 고립된 익명의 모래알 같은 대중에 불과했으나, '마이크로 소사이어티'에서 개인은 고립된 존재가 아니라 네트워크에 연결된 노드node: 통신망의 접속점의 하나로서 다양한 사람들과 연대한다. 이들은 전통사회의 강력한 결속력이 아닌 느슨한 연결을 통해 공감대를 형성하며, 자율적인 능력을 가지고 시민으로서 참여하게 된다. 인터넷의 발달로 시민들은 별다른 비용과 시간을 소비하지 않고도 쉽게 정치 영역에 접근할 수 있으며, 사회 이슈에 대하여 토론하고 비판적인 여론을 형성하는 공중으로서의 특징을 갖게 된다. 우리 사회를 들끓게 했던 촛불 시위와 함께 이슈가 되었던 '나꼼수'가 좋은 보기이다.

이미 페이스북, 트위터 등의 SNS가 온라인 상에서 인맥을 쌓고 인간관계를 넓히는 일을 주도하고 있는데, SNS가 가져오는 사회적 이점은 바로 '관계 강화'이다. 사람들이 SNS로 친구가 되고 소통을 하면서, 사회적 거리감은 낮아지는 반면 사회적 유대감은 상승하게 된다. 이러한 현상은 특히 스마트폰의 출현과 함께 뚜렷하게 강화되었다. 스마트폰을 통해 언제 어디서나 SNS

---

2. 사회자본이란 넓은 의미에서 개인과 집단이 다른 개인이나 집단과 맺는 관계를 통해 기대할 수 있는 사회관계에 내재한 자산적 속성을 포괄하는 개념이다. 로버트 퍼트넘, 『사회적 자본과 민주주의』, 안청시 외 옮김, (서울: 박영사, 2000), 281.

에 접속할 수 있게 되었기 때문이다. 자연재해의 상황에서 네티즌들은 트위터를 통해 폭설 상황과 교통상황을 생중계함으로써 TV 뉴스를 뛰어넘는 위력을 보여 주었으며, 수혈이 필요한 병상의 아버지를 위해 트위터에 헌혈을 부탁한 한 여성은 수백 장의 헌혈 카드를 구할 수 있었다. 또 어떤 사람이 트위터를 통해 장난 삼아 지인들에게 점호를 했더니 자신도 점호를 받고 싶다고 신청하는 사람이 수백 명에 달했다는 이야기도 전해진다.

이제 스마트폰을 집에 두고 외출한 사람은 단순히 생활의 불편 때문에 걱정하는 것이 아니게 되었다. 자신이 다른 사람들과의 관계에서 단절되어 고립될까봐 불안해 하는 지경에 이른 것이다. 이와 같이 현재 놀랍게 성장한 첨단 대중 매체는 과거의 '고독한 군중'을 네트워크로 연결된 현대 정보화 사회에서 '똑똑한 군중smart mob'으로 바꾸어 놓고 있는 것이다.

2. 4차 산업 혁명과 그 특징

최근에는 4차 산업혁명이 화두가 되고 있다. 세상은 빠르게 변화하여 이제 4차 산업혁명이 도래했다고들 이야기한다. 사회적 이슈가 된 이것이 면접장에서는 빠지지 않고 질문되는 단골 주제가 되었고, 회사에서는 4차 산업혁명과 ICTInformation & Communication Technology, 정보통신기술를 모르면 도태된 사람으로 치부된다. 4차 산업혁명이란 인공지능, 로봇 기술, 생명 과학이 주도하는 차세대 산업 혁명을 말한다. 1차 산업 혁명은 18세기 영국에서 시작된 증기기관과 기계화로 대표되며, 19세기 말 전기를 이용한 대량 생산이 본격화된 것을 2차 산업 혁명이라고 한다. 그리고 20세기 말에 인터넷이 이끈 컴퓨터 정보화 및 자동화 생산 시스템이 주도한 3차 산업 혁명에 이어, 로봇이나 인공지능Artificial Intelligence, AI을 통해 실재와 가상이 통합되어 사물을 자동적, 지능적으로 제어할 수 있는 가상 물리 시스템의 구축이 기대되는 산업상의 변화가 4차 산업 혁명인 것이다.

얼마 전에 선풍적 인기를 끌었던 증강현실AR[3] 게임 '포켓몬 고'는 4차 산업혁명이 게임에 적용된 사례이다. 또한 인공지능인 알파고AlphaGo와 인간 사이의 바둑 대결이 세간의 이목을 집중시킨 일도 이와 관련된다. 다른 어떤 종목보다도 경우의 수가 많은 바둑에서 과연 컴퓨터 인공지능이 인간을 이길 것인지가 초미의 관심사였다. 결과는 알파고의 압도적인 승리였다. 이 사건은 아직은 멀게만 느껴졌던 미래 사회가 우리 앞으로 성큼 다가왔다는 점에서 더욱 충격적으로 느껴지고 있다. 그리고 이러한 결과를 두고 미래 사회에 대한 다양한 전망들이 나오고 있다. 수년 안에 현재 직업 중에 500만 개가 사라질 것이라든지, 미래 사회에서는 결국 컴퓨터가 인간을 지배하게 될 것이라든지 하는 우려들이 나타나고 있으며, 이에 대해 반대편에서는 지나친 기우라고 하는 등 여러 이야기들이 나오고 있다.

4차 산업 혁명은 2016년 다보스 포럼Davos Forum, 세계 경제 포럼에서, 이 포럼의 회장인 클라우스 슈밥Klaus Schwab이 정보통신 기술을 기반으로 하는 인공지능, 빅데이터Big Data[4], 사물인터넷Internet of Things, IoT[5] 등의 기술을 융합하여 새로운 산업으로의 패러다임 전환이 이루어진다고 언급하면서 사용했다. 4차 산업 혁명은 물리적, 생물학적 경계와 디지털과 아날로그의 경계를 허물어 사람과 사람, 사람과 사물 간의 상호교류를 가능케 하는 기술 융합의 결정

---

3. Augmented Reality. 실재 영상에 가상의 영상을 겹쳐 하나의 영상으로 보여 주는 기술이다.
4. 규모가 너무 방대하여 기존의 방법이나 도구로는 수집, 저장, 분석 등이 어려운 정형 및 비정형 데이터들을 뜻한다.
5. 일상의 온갖 사물들이 모두 인터넷으로 연결되는 것.

체라고 할 수 있다. 집적된 데이터가 인공지능을 통해 분석 및 활용을 거쳐서 산업을 비롯한 폭넓은 범주에까지 영향을 미치고 그 영향이 다시 데이터로 최적화되는 구조로서, 속도와 범위, 영향력에서 과거의 산업 혁명과는 비교할 수 없는 차별성을 갖는다고 말한다.[6]

4차 산업 혁명의 특징은 기존의 서로 다른 영역의 학문과 기술과 산업이 만나 서로 융합하여 기존의 산업 사회를 넘어서는 새로운 패러다임과 가치를 만들어 낸다는 점이다. 제조업과 서비스업이 접목되는 것과 같이 전혀 다른 산업과 산업 간의 융합이 이루어지고 하드웨어와 소프트웨어의 벽이 사라짐으로써, 기존의 단단한 사회 구조의 틀을 깨고 기존에 구현해 내지 못했던 새로운 가치를 실현할 수 있다.

또한 4차 산업 혁명 시대에는 막대한 정보의 양을 스스로 분석하고 처리하는 인공지능을 가진 사물이 등장하는 '초지능'이 가능하다. 초지능은 최근 10년 사이에 이루어진 정보 기술의 비약적인 발전을 통해서 만들어진 데이터의 엄청난 양적 증가에 기인한다. 인공지능은 이러한 대용량의 데이터를 연계하고 분석하기 위해 도입된 기술이다. 그리고 4차 산업혁명 시대에는 모든 사물에 인터넷이 연결되는 '초연결 네트워크'가 만들어진다. 전자, 건설, 의료, 노인, 복지, 스포츠 등 여러 다양한 산업과 서비스업에 사물인터넷이 도입되어 현실 세계와 가상 세계의 경계를 허물고 있다.[7]

이러한 변화는 제조 공정만 아니라 소비, 유통시장에까지 영향을 미치고 있다. 공장에서는 제품 생산 이전에 빅데이터 분석을 통해 고객의 욕구를 사전에 파악하여 최적화하고 이를 기반으로 어떤 종류의 제품을 얼마나 생산

---

6. 클라우스 슈밥, 『클라우스 슈밥의 제4차 산업혁명』(송영진 옮김, 서울: 새로운 현재, 2016), 12쪽.
7. 윤승태, 「4차 산업혁명시대의 교회의 역할과 방향」, 『신학과실천』, 58호(2018년 2월), 606~608쪽.

할지를 결정한다. 또한 자동화된 스마트 공장을 통해 자동으로 제품이 생산되고 고객의 취향과 기호에 따라 즉각적으로 조립 순서와 부품 등이 변경되어 생산이 이루어진다. 이러한 점에서 2차 산업혁명이 제조업 중심의 생산혁명이었고 3차 산업혁명이 생산과 유통의 혁명이었다면 4차 산업혁명은 전 산업분야에 걸쳐 일어나는 소비혁명이라고 할 수 있다. 이로 인해 모든 비즈니스 서비스 모델의 전면적인 수정이 요구된다.[8]

이러한 4차 산업 혁명 시대에는 '공유 경제Sharing Economy'가 주목받는다. 산업 혁명 이전에는 경제적 교환의 대다수가 개인 간 거래였다. 그러나 산업혁명은 인류의 경제 활동 방식을 획기적으로 바꾸어 놓았다. 대량 생산과 대량 분배를 가능하게 했고 이는 오늘날과 같은 대기업 출현의 기반이 됐다. 그런데 산업 혁명이 시작된 지 200년이 넘은 오늘날, 다시 과거의 개인 간 거래 방식이 활발해지고 있다. 사람들은 이를 '공유 경제'라고 부른다. 이는 4차 산업 혁명으로 만물의 디지털화가 진행되면서 다양한 유형의 상품과 서비스를 넓은 범위의 사람과 공유할 수 있는 여건이 마련되어 가기 때문이다.

이제 자동차의 상태가 디지털 정보로 저장되고 공유되어 이를 필요로 하는 사람이 언제 어디서나 실물을 보지 않아도 자동차에 대한 정보를 살펴볼 수 있다. 또한 3차원 프린터3D Printer의 발달로 설계도를 공유하는 것만으로 실물을 이동하지 않고도 다양한 제품을 공유할 수 있게 되었다. 이때 공유경제를 지탱하는 가장 큰 힘은 '신뢰'다. 모르는 사람의 차를 타고(리프트Lyft, 사이드카Sidecar, 우버Uber), 낯선 사람에게 나의 가장 사적인 공간을 빌려주고(에어비앤비airbnb), 가족과도 같은 반려견을 처음 보는 사람에게 맡긴다(도그베케이DogVacay, 로버Rover). 이 모든 공유 비즈니스는 신뢰가 전제되지 않

---

8. 나중규·김종달, 「4차 산업혁명 논의의 비판적 고찰」, 『사회과학연구』, 56집 2호(2017), 401~403쪽.

으면 성립하기 어렵다.[9]

이러한 변화에 따라 앞으로의 사회에서 인간은 보다 편리한 삶을 누리게 될 것이라고 이야기된다. 4차 산업 혁명의 여파는 이미 일상생활에 침투해 있다. 이미 70년대 이후 시작된 사무 자동화가 계속 진전되고 있는 것과 함께, 최근에는 가정생활 자동화Home Automation까지 현실이 되고 있다. 요즘 분양하는 아파트의 견본주택에 가보면 대부분의 가전제품이 인공지능 컴퓨터로 통제되고 있다. 인공지능의 발달은 자율 주행Autonomous Driving 자동차를 미래의 대표적인 교통수단으로 만들기도 할 것이다. 또한 요즘 나오는 가전제품들은 집 밖에서도 스마트폰과 연동하여 작동시킬 수 있다. 이제 스마트폰, 무선 인터넷, SNS로 대표되는 모바일 시대를 지나, 사람과 사물과 정보가 모두 지능형 네트워크로 이어지는 초연결 사회로의 진입이 시작된 것이다.

그리고 4차 산업 혁명은 생명과학 기술에도 적용될 것이다. 이로써 노화 억제가 이루어져서 인간의 수명이 150세에 이르게 될 것이라고 예측되고 있다. 특히 지금처럼 늙고 병든 노년이 아니라, 건강하고 젊은 기대수명 150세 시대를 맞이할 것이라고 한다.

3. 정보화 사회에 대한 우려

정보화 사회와 4차 산업 혁명에 대한 희망적인 전망을 보면, 10년, 20년 후에는 우리 사회가 마치 할리우드 공상과학 영화에서나 보던 사회로 변화

---

9. 이에 대하여는 아룬 순다라라잔, 『차 산업혁명 시대의 공유경제』(이은주 옮김, 서울: 교보문고, 2018)를 볼 것.

해 갈 것 같은 착각에 빠지게 된다. 그러나 컴퓨터 인공지능으로 통제되는 생활 환경은 우리를 편리하게만 해 주는 것이 아니다. 반대로 오히려 매우 불편하게 만들 수도 있다. 예를 들어 공공 기관에서 가끔씩 컴퓨터에 오류가 날 때마다 수많은 시민들이 적지 않은 불편을 감수해야 하고, 인터넷 쇼핑몰에서 정보 유출 사고가 일어날 때에는 불특정 다수가 큰 피해를 입기도 한다.

거리마다 작동하는 CCTV는 범죄로부터 안전하게 보호해 주기도 하지만, 우리 삶을 구석구석 감시당하는 느낌을 주기도 한다. 신분증에 있는 바코드는 내 개인정보를 고스란히 담고 있어서 기술만 있다면 얼마든지 악용될 수 있다. 최근에는 인터넷 상의 개인 신분과 정보들을 무차별로 공개하는 이른바 '신상 털기'의 피해가 늘고 있는 것은 물론, 개인에 관한 부정확한 정보를 올리고 누리꾼들이 이를 확대 재생산함으로써 그 개인에게는 씻을 수 없는 상처를 입히는 일이 잇달아 발생하였다. 앞에서 소개한 트위터 등의 SNS가 실제로 범죄에 악용되고 있다는 보고도 있다.

뿐만 아니라 정보 불평등에 따른 문제도 심각하다. 예를 들어 노인이나 장애인 빈곤층과 같은 부류의 사람들은 스마트폰이나 인터넷 사용에 취약함에 따라 여러 가지 불편이나 불이익을 감수해야 한다. 이처럼 정보화 사회는 희망적인 장밋빛 미래뿐만 아니라 잿빛 미래에 대한 우려도 함께 안고 있다. 이미 2008년에 통계청 조사에서 '정보화의 영향으로 사생활 침해가 늘어났다'라는 문항에 응답자의 51퍼센트가 긍정하는 대답을 하였다.[10]

이와 관련하여 저명한 미디어 이론가인 마샬 맥루한 Herbert Marshall McLuhan은 "미디어가 전하는 내용보다도 미디어 자체가 더 중요하다"라는 말로, 미디어가 단순한 도구에 불과한 것이 아니라는 점을 설파하였다. 그의 문

---

10. 통계청, 『2008 한국의 사회지표』(2009. 2), 413쪽.

제의식을 이어받아 '인터넷이 우리의 뇌 구조를 바꾸고 있다'고 주장하는 사람이 바로 니콜라스 카Nicholas Carr이다. 그는 세계적인 IT 미래학자이자 인터넷의 아버지로 불리는 사람인데, 그는 『생각하지 않는 사람들』[11]이라는 책에서 인터넷을 통한 의사소통의 '얄팍함'에 대해 강한 어조로 비판하였다.

그는 인터넷을 단순히 정보의 홍수와 쓰레기 같은 쓸모없는 정보 더미라고 보고 비판하지는 않는다. 그보다는 인간의 뇌 구조를 바꾸어 가며 인간의 사고를 제한한다는 면에서, 그리고 의사소통의 수단인 인터넷이 오히려 의사소통을 방해하고 있다는 면에서 다양한 연구 결과들을 인용하여 조목조목 따지고 있다. 그는 '미디어는 단순한 정보의 유통 수단이 아니라 생각의 과정까지도 형성한다'는 맥루한의 논지에 따라 인터넷은 집중력과 사색의 시간을 빼앗고 있다고 보면서, 이를 "전에는 언어의 바다를 헤엄치는 스쿠버 다이버였지만, 이제는 제트 스키를 탄 사내처럼 겉만 핥고 있다."라고 표현하고 있다. 또한 그는 최근에 발전한 뇌 과학이론의 논의를 빌어, 뇌 구조는 고정된 것이 아니고 자극에 따라 변화하는 속성을 가지고 있으며 성인이 된 이후에도 계속해서 변하는 '가소성'을 가지고 있다고 주장한다. 그런데 '가소성'은 한번 변하면 이전 상태로 되돌아가지 않으며, 설령 그것이 나쁜 습관이라고 하더라도 변화된 상태를 계속 유지한다고 한다.

그가 인터넷의 발달에 따른 파괴적인 결과들 중 하나로 지적하는 것은, 이전의 미디어들이 새로운 미디어인 인터넷의 등장 이후 갈수록 힘을 잃어가고 있다는 점이다. 즉 이전 미디어들과 새 미디어가 함께 공존하는 것이 아니라, 인터넷이 이전의 미디어들을 잠식해 가며 결국은 대체하는 상황에 이르고 있다는 것이다. 예를 들어 오늘날 도서관의 풍경은 이전과는 매우 다르

---

11. 최지향 옮김, 청림출판, 2015. 원제는 *The Shallows*다.

다. 오늘날 도서관에서 가장 인기 높은 서비스는 더 이상 도서 열람이나 대출이 아니라 인터넷 접속이다. 이것은 공공 도서관의 건축 양식에도 영향을 미쳐, 미국의 도서관들은 건축할 때부터 서가가 아니라 인터넷 서비스를 제공하는 컴퓨터실을 중심으로 설계되고 있다.

종이에서 스크린으로의 변화가 단순히 문서를 살펴보는 방식만 변화시킨 것이 아니라, 문서에 집중하는 정도와 빠져드는 깊이의 정도에도 영향을 미친다는 사실이 문제다. 문서에 대한 집중력이 더욱 약해질 뿐만 아니라 일시적으로 분절화되고 있는 것이다. 여기에 시시각각 전해져 오는 새로운 정보들은 이러한 현상을 보다 가속화한다. 특히 최근에 등장한 스마트폰은 최소한의 수고도 없이 언제나 인터넷에 연결되어 있어서 우리를 어떤 장애도 없이 인터넷 바다 속으로 밀어 넣고 있다.

그리하여 우리는 삶에서 일과 휴식의 경계가 모호해지면서, 이전에는 사적인 생각을 정리하는 데 사용되었던 귀중한 '자투리' 시간마저도 빼앗기고 있는 것이다. 해외여행 중에도 이 스마트한 전화기는 이메일을 확인하고 업무를 처리하도록 강요한다. 이렇게 일할 때에나 쉬고 있을 때에나 상관없이 인간의 뇌는 인터넷에 민감하게 반응하며 혹사당하고 있고, 그럴수록 뇌는 더욱더 한 가지에 깊이 집중하지 못하고 산만해진다. 이에 대해 카는 인터넷과 함께 가장 편리한 기술적 성과로 거론되는 하이퍼텍스트Hypertext[12]가 뇌를 혹사시키고 인지능력을 저하시킨다는 실험 결과들을 인용하고 있다. 물론 인터넷 사용을 뇌의 변화와 직접 연결하는 것은 다소 무리가 있다는 입장도 있으나, 일반적으로 산만함이 장기기억에 미치는 부정적인 영향력이 매우 강

---

12. 문서 속의 특정 자료가 다른 자료나 데이터베이스와 연결되어 있어 자유로이 넘나들며 원하는 정보를 얻을 수 있는 텍스트.

하다는 것이 전문가들의 견해이다.

한편 카는 자신의 마지막 공격 대상을 '구글Google 제국'으로 삼고 있다. 그는 구글이 20세기 초에 최고의 속도와 효율성을 최우선으로 하는 과학적 관리법으로 주목을 받은 이른바 테일러리즘Taylorism[13]을 신봉하고 있다고 말한다. 구글의 실리콘밸리 본사는 인터넷의 고高교회로서 그 테두리 안에서 신봉되는 종교가 테일러리즘으로, 테일러가 손으로 하는 육체 업무에 대해 한 일을 구글은 뇌가 하는 정신적인 작업에 적용하고 있다는 것이다. 그가 이렇게 말하는 이유는 구글이 모든 면에서 속도와 효율성만을 최고의 미덕으로 여기며, 심지어는 미적인 문제에서도 예술적 가치보다는 기계적인 반응에 따라 결정을 내리기 때문이다.

구글은 많은 사람들과 공유하기 위해 막대한 양의 서적을 전자화하고 있는데, 여기서 발생하는 문제도 만만치 않다. 책들을 온라인 이미지로 바꿈으로써 책장을 따라 흐르는 본문에 대한 응집력이나 이야기와 논지의 선형성[14]이 희생됨은 물론, 책이 가지고 있는 본연의 가치 또한 훼손된다는 점이 문제다. 즉 '행간의 의미'를 파악하기 위해 깊이 사색에 잠기는 일이 더 이상 가능하지 않게 된다. 뿐만 아니라 구글은 자신들의 이타적인 미사여구에도 불구하고, 결국 도서관을 일종의 '콘텐츠', 곧 잠재적인 상품으로 보고 있다는 의심을 받고 있는 실정이다.

카의 작업이 특별히 빛을 발하고 있는 부분은 인터넷과 문화에 대해 언급하고 있는 책의 마지막 부분이다. 그는 심리학자들과 인류학자들의 논의

---

13. 미국의 발명가이자 기술자인 테일러(Frederick W. Taylor)가 개발한 과학적 관리 기법으로, 산업 생산 현장의 요소들을 표준화하여 생산 효율성을 극대화하는 체계이다.
14. 어떤 한 양(量)의 변화가 다른 양의 변화에 비례적인 변화를 가져올 경우, 그 두 양 사이의 관계. 또는 그런 관계를 맺는 성질.

에 기대어 "개인의 기억은 문화를 뒷받침하는 집단의 기억을 형성하고 유지한다."라는 입장에 서 있다. 그는 극작가인 리처드 포먼Richard Foreman의 말을 빌어, "밀도 높은 문화유산의 내부적인 레퍼토리가 고갈되면서 우리는 팬케이크와 같은 사람, 즉 버튼만 누르면 접근할 수 있는 정보의 방대한 네트워크와 접속하면서 넓고 얇게 퍼져 있는 이들로 변할 위험이 있다."라고 경고한다. 문화는 '세계 정보의 집합' 그 이상이며, 이진법으로 축소되고 인터넷으로 업로드upload: 더 큰 규모의 컴퓨터 시스템으로 데이터를 전송하는 것할 수 있는 것 이상이라고 강조한다.

결론적으로 그는 도구의 양면성을 지적하고자 하는 것이다. 그는 도구가 인간에게 편리함을 주지만 동시에 많은 제약도 가져다준다는 점을 중시한다. 구약성경 시편 115편 4절부터 8절에서도 경고하고 있듯이 농부들은 쟁기를 사용하기 시작하면서 토양에 대한 감각을 잃어버렸고, 작가는 워드프로세서로 작업을 하면서 비록 쉽고 편리하게 문서를 작성하고 편집할 수 있게 되었으나, 손으로 쓰고 고치는 능력은 점차 잃어버리게 되었다. 이처럼 편리함 너머에 있는 인간미가 점차 사라지게 되는 것을 안타까워하며 카는 "기억을 아웃소싱하면 문화는 시들어 간다."라고 결론지어 말한다.

인터넷 사용자는 사이버 공간에서 살고 있다. 사이버 공간은 인터넷을 구성하는 컴퓨터의 지구촌화된 연결망으로 형성된 상호작용의 공간을 의미한다. 장 보드리야르가 말한 바와 같이 사이버 공간에서 우리들은 더 이상 '사람'이 아니며, 서로의 스크린에 반영된 '메시지'에 불과하다. 사용자가 자신의 신분을 밝히는 이메일과는 달리 인터넷 상에 있는 그 누구도 타인의 신분이나 정체성, 곧 남자인지 여자인지, 이 세상 어디에 있는지 등에 대해 확실하게 파악할 수 없다.

이러한 점에 대한 유명한 풍자 만화가 있는데, 그 내용은 개 한 마리가 컴퓨터 앞에 앉아 있는 것이다. 그리고 거기에 쓰여 있는 글의 내용은 "인터넷의 위대한 점은 그 누구도 당신이 개라는 것을 모른다는 것이다."였다. 이라크 전쟁이 한창일 때 전쟁 장면이 안방의 TV를 통해 생생하게 중계되고 있었다. 그런데 당시 패트리어트 미사일이 어딘가에 떨어져 섬광을 뿜어내며 폭발하는 모습을 본 아이들의 반응은 놀랍게도 "별로 재미없네!" 하는 것이었다. TV 스크린에서는 폭탄에 맞아서 스러져 갔을 귀중한 사람의 생명은 보이지 않고, 게임기의 영상만큼 화려하지 못한 밋밋한 섬광만이 보였을 뿐이기 때문이었다. 이처럼 사이버 공간에서 우리는 '사람다운' 정체성을 잃어버리게 될지도 모른다.

정보화 사회에 대한 또 다른 비판 중 하나는, 정보화 사회 역시 큰 범주에서는 자본주의 사회 안에 포함된 것으로서 갖는 한계를 벗어나기 어렵다는 것이다. 정보화 사회를 가리켜 탈산업 사회라고도 하지만, 3차 산업인 서비스업 역시 현실적으로 제조업의 한 부분으로 작용하고 있으며, 컴퓨터와 전자 통신 체계는 제품 생산을 대체하는 것이 아니라 제품 생산 안으로 통합된다는 것이다. 따라서 미디어 산업 역시 자본이 막대한 힘을 가짐으로써 미디어 생산과 소비에서 미국과 같은 산업 국가들이 여전히 지배적인 지위를 차지하게 될 것이다.

<아바타>가 우리나라에서 상영되었을 당시 같은 시기에 상영되어 인기를 끌었던 한국 영화로 <전우치>라는 영화가 있었다. 국내의 컴퓨터 그래픽 기술을 활용하여 흥미 있는 영화로 어느 정도 흥행을 거두었는데, 이 영화의 제작비용으로는 <아바타>를 5분밖에 찍을 수 없다는 당시의 보도가 이러한 자본의 힘을 단적으로 보여 준다. 뿐만 아니라 이러한 미디어 제국주의는 문화 제국주의로 이어져 제3세계 사회들이 문화 독립성을 지키기가 더욱 어려워질 것이라는 우려를 낳고 있다.

4차 산업 혁명 역시 장밋빛 미래만 보장하는 것은 아니다. 그 어두운 그림자도 만만치 않다. 인공지능의 발달에 따라 앞으로의 사회에서는 고용 상황이 크게 변화할 것으로 예측되고 있다. 인간이 하던 많은 일들이 컴퓨터와 인공지능으로 대체되어, 반복적인 단순 노동은 물론이고 매우 창의적인 영역에서까지 사람 대신 기계가 그 일을 대신하게 될 것이라는 전망이다. 앞으로 20년 이내에 일자리의 거의 절반 정도가 기계 노동력으로 대체될 위협을 받고 있으며, 화이트칼라 계열의 일자리는 80퍼센트 정도가 사라질 것으로 예측되기도 한다. 우리 사회에서도 10년 안에 약 1,800만 명이 일자리 위협을 받을 것이라는 조사 결과가 나온 바 있다. 뿐만 아니라 버튼만 누르면 자동으로 작동하는 시스템은 인간으로부터 노동의 즐거움을 박탈한다는 점에서 노동의 의미도 변하게 될 것이다.

또한 국가와 사회 그리고 개인들 사이에서 불균형이 더욱 심해져서 양극화도 심화되게 될 것이라는 우려도 있다. 제조업과 컴퓨터 산업의 기업체들 사이에서도 존재했던 양극화가 4차 산업 혁명 시대를 맞아 더욱 극단적으로 심해질 것이라는 말이다. 경제 규모와 자본의 차이로 이 격차는 훨씬 더 극복하기 힘든 차이가 될 것이고, 새로운 기술과 정보를 보유하지 못한 사회나 개인은 여러 가지 면에서 큰 불이익을 보게 될 것이다.

대부분의 노동자들이 회사라는 조직에 소속되어 일하는 전통적인 형태에서 벗어나 소속 없이 회사와 주체적으로 거래하는 프리 에이전트Free Agent가 되는 이른바 '포트폴리오 노동자Portfolio Worker'[15]가 될 것이다. 그런데 이렇게 되면 노동자들은 단체 협약이나 복지 등의 노동권이 제약을 받는 상황 아래

---

15. 포트폴리오는 구직 시 제출하는 대표 작품 등의 경력 목록을 뜻한다.

놓이게 된다.[16] 뿐만 아니라 노동 시간이 줄어들어 충분한 소득을 얻지 못하게 되면, 노동 시간 단축으로 삶의 질이 높아지기보다는 또 다른 일을 찾아다니게 됨으로써 불안정한 2중직 또는 3중직의 직업 활동을 하게 될 수 있다.[17]

그리고 사회적으로는 4차 산업 혁명이 민주주의에 위협이 될 수 있다는 우려도 있다. 4차 산업 혁명 가운데 우리와 같은 일반인들은 직면한 문제나 어려움을 거대 정보를 수학적 알고리즘으로 분석하는 기계나 소수의 전문가의 판단에 맡기게 될 수밖에 없다. 그런데 이렇게 되면 과학기술과 인간 사이의 관계에 관한 광범위한 사회적 맥락들, 윤리적 영역들에 관한 반성적 사유의 기회를 좀처럼 갖기 힘들고, 그래서 인간은 사유의 능력을 상실해 갈 수 있다는 것이다. 이로써 결국 공동의 선을 모색하고 발견하는 데 어려움을 겪게 될 것이다.

이러한 반성적 사유는 세계와 그 안에 위치한 인간의 삶 전체를 대상으로 포괄적으로 발휘되는 예리한 사고와 지적 통찰과 같은 것을 의미한다. 이것은 철학적 사유의 전형적인 형태이며, 문제를 풀려고 매달리는 것이 아니라 문제를 문제 삼는 것은 물론, 그러한 문제를 풀려고 매달리는 우리를 문제 삼는 것과 같은 '메타적 사유'라고 할 수 있다. 이러한 사유의 약화로 세계와 세계 안에 위치한 우리를 비판적으로 검토하고 파악하려는 태도가 점점 약해질 수 있다.[18]

보다 근본적인 문제 제기도 있다. 우선 4차 산업 혁명이 실제로 일어났는가 하는 것이다. 1784년에 증기기관이 발명되며 1차 산업혁명이 일어난 이후

---

16. 박영석, 「4차 산업혁명시대의 사회적 합의와 시민교육의 과제」, 『시민교육연구』, 49권 4호(2017년 12월), 48쪽. 찰스 핸디는 이러한 삶에 대해 포트폴리오 인생이라고 하였다. 찰스 핸디, 『포트폴리오 인생』(서울: 에이지21, 2008).
17. 윗글, 408~409쪽.
18. 이충한, 「4차 산업혁명과 민주주의의 미래」, 『철학논총』, 제91집(2018년 1월), 298~299쪽.

에 한 세기 가량이 흘러 1870년대에 전기를 이용한 대량생산이 본격화된 2차 산업혁명이 일어났고, 다시 한 세기에 가까운 시간이 지난 1969년에 인터넷이 개발되며 3차 산업혁명이 일어났다. 그런데 불과 50년 만에 새로운 산업 혁명이 일어났다고 하는 것인데, 이것이 실제로 혁명적인 변화라고 할 수 있느냐 하는 비판을 받는 것이다. 아울러 로봇이나 인공지능을 통해 실재와 가상이 통합되어 사물을 자동적, 지능적으로 제어할 수 있는 가상 물리 시스템의 구축이 기대되는 산업상의 변화가 3차 산업혁명과 질적인 차이가 있다고 볼 수 있느냐 하는 문제도 제기되고 있다.[19] 이러한 점에서 4차 산업 혁명은 일시적인 유행이나 이를 이용해서 이득을 보려고 하는 사람들이 세련되게 장사를 하는 것이라는 비판도 있는 것이 사실이다.[20]

이런 점에서 우리는 보다 넓은 차원에서 사회의 변화를 바라보아야 한다. 곧 사회의 변화는 그 사회의 구성원들이 오늘날까지 장구한 역사를 통해 유지해 온 전통 및 습속과 끊임없이 상호작용하는 과정에서 이루어지는 것이라는 점을 고려해야 한다는 것이다. 사회의 변화에 대해 보다 깊이 이해하기 위해서는 이러한 인식이 반드시 필요하다. 한편으로 개인보다 집단을 우선시하는 우리 사회의 유교적인 사고방식과 규범이 이렇게 개인을 중시하는 새로운 사회 환경이 만들어 내는 새로운 규범과 충돌할 때 어떠한 갈등이 나타날지에 대해서도 관심을 가져야 한다. 이런 것이 세대 갈등의 요인이 될 수도 있다. 익명성이 뚜렷한 인터넷 환경에서 남들을 신경 쓰지 않고 SNS 활동을 하는 것에 대해 전통의 사고방식을 가진 기성세대와 젊은 세대 사이에는 근

---

19. 송성수, 「산업혁명의 역사적 전개와 4차 산업혁명론의 위상」, 『과학기술연구』, 17권 2호(2017년), 33쪽.
20. 윤기영, 「4차 산업혁명에 대한 비판적 검토와 논의의 전환 필요성」, 『미래연구』, 1권 2호(2016년), 30쪽.

본적인 시각의 차이가 있기 때문이다.

　마찬가지로 '원자화된 개인'으로서 현대인의 개념이 의사소통하며 토론하고 공론을 형성하는 '공공성을 지닌 시민'으로 변모하고 있다는 것도 다시 생각해 볼 필요가 있다. 물론 인터넷은 그러한 변화의 중요한 수단으로 작용할 수 있다. 그러나 이것은 아직은 가능성으로 제시될 수 있을 뿐 이미 실체화 되었다고 판단하기는 이르다. 인터넷을 하는 수많은 누리꾼 중 일부가 시민적 참여 행위를 나타내고 있을 뿐이지, 대다수의 누리꾼들이 실제 시민의 덕성을 가지게 되었다고 말하기는 어렵기 때문이다. 특히 SNS를 통한 인간관계는 폭넓은 관계망을 가능하게 해 주지만, 그 관계 자체는 매우 피상적이라는 것이 전문가들의 공통 견해이다.

　또한 대부분의 정보화 사회에 대한 전망에서는 누리꾼을 같은 특성을 가진 동질 집단으로 상정하는 느낌을 주지만, 실제의 누리꾼들은 매우 다양한데다 이들 사이에서도 갈등이 일어나고 있는 만큼, 이들을 한 덩어리의 사람들로 보기는 어렵다. 하물며 많은 사회학자들이 시민의 덕성을 키우는 학교로서 기능하는 자발결사체의 역할을 마치 인터넷이 대신할 것 같이 묘사하는 것은 매우 과장되었다고 볼 수밖에 없다. 따라서 우리는 정보화 사회의 밝은 면뿐만 아니라 어두운 면을 함께 보아야 하며, 정보화 사회가 갖는 문제를 극복하기 위한 방안을 마련하는 데 관심을 가져야 한다.

4. 정보화 사회에서 종교의 의미

　네트워크 환경의 변화는 교회에도 영향을 미쳐서, 점점 많은 미국 내 교회들이 교구민들에게 예배 때 노트북과 스마트폰을 휴대하고 트위터와 다른 블로그 서비스로 영적인 대화를 나누도록 권장하고 있을 지경에 이르고 있다. 실제로 국내에서도 오프라인에서는 70대 이상의 몇몇 노인들만이 교인의 전부인 시골 교회의 목사가, 온라인에서는 백 명이 넘는 젊은이들과 정기적으로 만나 집회를 하는 일종의 사이버 교회가 등장하였다. 또한 예배 모습을 트위터나 블로그로 생중계하여 사이버 상에서 예배를 드리는 일도 일어나고 있다.[21]

최근 교계에서는 여러 강연이나 토론회를 인터넷으로 생중계하며 트위터나 페이스북을 통해 온라인 참여자의 질문을 받아 발제자가 대답하는 식의 온·오프라인이 융합된 형태로 진행되는 경우가 많다. 이는 권위주의로 말미암은 소통의 부재가 문제로 지적되는 교계 분위기에서 신선한 자극이 되기도 한다. 또한 작은 교회의 경우 교회를 대중들에게 알리기가 쉽지 않은데, SNS를 활용함으로써 교회를 알리기가 훨씬 편리해졌다.

앞에서도 살펴본 바와 같이, 인터넷이 이처럼 많은 유익과 편리함을 가져다주는 것은 분명한 사실이다. 인터넷의 발전도 결국 하나님의 형상을 따라 지어진 인간 이성의 찬란한 성과물일 수 있다. 그러나 자연스러운 소통을 방해할 정도로 기계나 인터넷에 의존하는 것은 결코 바람직하지 않으며, 심지어 그것이 인간다운 삶에 방해가 되는 수준에 이른다면, 우리는 정보화 사회가 이룩한 거대한 성과물 뒤에 길게 드리운 그늘을 분명히 직시해야만 한다. 이런 점에서 오프라인 모임의 부족함을 채우기 위해 온라인을 활용하는 것은 경우에 따라 적절할 수는 있겠지만, 예배에서조차 인터넷이나 휴대기기를 사용하는 것이 실제로 '진리와 영으로' 예배에 참여하는 데 도움이 될지에 대해서는 깊이 고민해 볼 문제이다. 즉 하나님과의 '인격적인' 만남을 과연

---

21. 사이버 교회에 대해서는 이 책의 10장을 볼 것.

기계가 매개할 수 있겠는가 하는 점이다.

어떤 신학자가 슈퍼컴퓨터에게 '신이 존재하는가'를 물었다고 한다. 이에 컴퓨터는 처리 능력이 부족하다고 대답하였다. 그래서 세상의 다른 모든 슈퍼컴퓨터를 연결했지만, 그럼에도 컴퓨터의 응답은 능력이 부족하다는 것이었다. 그래서 세상에 있는 모든 메인 프레임과 PC, 전자 제어장치를 모두 연결하고 질문하자, 마침내 '신은 여기에 있다'고 대답했다고 한다. 이 이야기는 컴퓨터화된 기술이 우리를 지배할 수도 있음을 경고한 것이다. 사이버 공간의 접촉이 피와 살을 가진 사람들의 상호작용을 대체하는 날이 온다면, 그것은 매우 비극적인 상황이 될지도 모른다.

한때 멀티미디어 예배가 교계에서 큰 관심을 끈 적이 있다. 그런데 최근 한층 업그레이드된 형태의 초현대적인 멀티미디어 예배를 드리는 것으로 알려진 어느 교회에서 예배를 기획하는 한 목사는, "초 단위로 짜인 예배 콘티를 보면서 어느 부분에인가 '성령님 인!', '성령님 아웃!'이라고 하는 지문이 있어야 할 것 같은 느낌이 든다"고 말하기도 하였다. 이는 어떤 것이 정말로 사람과 사람 사이를 이어 주며 하나님과 인간 사이를 이어 주는 소통의 수단이 되어 줄 수 있는지를 진지하게 고민해야 하는 시점에 와 있음을 보여 준다.

우리가 고민해야 할 또 하나의 문제는 인터넷을 포함한 현대 대중 매체가 과연 가치중립적일까 하는 것이다. 니콜라스 카는 기술의 윤리적 문제에 대하여, 발명가들이 기술에 대해 윤리적인 고려를 거의 하지 않는다고 말한다. 그에 따르면, 발명가들은 기술 문제를 푸는 데만 지나치게 집중하여 자신들이 한 일이 가져올 거시적인 영향을 생각하지 못한다. 그리고 이 기술을 사용하는 사람들 역시 그 기술이나 도구를 사용함으로써 얻는 실용적 이익에만 관심이 있을 뿐, 그것과 관련되는 윤리적 문제는 생각하지 않는다.

이와 관련하여 결정론자들과 도구주의자들 간에 논쟁이 있을 수 있다. 즉 결정론자들은 기술의 진보는 인간의 통제 밖에 있어서 독자적인 힘으로 인류 역사 전반에 핵심적인 영향을 미친다고 생각한다. 반면 도구주의자들은 도구는 확실히 인간의 통제 아래 있는 것이므로 인간이 어떤 도구를 어떻게 쓸지를 결정할 수 있다고 생각한다. 과연 어느 쪽의 주장이 타당한가? 이것은 일종의 인식론의 문제이기 때문에 양쪽의 입장이 평행선을 이루면서 어느 한 쪽으로 수렴하기 어려운 문제이다.

그런데 이에 대해서 카는 거시적인 역사·사회적 시각에서 결정론자들의 주장이 신뢰를 얻고 있다고 본다. 즉 개인과 공동체가 설령 어떤 도구를 쓸지를 결정한다고 해도, 이것이 생물의 한 종으로서 기술 변화의 속도나 방향을 통제할 수 있는 권한을 가지고 있음을 의미하지는 않는다는 것이다. 게다가 기술이 등장했을 때에는 전혀 예상하지 못했던 수많은 부작용들을 우리가 '결정'했다고 받아들이기는 더욱 어렵다는 것이다. 특히 이 책에서 주장하는 바와 같이 인터넷이라는 도구가 인간의 뇌에 영향을 미쳐 그 구조까지 바꾸어 놓고 있다고 한다면, 도구주의자들의 주장은 더욱 설득력을 얻기 어려운 것이다.

그러나 한편으로 도구를 이용하는 인간의 측면도 무시할 수는 없다. 무엇보다도 인터넷을 통해 상행위를 하고 경제적 이익을 보려고 하는 사람들이 인터넷을 지배한다는 점에 주목해야 한다. 이제는 기술이 인간을 지배하는 시대가 되었다고도 말하지만, 엄밀히 말하면 인간이 의도와 동기를 가지고 만들어 낸 기계가 인간을 지배하는 것이다.

'2018 TED 콘퍼런스'에서 구글의 인공지능 개발팀인 '구글브레인'의 컴퓨터과학자 수파손 수와자나콘Supasorn Suwajanakorn은 청중들에게 버락 오바마 전 미국 대통령의 연설 영상 네 개를 보여 주며 어떤 영상이 진짜인지를 물었다. 모두가 진짜 같아서 구분하기가 어려운 영상들이었는데, 수파손은

"모두 진짜가 아니다."라고 해서 청중들을 깜짝 놀라게 했다. 모두 인공지능을 활용해서 정교하게 만든 합성 영상이었던 것이다. 심각한 가짜 뉴스가 앞으로 얼마나 더 정교하게 만들어져서 사람들의 판단을 흩뜨려 놓을지 상상할 수 없을 정도이다. 따라서 단순히 기계에 사회적 책임을 떠넘기는 것은 책임 회피가 될 수 있다. 기계 문명 자체를 기본 값으로 보고 심지어는 하나의 종교로 여기는 것은 과학기술 만능주의이다. 우리 사회의 보다 근원을 이루는 삶의 문제와 의미의 차원에 대한 인식이 절실히 요구된다.

그런데 오늘날 문화에 대한 우리의 이해는 무척이나 피상적이다. 우리는 음주 문화, 운전 문화, 비디오 문화 등 문화라는 말을 자주 사용하지만, 이것은 주로 좁은 의미의 문화 영역들이나 현상적으로 드러난 문화의 모습, 또는 대중 매체의 문화면 속에 축소·분류되는 사회의 한 하위 영역으로서의 문화 예술에 대한 관심일 뿐이다. 어디에든 가져다 붙이기만 하면 다 문화가 되는 문화 범람의 시기, 문화 남용의 시기에 살고 있는데도 정작 문화에 대한 이해는 얄팍하기만 하다.

문화는 현상적으로 드러나는 것보다는 오히려 삶의 밑뿌리에 이어져 있으면서 행위의 의미가 되는 세계를 가리키는 것으로 파악해야 한다. 그것이 경제 영역이든 정치 영역이든 구별 없이, 문화란 이러한 '의미의 문제'가 침투해 있고 이것에서 결코 벗어날 수 없는 그러한 차원의 것이다. 문화에 대한 이러한 인식 위에서야 비로소 깊은 수준의 문화 전통을 이야기하고, 인간의 행위를 말하고, 정보화 사회의 궁핍화를 따지고, 나아가 문화에 대한 오늘날의 논의와 인식의 관심사들을 따져볼 수 있는 것이다.

이러한 문제는 결국 종교적인 문제로 귀결된다. 미래 사회에 인간은 사이버 공간에서 정체성을 잃게 되지는 않을까? 컴퓨터화된 기술이 우리를 지배하지는 않을까? 매체 환경의 변화를 어떻게 참된 인간의 삶과 접목시킬 수 있을까? 일부에서는 사이버 공간에서의 활동이 오프라인에서의 삶을 제한시켜 인간관계를 저해하고 인간을 고립시키게 될 것이라고 전망하기도 하지만, 최근에 벌어지고 있는 SNS 열풍은 이러한 우려를 불식시키고 있다. 오히려 많은 전문가들은 온라인에서의 소통이 오프라인에서의 만남을 침체시키지 않을 것이므로, 젊은이들이 사용하는 매체 환경을 통해 교제하고 오프라인에서의 관계를 더욱 돈독히 하는 데 활용될 수 있을 것으로 생각한다.

한편 흔히 요즘 세대는 정치에 무관심하고 진지함이 결여된 흥미 위주의 사고방식을 가지고 있다고 이야기된다. 이것은 일면 타당하기도 하나, 한편으로 이들의 세계를 제대로 읽지 못한 데서 비롯되는 오해이기도 하다. 요즘 세대는 영상을 통해 세상과 교신하며 온라인을 타고 들며 즉각적 감흥과 교류를 하면서 자아를 형성해 온 세대이다. '멀티태스킹multitasking: 여러 작업을 동시에 처리하는 것'이 안 되는 386컴퓨터와 같이 실생활에서도 멀티태스킹이 안되는 386세대 이전 세대와 달리, 이들은 실생활에서도 멀티태스킹을 자유자재로 하는 세대이다. 이들은 인터넷을 통해 패러디 작품을 만들면서 정치인들을 꼬집기도 하고 현실을 비판하기도 한다. 도서관 앞에 붙은 대자보를 읽으면서 의사소통하던 세대와는 전혀 다른 방식으로 자신을 표현하는 것이다.

이러한 상황에서 거룩할 뿐 감동을 주지 못하는 종교지도자는 이들에게 먹힐 설득력이 없다. 흔히 말하듯, 기성세대는 거시 담론과 종교 앞에서 경건해지지만 젊은 세대들 사이에는 감동 없는 경건함이 설 자리가 없다. 그렇다고 요즘 세대에게 종교적 영성이 부족하다고 단언하기는 어렵다. 그들은 기성세대가 이해하지 못하는 또 다른 방법으로 스스로 진리를 찾아 순례하고 있을 뿐이다. 그러므로 교회는 각각의 세대가 필요로 하는 것과 그것의 적절한 매개 방식을 찾아서 각 세대와 의사소통하며 그들을 도울 방법을 마련해야 할 것이다.

5. 교회 공동체의 역할

앞에서 살펴본 바와 같이 4차 산업혁명을 비롯한 정보화 사회로의 변화는 교회에도 큰 영향을 주고 있고 목회의 여러 영역에서 변화를 예고하고 있다. 이러한 상황에서 교회의 역할을 생각해 본다면, 먼저 교회 교육과 관련해서는 이제까지의 지식 전달 중심의 교육을 극복하는 것이 무엇보다도 중요하다. 인공지능이 인간의 영역을 침범하고 로봇이 인간을 대체하는 시대가 올 것이라고 하지만, 인간은 기계, 또는 로봇이나 AI와는 기본적으로 다르다. 인간은 가치창조의 사회적, 개인적, 경제적 잠재능력의 소유자로서 '질quality'을 추구하나, 기계는 다만 더 잘하고, 더 빨리하고, 더 쉽게 하는 기능으로 여전히 '양quantity'의 범주 안에 있다. 인간이 추구하는 질은 주관적, 간주관적[22] 범주 안에 있으나, 기계가 추구하는 양은 객관적 범주를 벗어날 수 없다.

이러한 점에서 4차 산업 혁명에서 경제와 사회의 가치창조자로서 인간의 중심적 역할이 그 어느 때보다도 더 중요해질 것이다. 이는 교육에서 '개인'의 중요성을 의미한다. 4차 산업 혁명에서도 교육의 역사상 그 어느 때보다도 더 개인의 자아 개발 역량이 중요해졌다.[23] 그리고 창의성이 무엇보다도 중요하다. 그러나 이러한 창의성은 특정한 목적을 달성하기 위한 창의성이 아니라 과정 자체에 의미를 두는 창의성이라야 한다. 문학 작품과 같이 창의성을 요하는 영역에까지 인공지능이 힘을 발휘하는 것이 4차 산업혁명 시대이다. 따라서 성과를 내기 위한 창의성보다는 창의적인 과정 자체에 의미를 두고 즐기는 것이 중요하다.

---

22. 다수의 견해나 관점 사이에 걸쳐 있는 것.
23. 오인탁, 「4차 산업혁명과 교육의 과제」, 『기독교교육논총』, 제52집 (2017년 12월), 429쪽.

마찬가지로 4차 산업혁명 시대에 노동의 의미에 대해서도 검토가 필요하다. 앞으로 인간의 노동은 로봇이나 인공지능보다 효율적이지 못하며 생산적이지 못하게 된다. 그러나 노동은 그 자체로서 의미를 갖는 것이므로 일을 하지 않는다면 인간은 그 기쁨과 보람을 느낄 수 없다. 따라서 로봇이 하는 일과는 별개로 인간으로서의 가치를 확인할 수 있는 일이 필요할 것이다.

특히 일자리 구조가 바뀌면서 고용은 더욱 불안정해지고, 미래 사회에서는 자신의 의지와 상관없이 두 개, 세 개의 일을 하며 생계를 유지해야 하는 상황을 맞게 될 수 있다. 이러한 환경의 변화는 노동자들이 평생 동안 한 가지 일에 매몰되지 않고 창조적인 방식으로 자신들의 노동 생활을 계획할 수도 있지만, 조직이 원하는 대로 고용과 해고를 함으로써 노동자들의 직업 안정을 약화시키게 될 것이다. 그리고 더 이상 '평생직장'이나 '천직'이라는 개념도 쓰이지 않게 될 것이다. 그렇다면 이러한 상황에서 기독인으로서의 '직업 소명'은 어떻게 이해해야 할 것인가도 고민해 봐야 한다.[24]

4차 산업혁명 시대에는 더 이상 대량생산 체제가 실효성을 갖지 못하고 현재 증가하고 있는 다품종 소량생산 체제가 더욱 심화될 것이다. 개인의 필요에 대한 맞춤형 생산과 소비가 이루어질 것이기 때문이다. 그리하여 개개인의 필요에 따라 다양한 협력 방식을 통한 경제 활동이 활성화될 것이다. 이것이 앞에서 말한 바와 같이 '공유 경제'가 주목받고 있는 이유이다. 공유 경제는 신뢰를 바탕으로 한 사회자본이 매우 중요한 조건이 되는데, 교회는 대표적으로 사회자본이 축적되는 공간이므로 이에 관심을 갖고 참여할 필요가 있다. 특히 현재 자본주의의 폐해를 극복할 수 있는 가능성으로 주목받고 있

---

24. 이에 대하여, 김선일, 「나머지 우리를 위한 일의 신학」, 일상생활사역연구소, 『일상생활연구』, 15호 (2016년 2월)을 볼 것.

는 사회적 기업, 커뮤니티 비즈니스, 협동조합 등 공동체 자본주의 활동은 자칫 파편화된 삶을 야기할 수 있는 4차 산업 혁명 시대에도 적절한 대안이 될 수 있을 것이다.

4차 산업 혁명 시대에는 목회도 달라져야 한다. 앞에서 살펴본 바와 같이 앞으로의 사회는 대량생산 대량소비보다는 개인들 사이의 맞춤형 거래가 이루어지고, 보다 다양한 형태의 경제 행위가 주를 이루게 될 것이다. 이렇게 보다 다양화되고 있는 개인들의 취향이 중요시되고 있는 것처럼 종교와 신앙에 대한 욕구도 다양해질 것이라는 점이 중요하다. 신앙인들도 전통적인 가르침을 그대로 믿고 따르기보다 자기 나름의 방식으로 신앙을 추구하는 경향이 강해질 것이다.

이러한 경향의 결과가 바로 '가나안 성도'의 출현이다. 이들은 사회 역할을 부과하는 획일적이고 상투적인 규범에 의존하지 않고 자신의 욕망대로 살겠다는 의지를 지니고 있다. 이러한 경향이 종교성으로 표현된 것이 가나안 성도인 것이다. 따라서 이제는 획일성을 강조하기보다는 각자의 종교적인 필요에 민감하면서 다양성을 존중할 수 있는 목회가 필요하다.[25]

앞에서 4차 산업혁명 시대의 공유 경제에서 신뢰의 중요성에 대하여 언급하였듯이, 불확실한 시대일수록 신뢰의 중요성은 더욱 강조될 수밖에 없다. 복잡한 사회 변화로 파편화되고 불확실성이 증가된 사회에서 사는 현대인들은 신뢰할 수 있는 관계의 형성을 필요로 하는데, 공동체 환경 안에서 친밀한 교섭을 통해 이것이 가능하게 된다. 여기서 말하는 공동체는 인류사 대부분을 통해서 특징지어진 가족, 이웃, 민족 집단, 종족과는 분명히 다른 공

---

25. 가나안 성도와 네트워크 시대의 목회에 대하여는 이 책의 다음 장이나 정재영, 『교회 안 나가는 그리스도인』(서울: IVP, 2015)을 볼 것.

동체이다. 이 공동체는 더 유동성 있고 개인의 감정 상태와 더 연관되어 있다. 이러한 '새로운' 공동체는 쉽게 결속하지만 또한 똑같이 쉽게 해체될 수 있게 함으로써 현대 사회의 유동성을 반영하는 것이다. '새로운' 공동체 운동은 대인 결속력을 상실했다고 느끼는 사람들에게 공동체를 제공하고 세속의 맥락에서 영성을 양성하는 것이다.

그리고 '새로운' 공동체는 많은 사회와 개인이 비용을 지불해야만 얻을 수 있는 형태의 공동체가 아니다. 오히려, 바쁘고 불안정한 사람들이 자신의 생활양식을 심각하게 조정하지 않고 가질 수 있는 사회적 상호작용Social Interaction을 제공한다. 결국 '새로운' 공동체 운동은 우리가 사는 복잡한 다원주의 세계에 완전히 적응할 수 있는 공동체를 제공한다고 말할 수 있을 것이다.

이러한 점에서 무엇보다도 중요한 것이 공동체이며, 특히 '소모임'이다. 소모임은 탈현대 사회의 특징인 유동성과 다양성을 수용할 수 있는 구조이며, 보다 많은 개인 구성원들이 참여할 수 있는 기회가 있을 뿐만 아니라, 집단 구성원들의 대면 교섭을 통해서 형성된 신뢰를 바탕으로 하여 사회자본을 형성할 수 있기 때문에 중요하다. 앞서 살펴본 퍼트넘의 말처럼, 사회자본은 생산성이 있기 때문에 특정 목표를 달성하는 것을 가능하도록 해 준다. 구성원들이 서로 신뢰하고 다른 사람들에 대한 믿음을 보이는 집단이 그렇지 않은 집단보다 많은 것을 성취해 낼 수 있다. 사회가 아무리 복잡하고 다양해진다고 해도 인간은 공동체를 떠나 삶을 영위할 수 없다. 사회가 단절되고 파편화될수록 공동체에 대한 욕구는 더 커지게 마련이다. 따라서 컴퓨터나 기계가 제공할 수 없는 공동체를 제공하는 것이 미래 사회에서 교회의 가장 중요한 역할이 될 것이다.

그러므로 4차 산업혁명이 가져오는 변화에 대해 교회도 관심을 갖고 주목해야 한다. 그리고 이러한 변화에 따른 사회구성원들의 변화 추이를 추적하고 그들의 영적인 욕구를 파악하는 것은 매우 중요한 과제이다. 그러나 다양한 정보에 대한 비판 능력이 필요하다. 넘쳐나는 정보를 무비판적으로 수용하거나 그저 적응하려는 것은 바람직하지 않다. 복잡하고 급격한 변화 속에서 그 변화의 흐름을 파악하고 중심을 잡아야 한다. 정보 기술과 네트워크 환경은 신앙생활이나 활동을 풍성하게 해 줄 수는 있지만, 신앙 자체를 대체할 수는 없다. 따라서 중요한 것은 단순히 수단이나 도구가 아니라, 기독교인들이 기독교 정신을 얼마나 오롯이 간직하고 있으며 그것을 어떻게 새로운 환경에 담아서 표현해 낼 것인가 하는 문제이다.

이를 위해서는 다른 종교나 종교인들과는 뚜렷하게 구별되는 기독교만의 가치와 삶의 방식을 나타낼 수 있어야 한다. 시대와 환경의 변화에 흔들림 없이 신앙의 정수를 지켜내면서도, 그것을 날마다 새로운 양식으로 표현하며 다음 세대와 소통할 수 있는 지혜가 절실히 요구되고 있다. 4차 산업 혁명 시대에도 현대인들이 삶의 방향을 잃지 않고 안정된 삶을 영위할 수 있도록 교회가 신앙공동체이자 준거 집단으로서의 역할을 할 수 있기를 소망한다.

제7장
새로운 네트워크 시대가 도래하다
: '탈현대'의 시대

현재 일어나고 있는 사회 변화 가운데 가장 주목을 받는 것은 전체 사회를 뒤덮고 있는 '탈현대화' 경향이다. 근대화의 기획 이래 현대 사회는 절대 진리와 보편 법칙과 같은 거대 담론이 주류를 형성해 왔다. 그러나 이러한 근대화의 심화는 이에 대한 반작용을 일으켰고, 결국 이제까지 당시대를 표현하는 '현대'라는 말로는 설명할 수 없는 새로운 사회를 등장시켰다. 학자들은 근대 이후의 새로운 사회를 '포스트모던Post-modern', 곧 '탈현대' 사회라고 지칭하고 있다.

근대 사회를 추동하는 힘은 '진보'의 개념이었으나, 탈현대성Post-modernity을 지지하는 학자들은 역사의 진보라는 가정이 무너졌다고 말한다. 탈현대성의 관점에서 역사에 대한 전반적인 개념화를 의미하는 거대 서사는 더 이상 존재하지 않으며, 존재하는 것은 어떤 자연적 중심도 갖지 않는 무한한 수의 서로 다른 역사들과 지식의 형식들뿐이다. 즉 인간의 이성에 기반을 둔 과학의 권위는 실추된 반면, 다양하지만 동등한 중요성을 지닌 가치와 성향들의 존재는 인정받게 된 것이다. 이러한 점에서 탈현대의 세계는 고도로 다원화된 세계라고 할 수 있다.

1. 개인화 세대

고도로 다원화된 탈현대 사회에서는 집단보다는 개인이 중시된다. '우리'라는 집단에 매몰되기보다는 자신을 찾고 느끼려는 경향이 강해진다. 2장에서 살펴본 독신 가족의 증가도 이러한 가치관의 변화에 영향을 받은 바가 크다. 이런 점에서 앞으로의 사회는 '전문화되고 개성이 넘치는 개인주의 사회'가 될 것이다. 그런데 여기서 말하는 개인은 근대 사회에서 등장한 개인과는 또 다른 특성을 지닌다. 그것은 바로 '소속 없는 개인'이라는 점이다. 이들은 사회 역할을 부과하는 획일적이고 상투적인 규범에 의존하지 않고 자신의 욕망대로 살겠다는 의지를 지니고 있다. 예를 들어 성 해방 운동, 가족적 풍속의 해방, 이혼과 독신 생활의 증가 등이 모두 강요된 소속의식을 대신하여 개인의 독립을 내세우는 개인주의 혁명의 또 다른 모습이다.[1]

이러한 변화에 따라 탈현대 사회에서는 종교성도 바뀌게 된다. 탈현대 시대의 사람들은 제도 종교의 의례, 가르침, 계율을 따르지 않고 개인적인 신앙생활을 선호하는 경향이 강하다. 영성은 추구하지만, 더 이상 제도 종교에 소속되어 강요당하기를 원하지 않는 '영적이지만 종교적이지는 않은 Spiritual but not Religious' 특성과 '믿기는 하지만 소속되기는 원하지 않는 Believing without Belonging' 특성을 나타내는 것이다. 그리하여 현대 사회에서 종교는 실존의 문제라기보다는 하나의 기호로 여겨지며, 그것이 갖는 이미지에 따라 선호되기도 하고 배격되기도 한다.

종교사회학자인 로버트 우스노우 Robert Wuthnow는 이런 의미에서 현대 사회를 'D.I.Y Do It Yourself 종교의 시대'라고 말하기도 한다. 곧 현대인들은 기존

---

1. 박동현·이수진·이진석, 『미래, 미래사회』(서울: 동아대출판부, 2007), 70쪽.

의 전통적인 종교 교리를 그대로 받아들이기보다는 자신의 입장에서 취사선택을 하여 자기 자신의 종교를 만든다는 것이다. 그는 오늘날 미국이 겪고 있는 심대한 가치의 위기가 오히려 사람들로 하여금 초월성을 추구하도록 자극한다고 본다. 또한 동시에 새로운 영적 수단의 탐구이자 또한 거룩한 순간을 '개인적'으로 찾는 것을 뜻하는 '추구의 영성 Spirituality of Seeking'이, 그동안 전통 종교가 제공해 오던 '거주의 영성 Spirituality of Dwelling', 곧 교회, 성당 같은 특정의 거룩한 장소에서 초월성을 경험하는 것을 대체하고 있다고 말한다.[2]

그런데 이런 개인주의화 경향은 보이지 않는 교회로서의 특성을 강조하게 됨에 따라 보이는 교회, 역사적 교회, 기성교회를 부정하는 경향을 부추기게 되고, 결국 이는 이른바 '교회 없는 기독교인들 churchless Chrisitian'을 양산해 내는 결과를 가져오게 된다. 실제로 한국에는 개신교인으로서의 정체성을 갖고 있으면서도 제도 교회에 출석하지 않는 사람들이 상당수에 이르는 것으로 추정된다. 이에 대해서 다음에서 보다 자세하게 살펴보도록 하겠다.

2. 소속 없는 신앙

현대를 가리키는 말로 탈산업화 시대, 정보화 시대, 지식 시대, 서비스 시대, 포스트모던 시대 등 다양한 표현이 있지만, 현대의 종교현상과 관련하여서는 '세속화 시대'라는 표현을 쓰는 것이 바람직해 보인다. 사회학자들은 근대 이후의 세계에서 일어나고 있는 거대하고 근본적인 종교적 변화를 '세속

---

2. Robert Wuthnow, *After Heaven: Spirituality in America Since the 1950s* (Berkeley: University of California Press, 1998).

화'라고 보고 있다. 세속화란 근대 이후 사회에서 종교적 의미와 중요성이 약화되는 현상을 의미하는 것으로, 결국 종교의 쇠퇴라는 주제로 이어진다. 이러한 세속화는 다양한 결과를 야기하는데, 그중에 우리가 주목하는 것은 '종교의 사사화私事化, Privatization'와 '탈제도적 종교성'이다.

종교의 사사화는 과거 공공영역에서 중요성이 있었던 종교가 이제는 개인의 사사로운 영역으로 물러남으로써 '신앙의 개인주의화'를 야기하는 상황을 말하며, 탈제도화란 앞에서 말한 바와 같이 영적인 욕구는 있으면서도 제도 교회를 선호하지 않는 속성을 뜻한다. 사회가 보다 다양하게 분화하고 다원화되면서 이러한 경향이 점차 증가하고 있어, 앞으로 우리 사회에서 종교와 관련하여 이것이 중심 주제가 될 가능성이 높다. 이미 서구에서는 '소속되지 않은 신앙believing without belonging'이라는 개념으로 이러한 문제가 제기된 바 있다.[3]

이와 관련하여 한국 교계에서도 언제부턴가 '가나안 성도'라는 말이 쓰이기 시작하였다. 어떤 이는 십여 년 전부터 이 말을 쓰기 시작하였다고 하고, 또 어떤 이는 이십 년 전 신학교에 다닐 때 벌써 이 말을 들은 적이 있다고 말한다. 이 '가나안 성도'라는 말은 기독교인으로서의 정체성은 가지고 있지만 현재 교회에 출석하지는 않고, 이스라엘 백성들이 가나안 땅을 찾아다녔듯이 '새로운' 교회를 찾아다니는 사람들을 일컫는 말이다. 그리고 '가나안'이라는 말을 거꾸로 읽으면 '안나가'인 것과 같이, 이들은 교회를 나가지 않거나 또는 의도적으로 '기성' 교회를 거부하는 사람들이다.

필자는 이 현상을 객관적으로 이해하기 위해 종교사회학의 관점으로 이

---

3. 이에 대하여는 Grace Davie, *Religion in Britain since 1945: Believing without Belonging*(Oxford: Oxford University Press, 1994)를 볼 것.

현상을 분석하였다.[4] 이 연구에서는 2012년에 '한국기독교목회자협의회'(이하 '한목협')에서 조사한 결과에서 10.5퍼센트가 교회에 출석하지 않는 것으로 나타난 것을 근거로 대략 100만 명에 가까운 가나안 성도가 있을 것으로 추정하였다. 그런데 2017년 한목협 조사에서는 교회에 출석하지 않는 기독교인의 비율이 23.3퍼센트로 증가하였다. 이것을 2015년 인구 주택 총조사에서 파악된 개신교 인구 967만 6천 명에 대입하면, 가나안 성도는 200만 명이 넘을 것으로 추산된다.

가나안 성도라고 하면 흔히 '선데이 크리스천'과 같이 기독교인으로서의 정체성이 약하고 교회에도 정착하지 못한 명목적인 기독교인이라고 생각하기 쉽다. 그러나 조사 결과에서는 교회 출석 당시에 서리집사 이상의 직분을 받은 사람이 26.7퍼센트를 차지하였고, 교회를 다닌 기간이 평균 14.2년으로 나와 이들이 평균 10년 이상 교회를 다녔던 사람들임을 보여 주었다. 또한 교회에 다니던 당시에 구원의 확신이 분명했다는 응답이 48.1퍼센트였고, 전체 응답자에서 네 명 중 한 명 꼴로 지금도 구원의 확신이 있다고 응답했다. 이어서 교회 활동에도 "매우 적극적으로 참여했다"(36.9%), "어느 정도 적극적으로 참여했다"(53.4%)라는 응답을 합하면 90퍼센트 이상이 적극적으로 교회 활동을 한 사람이라는 것을 알 수 있었다.

그리고 응답자의 70.7퍼센트가 교회를 한 번 옮겼거나 옮긴 적이 없는 사람들이었다. 한목협의 조사 결과에서 기독교인들이 평균 2.7개 교회를 옮겨 다닌 것과 비교해 보면, 오히려 가나안 성도들이 더 드물게 교회를 이동하였음을 알 수 있다. 이러한 조사 결과로 볼 때 가나안 성도들은 본래 교회를 자

---

4. 그 결과는 『교회 안 나가는 그리스도인: 가나안 성도를 어떻게 이해할 것인가?』(IVP)라는 제목으로 출판되었다.

주 옮겨 다니던 이른바 '교회 쇼핑족'들이었다가 교회를 떠난 것이 아니라, 대부분 한두 교회에 10년 이상 정착해서 다니던 사람들이었다. 또한 절반가량이 구원의 확신도 가지고 있었던 진지한 기독교인이었으나 교회를 떠나게 되었음을 또한 알 수 있다.

가나안 성도가 출현하는 이유 중의 하나가 바로 탈현대에 사회에서 나타나는 탈제도화 경향 때문이다. 앞선 조사에서 이들이 교회를 떠난 가장 큰 이유로 나타난 것이 30.3퍼센트를 차지한 '자유로운 신앙생활을 원해서'였다. 앞에서 살펴본 바와 같이, 근대 사회에서 개인은 제도와 집단을 통해서 정체성을 형성했지만, 오늘날의 개인들은 이러한 제도화를 거부하는 경향이 강하다. 이러한 경향이 종교성에 영향을 미친 결과가 가나안 성도의 등장인 것이다.

3. 관료제에서 네트워크로

앞에서 암시한 대로, 탈현대성은 사회 조직의 형태에도 커다란 변화를 수반한다. 지금껏 효율성 있는 일 처리를 위해 가장 합리적인 체계로 여겨졌던 관료제는 더 이상 현대 사회에 적합하지 않은 것으로 여겨지게 되었다. 오히려 현대의 사회 조직은 빠르게 네트워크 조직으로 변모하고 있다. 그래서 어떤 이는 현대 사회를 가리켜 '네트워크 사회'라고 명하기도 한다.

관료제 조직에서는 피라미드 형태를 하고 있는 조직의 상부에 위치한 사람들이 의사 결정권과 책임을 가지고 상명하달식으로 업무를 수행한다. 이런 조직에서는 업무의 신속성을 추구할 수는 있으나, 본래의 목표 달성보다는 목표 달성을 위한 수단을 중시함으로써 조직 자체의 존속과 기득권 유지가 최우선의 목표가 되는 '목적 전치 현상'이 발생한다. 또한 거대한 규모 때문에 환경에 따라 유연하게 변화화지 못하는 단점도 갖게 된다. 그리고 무엇보다도 소수의 사람들에게 책임과 권한이 집중되는 이른바 '과두제 경향'이 나타나 다양한 조직 구성원들의 참여가 제한되고, 이로써 조직 자체가 비민주적으로 운영될 뿐만 아니라 조직의 혁신도 꾀하기 어렵게 된다.

이와 같은 관료제 조직이 가진 문제들로 오늘날에는 기업을 중심으로 점차 네트워크 조직이 부각되기 시작하였다. 기존의 명령 체계를 통해 생산성을 얻기 위해서는 위계질서와 피라미드형 권력 구조가 필요했기 때문에, 기업이나 제도 교회에서 무엇보다 중요한 주제는 경영과 통제였다. 그러나 이제 기업 조직들은 나름대로 기능 구조를 갖춤으로 각 구성원들이 자신의 할 일을 파악하게 되었고, 이로써 과거 특정한 일을 해야 했던 통제된 사회에서 점차 벗어나고 있다. 거대한 관료주의 기관들의 규모가 줄어들면서 의도적으로 서로 마주하며 일하도록 구성된 집단들에서 능력과 주인 의식 함양이 이루어지고 있고, 위에서부터 아래로 통제해 오던 제도가 사라지면서 분권화된 참여 민주 조직이 나타나고 있다.

권력은 공유되고, 동료들과 협력자들의 연결망과 동반자 관계를 통해서 일이 이루어지고 있다. 소집단과 개인의 참여, 인간의 결속과 의사소통들이 기업 조직에서 시작하여 여러 현대 조직에서 주요 얼개를 이루게 되었다. 이처럼 현대의 조직들은 피라미드형에서 네트워크형으로, 하달식 권력 체계에서 공유하는 권력 체계로, 관료주의에서 유기적 구조로 옮겨가고 있는 것이다.

그런데 안타깝게도 교회는 여전히 교회 조직의 관료제 때문에 비인격적 인간관계를 야기하고 있다. 교회조직의 관리자는 행정가로 변신하였고, 교역자들은 하나님 나라 사역의 동역자라기보다는 하나의 기능직 종사자로 전락하고 있다. 또한 교회 내 권력의 중앙집권화가 이루어지고 결정권이 소수에게 집중되어 교회 구성원의 다수를 차지하는 평신도들은 교회 관료들의 정책 결정에 대해 거의 알지 못하는 실정이다. 대부분의 재정 지원은 평신도들이 제공하지만 재정의 사용은 소수 엘리트 집단이 사용을 결정하고 있다. 흔히 교회를 공동체라고 표현하지만, 사실 소수에게 권한이 집중되어 있는 조직을 공동체라고 말할 수는 없다. 그러므로 하루빨리 이에 대한 개선책을 마련해야 한다.

탈현대적인 변화는 목회의 거의 모든 부분에 대하여 변화를 요구한다. 사회 분화의 극대화로 목회자는 이제 모든 분야의 전문가가 될 수 없으며, 유동성의 심화로 과거와 같이 교인들 사이의 강력한 결속력을 기대하기도 점점 더 어렵게 되었다. 특히 집단보다는 개인의 개성과 권리를 중시하는 풍조는 교회에 대한 충성과 헌신을 요구하기도 어렵게 되어, 권위에 대한 일방적인 복종은 더 이상 가능하지 않게 되었다. 따라서 교회의 구조는 교회의 본질적인 요소를 견지하면서도 이러한 유동성과 개성을 수용할 수 있는 방향으로 전환될 필요가 있다.

이에 따라 목회자의 리더십도 변화할 것을 요구받는다. 근대적인 리더십은 이른바 '교사-학생' 모델로, 리더가 정답을 알고 있고 조직 구성원들은 그 정답을 따르기만 하면 된다고 하는 '위로부터 top down'의 모델이었다. 여전히 많은 교회 지도자들이 올바른 방법과 전략만 갖는다면 원하는 미래를 예견할 수도 있고 관리할 수도 있다고 약속하는 이런 근대적인 기획에 매료되어 있는 상황이다. 더군다나 이들에게 그 미래는 여전히 많은 사람들로 가득 차는 대형 교회를 말한다. 하지만 이것은 지금 우리 사회가 변화해 나가는 방향과는 거리가 너무 먼 것이다.

오늘날 사회는 점점 더 불확실한 상황으로 변해가고 있다. 이런 탈현대적 변화가 일어나는 상황에서는 거창한 사명 선언이나 전략적 기획보다는, 지역에 있는 평범한 사람들의 삶을 통해 그들에게 일어나는 실제 변화에 주목하면서 지도자와 구성원이 함께 자기들 나름대로의 대안을 마련해 가는 '아래로부터bottom up'의 운동이 적실한 것으로 보인다. 즉 어느 시대 어느 사회에나 들어맞는 보편적인 원리를 추구하고 거대 담론을 논하기보다는, 평범한 사람들의 소소한 이야기에 귀를 기울이며 스스로 자기들만의 삶과 신앙에 대한 이야기를 만들어갈 수 있도록 안내하는 것이 탈현대 시대의 리더에게 적합한 덕목이다.

한편 교회 역시 목적 전치 현상으로 기독교의 본래 가치에 대한 충성이나 실현보다 교회 유지나 교인 수 증가에 대한 공헌도로 조직의 성공 여부가 평가되고 있는 실정이다. 사람들은 흔히 '규모의 경제'[5]를 말하지만, 앞에서 말한 바와 같이 대규모의 조직은 오히려 환경의 변화에 취약하고 조직의 혁신도 어렵다. 특히 공동체성은 대규모 집단에서는 구현되기 어려우므로 공동체성을 확보할 수 있는 적정 규모를 유지할 필요가 있다.

이와 관련하여 공동체교육을 강조한 종교교육학자인 존 웨스터호프John Westerhoff는 교회가 공동체성을 유지하기 위한 적정 인원수를 300명이라고 제시한 바 있다.[6] 또한 필자가 진행한 조사에서 한국의 목회자들에게 한 교회의 적정 교인 수를 물어보았을 때도, 비록 평균값은 535명이었지만 전체 수

---

5. 경제 규모가 커질수록 효율성이 증대되는 것을 가리키는 말이다.
6. 웨스터호프는 그의 책에서, "공동체는 그 크기에 있어서 소규모이어야 한다. 구성원들이 의미와 목적을 지닌 교섭을 유지할 수 있고, 친숙한 교제의 배려를 위한 적정 인원은 300명이다."라고 말하였다. John Westerhoff Ⅲ, "A Changing Focus, Toward an Understanding of Religions Socialization," *Andover Newton Quarterly*, 14권(1973년), 120쪽. 김도일, 「엘리스 넬슨과 존 웨스터호프의 사회화 접근」, 『교육인가 신앙공동체인가?』(서울: 한국장로교출판사, 1998), 130에서 다시 따옴.

치 중 중간에 위치하는 중앙값은 350명이었고, 가장 많은 응답자가 응답한 수치인 최빈값은 103명이 응답한 300명으로 나와 웨스터호프의 주장과 크게 어긋나지 않았다.[7]

대규모의 자원과 인력이 필요한 경우에는 지역의 여러 교회가 네트워크를 이루어 연합 활동을 하면 된다. 그것이 보다 많은 사람들이 자발성을 가지고 참여할 수 있는 방법이요, 자율성을 가지고 민주적으로 의사 결정을 할 수 있는 방법이다. 뿐만 아니라 이러한 네트워크 조직이야말로 앞서 언급한 사회자본을 형성하는 데 유리하게 작용한다.

4. 소모임 네트워크로서의 교회

퍼트남은 사회자본이 감소하는 지금의 현실에서 교회가 새로운 사회자본으로 기능할 수 있다고 주장하였다. 즉 원자화된 개인들이 운동 경기를 보듯이 모여 있는 교회 구성원들이 공공의 문제를 토론하는 사회관계로 발전하게 된다면, 시민사회를 지탱할 수 있는 하나의 사회자본으로 형성될 수 있게 된다는 것이다. 여기에 적합한 것은 대규모 집회보다는 소모임 형태의 모임들이다. 앞 장에서 언급한 바와 같이 소모임은 탈현대 사회의 특징인 유동성과 다양성을 수용할 수 있는 구조이며, 보다 많은 개인 구성원들이 참여할 수 있는 기회가 있을 뿐만 아니라, 집단 구성원들의 대면 교섭을 통해서 형성된 신뢰를 바탕으로 하여 사회자본을 형성할 수 있기 때문이다.

전통의 공동체가 무너진 후 파편화되고 불확실성이 증가된 사회에서 사

---

7. 이에 대하여는 정재영, 『한국교회의 종교사회학적 이해』(서울: 열린출판사, 2012), 7장을 볼 것.

는 현대인들은 신뢰할 수 있는 관계의 형성을 필요로 하는데, 바로 교회의 소모임 안에서 친밀한 교섭을 나눔으로써 이것이 가능하게 될 수 있다. 이러한 신뢰 관계를 바탕으로 한 공동체가 형성되면 불확실성이 감소함으로써 공공 활동에 함께 참여하기도 더 쉬워지게 된다. 실제로 미국에서는 많은 점에서 소모임이 전통적인 시민 결사체로서 기능한다고 보고되고 있다. 이와 같이 교회의 소모임은 교회 자체를 공동체화할 뿐만 아니라, 교회가 사회와 접촉점을 만들 수 있는 유용한 수단으로 활용될 수도 있다. 따라서 오늘날 교회들은 조직을 소모임 네트워크 형태로 신속히 전환할 필요가 있다.[8]

한편 소모임 운동의 구조는 각각의 소모임이 자율성을 갖는 연결망형 구조이다. 즉 인도자 한 사람에게 집중되는 기존의 구역이나 속회 제도와 달리, 소모임 활동은 구성원들 사이에 평등한 인간관계를 전개하여 자주성과 민주성 있는 운영을 하게 된다. 이를 통해 구성원들 사이의 관계 개선과 소모임 속에서 민주성을 경험하게 되면 집단 안에서 민주주의가 형성될 뿐만 아니라, 이 경험을 토대로 사회 속에서 민주주의를 구현하고 시민으로서의 참여를 촉발하는 데 크게 기여할 수 있을 것으로 기대된다. 종교사회학자인 로버트 우스노우는 소모임이 이런 식으로 기독교와 시민사회의 가교 역할을 할 것으로 전망하였다.[9]

소모임의 구조는 이처럼 현시대의 흐름에 어울리는 탄력 있는 구조로서, 탄력성과 급속한 변화에 대해 대응할 수 있는 환경을 조성한다. 풀러신학대학원에서 소모임 사역에 대한 강의를 해 왔고 실제로 펜실베니아주에 있는 베들레헴 장로교회에서 소모임 활동을 지도하고 있는 개러쓰 아이스노글Gareth

---

8. 교회 소모임의 사회학적 의미에 대하여는, 정재영, 『소그룹의 사회학』(서울: 2010, 한들)을 볼 것.
9. Robert Wuthnow, *Christianity and Civil Society: The Contemporary Debate*(Pennsylvania: Trinity Press International, 1996), 39.

W. Icenogle은, 이러한 소집단의 특성을 '새로운 패러다임'이라고 부른다.[10]

소모임은 다양하게 살고 있는 사람들을 일정한 장소에 모아 서로 이해할 수 있는 토대를 제공해 줌으로써 구성원 사이의 관계 개선을 이룬다. 뿐만 아니라 구성원 전원이 활동의 주체가 됨으로써 자발성과 적극성이 있는 참여를 가능하게 한다.[11] 이러한 다양성에 대한 인정은 소모임의 가장 두드러진 특징이고, 이것이 현대 사회에서 소모임 운동이 성공할 수 있었던 가장 중요한 이유 가운데 하나이다.

권위주의적 종교와 같이 한 방향만을 고집하거나 하나의 주의, 주장만 옳다고 하지 않고, 소모임 자체를 부정하지만 않는다면 누구라도 들어와서 자신의 생각과 의견을 나눌 수 있다는 것이 소모임의 특징이다. 곧 현실 사회의 다원화된 가치관을 교회가 가장 현실성 있게 수용할 수 있는 것이 소모임인 것이다. 이러한 다원성의 수용은 최근 교회의 권위주의적이고 경직된 모습에 실망해 교회를 떠나는 많은 성도들을 포용할 수 있는 요소가 될 수 있다는 점에서도 매우 중요하다.

---

10. 개러쓰 아이스노글, 『소그룹 사역의 성경적 기초』(김선일 옮김, 서울: SFC, 2007), 11쪽.
11. 윗글, 120쪽.

제8장
'승리주의적 선교'를 탈피하다
: 미래 사회에서의 선교

기독교의 복음을 전하는 선교 활동은 교회 사역의 핵심을 이루고 있지만, 이 선교 활동에도 많은 변화가 일어날 것이 예상되고 있다. 세계 종교 지형의 변화와 함께 선교 주체와 대상에도 변화가 일어나고 있고, 이른바 즉각적인 개종을 요구하는 '공격적인 선교'에 대한 비판적인 여론이 형성되면서 종교간 갈등을 유발하기도 한다. 풀러신학교 총장인 리처드 마우Richard Mouw 박사는 『무례한 기독교』홍병룡 옮김, IVP, 2004. 원제는 *Uncommon Decendy*.라는 책에서 이에 대하여 잘 설명해 주고 있다. 이에 따라 선교 방법과 전략에도 변화가 필요하다는 인식이 생겨나고 있다. 특히 우리 사회에서는 2009년 아프가니스탄 피랍 사태와 관련하여 선교 방식에 대한 뜨거운 논의가 벌어지기도 했다. 그러므로 한국 기독교의 선교 상황과 우리 사회에 적절한 선교 방법에 대하여 생각해 보기로 한다.

1. 선교사 파송 현황

현재 세계적으로 다른 나라에서 활동하는 선교사는 40만 명에 이르는 것으로 알려져 있고, 이 가운데 미국이 12만 7천 명으로 가장 많다. 그리고 한국세계선교협의회KWMA의 발표에 따르면, 2017년 현재 한국 개신교는 170개국에 27,436명을 파송해서 미국에 이어 선교사 파송국 세계 2위로 꼽힌다.[1] 이러한 한국 선교사의 증가는 전세계적으로 서구 교회의 선교가 쇠퇴하고 있는 상황에서 선교 인력을 보충하는 중요한 역할을 하고 있다. 한때 10퍼센트 가까운 연증가율을 보여 해마다 한국에서 천 명 이상의 새로운 선교사들이 배출되기도 하였다.

2016년에는 선교사 증가가 멈추어 한국 선교 파송의 하향 곡선이 시작된 것이 아닌가 하는 우려가 있었으나, 2017년 통계에서는 다시 231명이 증가한 것으로 나타나 꾸준히 증가세를 이어 가고 있다. 이러한 신임 해외 선교사의 숫자는 한국을 제외한 나머지 다른 선교 국가들의 신임 해외 선교사 숫자를 다 합친 정도에 해당할 것으로 추정된다. 특히 한국 개신교의 선교운동은 '삼분의 이 세계the Two-Thirds World', 혹은 '다수 세계the Majority World'[2] 선교운동의 주도 세력으로 급성장하면서 범세계적으로 영향을 끼치고 있으며, 많은 선교 인력을 공급하면서 세계 선교에 기여하고 있는 동시에 질적인 성장의 과제를 떠안고 성장통을 겪고 있기도 하다.

---

1. 최근에 브라질이 3만 4천 명의 선교사를 파견해 세계 2위로 올랐다는 보도가 있었다.
2. '다수 세계(The Majority World)'라는 표현은 과거 제1세계인 서구 자본주의 권역을 제외한 제2세계와 제3세계를 합친 권역을 말한다. 이들 국가들의 영토를 합치면 지구 표면의 거의 삼분의 이 정도에 달하며, 인구 면에서는 삼분의 이가 좀 넘는다고 해서 선교학계와 신학계 일부에서 이러한 표현을 쓰고 있다. 이전에는 '삼분의 이 세계(the Two-Thirds World)'라는 표현을 쓰기도 했다.

<그림16> 연도별 선교사 현황

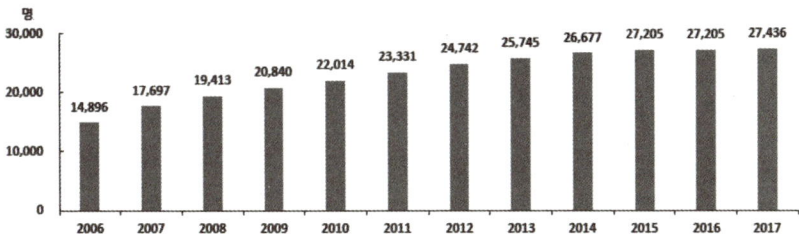

한국 선교사들의 활동 무대 또한 1979년 말 26개국에서, 1990년 말 87개국, 2000년 말 162개국, 그리고 2006년 말 168개국, 2017년에는 170개국으로 늘어났다. 이렇듯 선교 대상국의 숫자는 한때 주춤하다가 다시 늘어나는 움직임을 보이고 있다.

<그림17> 연도별 선교대상국 현황

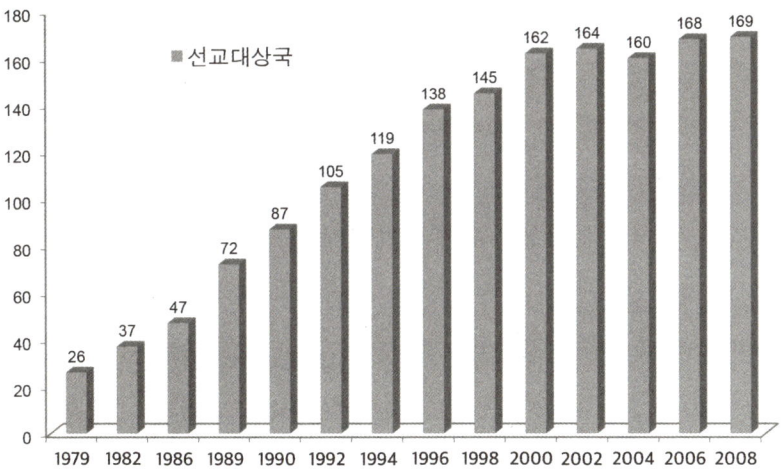

한국 선교사들이 가장 많이 활동하는 지역은 아시아 지역이다. 우리나라를 포함한 동북아시아, 동남아시아, 남아시아, 중앙아시아, 중동까지 포함한

다면 18,758명(65.6%)으로 파송선교사의 반 이상이 아시아에서 활동하고 있다. 이러한 지역은 주요 종교권, 즉 이슬람, 불교, 힌두교 지역이기 때문에 지속적으로 한국 선교가 관심을 가져야 하는 곳이며, 지리적으로도 가깝다는 등의 이점을 갖고 있는 지역들이다.

한국 선교사가 600명 이상 활동하는 국가들은 상위 10개국 정도로 모아지는데, 이 국가들은 매년 거의 변동이 없다. 2017년도에는 동북아 X국, 미국, 필리핀, 일본, 태국, 서남아 I국, 동남아 I국, 캄보디아, 러시아 및 연해주, T국의 순으로 이어지고 있다. 상위 10개 국가에서 활동하는 선교사가 전체 선교사 가운데 50퍼센트 정도이다. 170개국 가운데 10개국에 50퍼센트의 선교사가 활동하고 있는 것은 한국 선교사들이 특정 지역에 집중되어 있음을 말해 주는 단면이기도 하다.

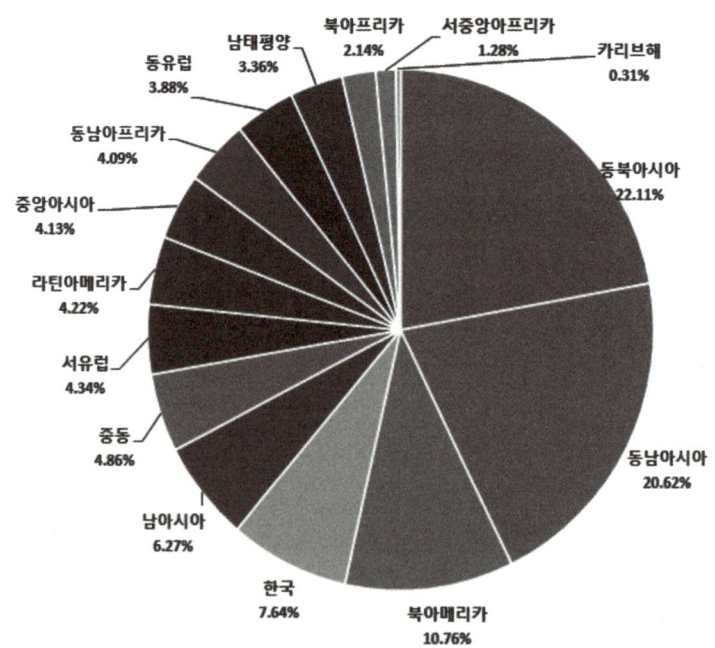

<그림18> 한국 선교사들의 대륙권별 분포

선교 대상국을 다시 종교문화권별로 살펴보면, 기독교권에 29.1퍼센트, 이슬람권에 24.1퍼센트, 공산권에 18.7퍼센트, 불교권에 14.2퍼센트, 정령숭배권에 4.1퍼센트, 힌두권에 3.8퍼센트 등으로 분포되어 있다. 이러한 분포는 크게 보았을 때 다른 문화권 선교사들에 비해 한국 선교사들이 개척선교를 강조하는 경향이 있음을 말해 주는 것으로 평가된다. 특히 최근 이슬람권 선교사들의 숫자가 지속적으로 증가하고 있는 것이 주목할 만한 점이다.

<그림19> 한국 선교사들의 문화권별 분포

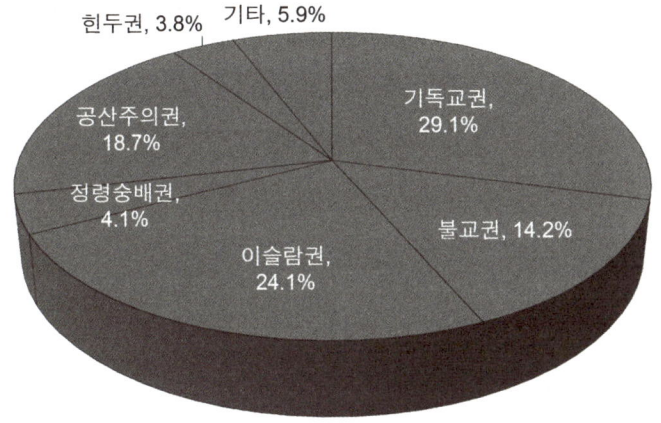

2. 은퇴 선교사 문제

현재 상당수 서구 국가들에서는 신임 선교사들의 숫자보다 은퇴하는 선교사들의 숫자가 더 많아서 전체적인 선교사들의 수가 줄어들고 있는 실정이다. 이런 현실을 고려할 때 최근 한국교회의 선교적인 기여는 놀라운 것이다. 그러나 이제는 한국 교계도 은퇴 선교사를 위한 주거 대책과 재사역을 위한 교육을 해야 할 시점에 도달했다. 교계 자료에 따르면, 한인 선교사 1만 7,617

명 중에 은퇴를 앞둔 60대 이상은 6.6퍼센트인 1,163명이다. 즉 향후 수년 안에 천 명이 넘는 선교사들이 은퇴한다는 것이다.[3] 또 50대가 26.2퍼센트, 40대가 47퍼센트를 차지하고 있어 앞으로도 은퇴 선교사들이 계속 쏟아져 나올 것이라는 전망도 내놓았다. 이처럼 10년 이내에 은퇴 선교사 수가 대폭 증가될 것이므로 은퇴 후 선교사들의 생활과 사역에 대한 전략 수립이 시급한 상황이다.

현장 선교사들의 노후 대책을 조사하기 위해 총회세계선교회GMS 소속 60명의 선교사를 대상으로 설문 조사를 실시한 결과 선교사들은 별도로 노후를 준비하지 않고 있으며, 다만 후원교회나 선교부의 도움을 막연하게 기대하고 있었다. 또 은퇴한 후에도 사역지에 계속 머무르겠다고 응답한 선교사가 다수를 차지하고 있어 노후에 대한 선교사들의 불안감이 큰 것으로 나타났다. 따라서 현실적으로 선교사 스스로 노후를 준비하는 것이 쉽지 않은 형편에서, 선교회나 파송교회에서 목회자 수준에 준하는 은급 제도를 마련하거나 연금을 통해서 노후를 준비할 수 있도록 도울 필요가 있다.

한편 은퇴 후 제2의 사역에 대한 선교사들의 반응은 적극적인 것으로 분석되었다. 은퇴 후 어떤 일에 종사하기를 원하느냐는 질문에 선교동원과 훈련사역(40%), 선교사를 위한 상담사역(32%), 선교지에 남아 계속 사역(10%), 선교 행정(9.3%), 제3국으로 이동한 새로운 사역(1.3%) 순으로 나타났다. 이에 반해 사역 없는 완전은퇴는 5.4퍼센트에 불과해 전체적으로 재사역에 대한 강한 욕구를 드러냈다. 은퇴 후 선교지를 떠나야 하는지에 대해서도 반드시 떠나야 한다는 답변은 6퍼센트에 불과하여 계속 거주하면서 사역

---

3. 이 자료는 성남용, 「현장 선교사들이 기대하는 은퇴 후 대책」, 『한국선교KMQ』(2008년 가을호, 한국세계선교협의회)에서 인용한 것이다.

할 의사가 있는 것으로 나타났다. 일반적으로 선교부에서는 선교지를 떠나지 않으면 현지 교회나 후배 선교사의 지도력에 방해가 된다고 생각한다. 그러나 정작 선교사 설문 결과는 "상황에 따라 다르다"가 다수(50%)인 데다가, "방해가 될 것이다"(20%)보다 "문제가 없을 것이다"(28.3%)라는 답변이 더 높게 나옴으로써 현장 선교사들과 본부의 견해가 큰 차이를 보이는 것으로 나타났다.

1장에서 살펴본 바와 같이 최근 한국사회의 고령화가 급속도로 진행되면서 많은 문제점이 나타나고 있는데, 한국 선교계도 예외는 아닐 것이다. 그러므로 이제는 선교사의 고령화 및 은퇴를 대비하여 선교사 본인뿐만 아니라 선교부와 후원교회가 공동으로 대책을 마련하는 노력이 필요한 때라 하겠다.

3. 기독교 선교와 문화 갈등

선교는 대개 개종을 전제로 한다. 곧 선교는 사람들을 개종시키려는 지속적인 노력이다. 여기서 개종한다는 것은 해당 종교의 신에게 절대적인 복종의 형태를 취하는 것이다. 그런데 유일신에 대한 믿음이 종교의 확산에는 매우 큰 효과가 있지만, 때로는 그 믿음이 특수주의 가치관을 만들어 내어 문제를 야기할 수도 있다. 여기서 특수주의란 어떤 특정 개인이나 집단이 진리, 지식, 선함을 독점적으로 소유하고 있다고 보는 태도를 의미한다. 예를 들어, 종교적 특수주의는 자신의 종교만이 참되고 정당하며 다른 것들은 거짓이고 어리석고 사악하다는 믿음을 만들어 낸다. 따라서 종교 갈등은 대개 강력하고 특수주의적인 종교들이 공존하는 곳에서 극렬하게 일어나게 된다.[4]

---

4. 이원규, 『한국교회의 위기와 희망』(서울: KMC, 2010), 276~277쪽.

이러한 갈등은 유일신 종교들끼리 충돌했을 때 극대화된다. 대표적인 경우가 기독교와 이슬람교의 갈등이다. 앞에서 본 대로 이슬람권의 한국 선교사가 증가함에 따라 실제로 이런 충돌 사례가 함께 늘어나고 있다. 또한 분쟁지역에 들어감으로써 생명의 위협을 받거나 실제로 반기독교단체에게 희생을 당하는 사례도 늘고 있다. 그렇다고 봉사와 선교를 기독교에 호의적이고 신변의 안전을 보장받을 수 있는 지역에서만 해야 할 수는 없다. <미션The Mission>이라는 영화에서도 볼 수 있듯이, 선교는 신변의 안전과 상관없이 기독교의 가르침을 실천하는 것이어야 한다. 여기에는 선교를 위한 방편으로나 순전히 기독교의 가르침을 실천하는 그 나름의 의미에서 하는 봉사도 마찬가지이다. 따라서 가능한 이런 점에 대해서 비기독교인들이 기독교인들의 행동을 이해할 수 있도록 정확한 의미를 알려 주어야 할 필요가 있다.

이것은 우리 사회 안에서도 마찬가지이다. 우리나라는 종교적으로 대표적인 다원주의 사회이다. 이런 사회에서는 다원주의적 사고를 해야 갈등이 생겨나지 않는다. 그러나 종교적으로 다원주의적인 사고는 유일신을 믿는 개신교 입장에서는 신앙적으로 받아들이기 어려운 입장이다. 이것이 바로 다종교, 다문화 사회에서 기독교 선교가 직면하고 있는 어려움이다. 최근에 있었던 '이슬람포비아Islam-phobia'[5] 관련 논의들은 이슬람과 한국교회 사이의 충돌에 대한 불안감의 표출이기도 하다. 또한 '봉은사 땅밟기' 사건은 한국 교계의 편협한 선교관을 단적으로 드러낸 사건이기도 하였다.

그러나 어쨌든 다원주의 상황에서는 타종교를 가진 사람들과도 공존하고 그들을 포용하는 자세가 필요하다. 기독교인으로서의 분명한 정체성은 유지하되 다른 종교인도 존중해 주어야 한다는 것이다. 기독교의 힘을 키워서 세

---

5. 이슬람(Islam)에 '혐오증·두려움·공포증'이란 뜻의 접미사 '포비아(phobia)'를 붙인 합성어.

력을 확장하고 이를 통해서 타종교를 힘으로 제압하자는 것은 예수님의 가르침을 정면으로 거스르는 강자 중심의 논리이자 패권주의식 발상에 불과하다. 따라서 상대방을 무조건 개종시켜야 할 선교의 대상자로만 보지 말고, 오히려 그들의 인격을 존중하는 자세로 대화와 토론을 통해서 기독교의 진리로 그들을 설득해 내는 역량이 필요하다.

이런 점에서 우리에게 필요한 것은 비기독교인들에게 거부감 없이 기독교의 진리를 설명해 줄 수 있는 대화의 언어이다. 즉 기독교의 진리는 보편타당한 가치를 지니고 있어서 누구라도 수용할 수 있는 진리라는 것을 보여 줄 수 있어야 한다. 앞으로의 사회에서는 이러한 대화의 언어, 보편적인 언어를 사용하여 선교를 수행하여야 할 것이다.

4. 선교적 교회를 향하여

(1) 선교적 교회론

앞에서 지적한 선교와 관련된 오해와 문제들을 극복하기 위해 최근에 등장한 개념이 '선교적 교회'로, 이 용어는 'Missional Church'를 번역한 것이다. 이 용어에서 '선교'라는 말은 선교의 본래 의미를 드러내는 데 도움이 되기도 하지만, 오히려 이 용어를 이해하는 데 방해가 되기도 한다. 왜냐하면 대개 한국교회에서 '선교'라고 하면 '해외선교'와 결부시키기 때문에, 선교적 교회라고 할 경우에도 '해외 선교를 하는 교회' 정도로 이해할 가능성이 높기 때문이다.[6] 영어권에서도 'mission'이라는 말이 본래의 의미와 상관없이 '교

---

6. 지성근, 「교회의 존재양식을 묻는다: 선교적 교회론」, 『제8회 바른교회아카데미 연구위원 세미나 자

회에서 하는 일종의 선교 프로그램들'로 이해되는 경향이 있다. 그래서 이 용어를 쓰는 사람들이 굳이 사전에 없는 'missional'이라는 말을 만들어 사용하는 것이다. 이런 차원에서 'Missional Church'를 단순히 '선교적 교회'라고 번역하기도 하지만, 본래의 의미로 풀어서 '파송받은 교회'라고 의역하기도 한다. 그러나 여기에서는 신학계에서 통용되고 있는 '선교적 교회'라는 용어를 그대로 사용하기로 하겠다.

선교적 교회는 인도의 선교사로 파송받아 40년 가까이 선교 사역을 한 후에 은퇴한 레슬리 뉴비긴Lesslie Newbigin에게서 온 개념이다. 그는 고국인 영국으로 돌아왔을 때 인도가 아니라 조국 영국이 오히려 선교지가 되었음을 인식했다. 당시 영국의 해외 선교는 대부분의 선교 국가들이 그러했듯이 제국주의적 식민주의와 맥을 같이 하여, 선교지에 영국 제국주의적인 기독교, 뉴비긴의 표현으로 말하면 '동시대의 문화적 설득력 구조'를 심는 것이었다.[7] 그런데 다원화된 영국의 상황에서는 복음이 사사로운 것이 되었고, 교회는 사회와 문화 속에서 공적인 진리를 제시하지 못하게 되어 버렸다. 이것이 선교지보다 더 선교지 같이 되어 버린 선교기지의 실상이었다.

이러한 상황에서 뉴비긴은 선교를 하나의 프로그램으로 보지 않고 교회의 본질로 이해할 필요가 있었다. 즉 교회 자체가 이미 세상에 파송된 하나님의 백성 공동체이고, 따라서 교회의 모든 사역과 그리스도인의 삶 자체가 선교를 지향해야 한다는 것이다. 물론 여기서 선교는 단순히 복음전도 차원만을 의미하는 것이 아니다. 그것은 개인 수준에서는 전인격을 통하여 성경의

료집』(2010, 2).
7. 설득력 구조(plausibility structures)는 본래 사회학자인 피터 버거(Peter L. Berger)가 사용했던 말로, 한 사회에서 일반적으로 수용하는 신념과 행위의 유형을 가리키는 말이다. 이에 대하여는 레슬리 뉴비긴, 『다원주의 사회에서의 복음』, 홍병룡 옮김, 서울: IVP, 2007, 27을 볼 것.

가르침과 기독교 정신을 실천함으로써 신앙을 개인의 사사로운 영역을 넘어서 공공의 수준에서 실천하는 것을 의미했다. 또한 사회 수준에서는 하나의 대항문화counterculture[8]로서 기독교 정신과 가치에 터한 새로운 사회 질서를 세워가는 것을 의미했다. 그래서 베반스Stephen B. Bevans는 뉴비긴의 상황화 contextualization[9] 모델을 대항문화적 모델이라고 명명한다.[10]

이러한 선교적 교회로서의 역할을 수행하기 위해서는 현재 한국 사회의 토양에 기독교의 정신과 원리가 어떻게 접목될 수 있는지 연구하는 것이 필수 작업이 되어야 한다. 기독교 왕국을 경험하여 기독교 전통을 가지고 있는 서구 사회에서는 공공의 수준에서 기독교적 가치에 대해 논의하는 것이 가능하다. 예를 들면 미국의 시민 종교의 표현이라고 할 수 있는 미국 대통령의 연설이나 대통령 선서, 그리고 기독교식 의례와 결부되어 있는 여러 국가 기념일 행사들과 같은 경우이다. 그러나 기독교가 신흥 종교이고 전통적으로 다양한 종교의 각축장을 형성하고 있는 우리 사회에서 어떻게 기독교를 설득력 있게 전할 것인가 하는 것은 전혀 다른 차원의 문제이다.

물론 뉴비긴은 서구 사회를 포스트모던 사회로 이해하고 있고, 선교적 교회의 측면에서 포스트모던 시대에 사명을 잃고 표류하는 서구 교회에 대안을 제시하는 마이클 프로스트Michael Frost 역시 후기 기독교사회에서 살아가는 그리스도인을 '유배자들Exiles'이라고 보면서, 그들의 선교적 삶에 대해 말하기도 한다.[11] 하지만 우리 사회는 전통과 현대, 그리고 탈현대적인 요소가

---

8. 어떤 사회의 지배적인 가치 체계나 문화를 거부하는 문화.
9. 복음화를 진전시키기 위해 선교지의 특정한 상황과 맥락에 맞추어 선교 형태를 변화시키는 것.
10. 이에 대하여는 최형근, 「레슬리 뉴비긴의 선교적 교회론」, 『신학과 선교』, 31권(2005년), 384쪽을 볼 것. 최형근은 counterculture를 '대응문화'로 번역했으나 여기에서는 사회학에서 사용하는 '대항문화'로 번역하였다.
11. 이에 대하여는, 마이클 프로스트, 『위험한 교회: 후기 기독교 문화에서 선교적으로 살아가기』(이대

서로 뒤엉켜 공존하고 있는 상황이므로 하나의 관점에서 접근하는 것조차 쉽지 않은 상황이다.

따라서 우리의 질문은 "복음을 어떻게 동시대 한국인의 정서와 설득력 구조에 들어맞게 하는가?"이다. 그렇기 때문에 우리는 무엇보다 맥락과 상황에 따라 그에 적절하게 복음을 재해석하여 표현할 수 있어야 한다. 그리고 이를 위해서는 여러 지역과 상황 속에 존재하는 다양한 사람들과 그들이 영위하는 각각의 하위문화에 대한 연구가 필요하다. 그들의 삶의 이야기와 추구하는 가치, 그리고 세계관에 대하여 이해하고 이에 적절한 형태와 표현으로 복음이 제시되어야 한다.[12]

(2) 교회의 공적인 책임

우리 사회의 정황 속에서 복음을 바로 전하기 위해서는 진정한 기독교적 가치가 무엇이고 기독교인의 삶은 어떤 가치를 추구해야 하는가에 대한 합의가 이루어져야 한다. 현재 한국교회의 전도 방법은 즉각적인 개종 또는 영접을 요구하고, 보다 많은 사람들을 교회 안에 모아 놓고 예배를 드리는 것을 가장 중요하게 여기고 있다. 하나님 나라는 교회를 통해 이루어지며, 따라서 교회를 세우는 것이 곧 하나님 나라를 이루는 것이라고 생각하는 경우가 많다.

그러나 기독교인의 삶은 교회 안에서만 이루어지는 것이 아니다. 그러므로 각각의 삶의 영역에서 어떻게 기독교 정신을 구현하고 기독교 가치를 실천함으로써 우리 사회를 하나님의 통치가 이루어지는 공간으로 만들 것인가

헌 옮김, 서울: SFC, 2009)을 볼 것.
12. 이것이 6장에서 언급한 '아래로부터(bottom up)의 방식'으로, 캐나다에 위치한 기독교 공동체인 앨릴론(Allelon)의 부회장이자 앨릴론 미셔널 리더십 네트워크(AMLN)의 총책임자를 맡고 있는 앨런 록스버그가 주장하는 것이다.

가 중요한 것이다. 이를 위해서 기독교인들이 직업 활동과 자녀 양육(교육), 경제(소비) 활동과 같은 구체적인 삶 속에서 기독교인답게 사는 방법에 대해 적극적으로 가르칠 필요가 있다.

교회 안에서 기독교 시민 교육을 실시해야 함은 물론, 이렇게 훈련된 기독교 시민은 교회 안에서뿐만 아니라 다양한 사회 영역에서 공적인 참여를 통해 지역사회를 바꾸고, 정치와 경제를 바꾸고, 우리 사회의 규범과 가치를 바꿀 수 있어야 한다. 나아가 우리 사회 구성원들이 기독교 정신에 입각해 사적인 공간과 공적인 공간에서 일관되고 의미 있는 삶을 살 수 있도록 도와야 한다. 이것이 기독교인 스스로 선교적 삶을 사는 것이고, 교회가 세상에 '파송받은' 교회로서의 사명을 다하는 것이다. 물론 이러한 과정은 기독교의 언어를 비기독교인들의 언어와 소통할 수 있도록 전환시킴으로써 우리의 의도를 비기독교인들에게 자유자재로 전달할 수 있음을 전제로 한다.

뉴비긴은 선교를 일방적인 한 방향의 판촉과 같은 것이 아니라, 복음이 담고 있는 의미들을 보다 깊이 배울 수 있는 상호간의 만남이라고 말하였다.[13] 그러나 그동안 한국교회는 사회와 소통하려 하기보다는 일방적으로 진리를 선포하면서 상대방을 단지 전도 대상자로만 여기는 태도를 견지해 왔다. 오늘날 지하철 안이나 길가에서 큰 소리로 외치며 복음을 전하는 것은 다른 사람에게 피해를 줄 뿐만 아니라 그들을 설득시키기도 어려운 방법이다. 그리고 절대 진리를 수호하는 입장에서는 전도의 대상자와 타협하기 어려우며, 도덕적 우월감으로 상대를 낮잡아 보기 쉽다. 하지만 이런 식으로 자신의 집단 안에 매몰된 사람은 더 넓은 사회의 지평을 바라보지 못한다. 그렇기 때문에 오늘날 한국의 기독교인들이 교회 생활에 열심일수록 사회에 대한 의

---

13. 레슬리 뉴비긴, 『복음, 공공의 진리를 말하다』(김기현 옮김, 서울: SFC, 2008), 42쪽.

식 수준은 더 떨어지는 기현상을 보이고 있는 것이다.

종교 사회학자인 피터 버거Peter Berger의 표현대로, 현대 사회에서는 '설득력의 구조'가 다양하게 변하였다. 국가 종교가 유지되었던 전통 사회와 달리 대부분의 사회에서 국교가 폐지되고 종교의 자유가 보장되면서 종교나 신념에 따라 '설득력의 구조'가 달라진 것이다. 이렇게 서로 다른 '설득력의 구조'를 가진 사람들은 다른 사람들을 설득하기 위해 자신의 논리를 보편적인 언어로 표현하여 다른 사람들에게도 '이치에 맞는 것'이 되도록 할 수 있어야 한다. 이것이 다원화된 현대 사회에서 다른 사람들에게 자신의 종교적 가르침을 전하는 바람직한 방법이다. 이런 점에서 우리 사회의 기독교인들은 비기독교인들과 자유롭게 대화하며 자신들의 논리를 펼칠 수 있도록 많은 노력을 기울여야 할 것이다.

한편 복음은 사사로운 신앙에 머물지 않고 공적인 수준에서도 발현되어야 한다. 왜냐하면 기독교 신앙은 사사로운 개인 영역에서만 가치를 갖는 것이 아니라 세상의 모든 공적인 영역에서 그 힘을 발휘하는 것이기 때문이다. 그러나 오늘날 한국의 기독교인들은 이와 같은 기독 시민으로서의 직임을 실천하지 못하고 있다. 오히려 자신의 신앙이 삶의 영역에서 기독교 정신에 따라 실천되어야 한다는 사실을 인식하지 못하고 신앙과 삶이 철저하게 분리된 채 있다. 그런 신자들의 사회생활은 그 사회 공간 자체의 논리와 기제에 따라 작동하고 있을 뿐이다.

기독교 신앙은 그러한 공간에서는 아무런 역할을 하지 못한다. 다만 식사 전에 기도를 한다든지, 술 담배를 금한다든지 하는 개인의 사사로운 공간에서만 영향력을 발휘할 뿐이다. 정작 개개의 기독교인들이 자신의 삶의 영역에서 어떻게 하나님의 주권을 인정하고 하나님의 영광을 드러내야 하는지에 대해서는 도움을 주지 못한다. 따라서 오늘날 교회의 공공성을 회복하려면 무엇보다 먼저 의식의 전환이 선행되어야 한다. 이제까지 한국의 개신교는 교회와 사회의 관계에 대해서 지나치게 이원론적 사고방식을 견지해 왔다. 곧 교회 안에서의 생활에 일차적인 중요성을 부여하고, 일상생활의 영역에 대해서는 '죄악이 가득하고 썩어 없어질 세상'으로 치부하며 중요성을 인정하지 않아 온 것이 사실이다.

더구나 이러한 이원론적 신앙마저도 논리상으로만 존재할 뿐, 실제 생활에서는 세속의 가치를 비판 없이 받아들여 여느 비기독교인들과 전혀 구별이 되지 않는 삶을 살고 있는 사람들이 많다. 교회 공동체 안에서 훈련된 기독교인이라면, 교회 밖에서도 일반인들과는 다른 보다 엄격한 도덕 기준에 따라 구별된 삶을 살아야 한다. 뿐만 아니라 사회를 하나님의 영광이 드러나야 할 삶의 무대로 여기며 자신의 신앙을 공공의 영역에서 실천할 수 있어야 한다. 즉 자기 자신의 이익이나 자기 가족의 이익만 구하는 것이 아니고, 자신과 가족의 울타리를 넘어서 공공의 문제에 관심을 갖고 토론하며 참여할 수 있어야 한다. 이것이 진정한 기독교 신앙인의 모습이다.

(3) 지역 공동체를 세우는 선교적 교회

한국교회는 오랫동안 정교 분리의 원칙을 내세우며 정치에 대한 입장 표명을 유보해 왔다. 그러나 참여정부 이후 교회는 그동안의 침묵을 깨고 정치성 짙은 발언을 하기 시작했다. 그런데 과연 이것을 바람직한 참여로 볼 수 있을까?

교회의 현실 참여는 공공의 이익을 위한 것이어야 한다. 이것은 교회뿐만 아니라 모든 집단에 대해서도 마찬가지이다. 어떤 사회에 대한 운동이나 의사표현도 그것이 단순히 자기 집단의 이익을 위한 것이라면 다른 사회 구성원들의 공감을 얻을 수 없다. 따라서 교회가 우리 사회의 책임 있는 구성원이 되기 위해서는 사회 공공의 문제에 관심을 갖고 이에 대한 해결을 위해 노력해야 할 것이다.

오늘날 교회가 공익성을 견지하며 사회활동에 참여한다고 할 때, 주의 깊게 눈여겨보아야 할 것은 최근 시민사회에서 활발하게 논의되고 있는 '마을 만들기'이다. 이전에는 주로 지역사회 개발 운동으로 지역사회 주민들의 자주적인 참여와 주도적인 노력 아래 지역사회의 경제적, 정치적, 사회적 조건의 향상을 추구해 왔다. 여기에 '참여'를 통해 진정한 민주주의를 실현하기 위한 방편으로 공동체주의 운동의 활성화가 필요해지면서, 지역사회 구성원들의 '참여'와 다양한 기관과의 '연대'를 강조했다. 그러나 최근에는 단순히 경제 발전이나 개발을 지향하는 것이 아니라, 한 걸음 더 나아가 '공동체 세우기Community Building'에 관심이 모이고 있다.[14] 개인주의 사회가 경쟁을 앞세운 약육강식과 적자생존의 원리에 의해 지배된다면, 공동체 운동은 배려와 관심으로 더불어 사는 공동체를 추구한다. 마을 만들기는 바로 이러한 취지에서 지역사회를 재구조화하기 위한 시도이다.

마을 만들기 운동은 일종의 주민자치운동이다. 여기서 '마을'이란 시민 전체가 공유하는 것임을 자각하고 공동으로 이용하며 활용할 수 있는 장을 총칭한다. 그리고 '마을 만들기'란 그 공동의 장을 시민이 공동으로 만들어내는 작업을 말한다. 이러한 마을 만들기는 '눈에 보이는 마을 만들기'와 '눈에 보이지 않는 마을 만들기'의 두 가지 측면이 있는데, '눈에 보이는 마을'이란 말 그대로 물질로 구성되어 눈으로 관찰할 수 있는 마을을 뜻하며, '눈에 보이지 않는 마을'이란 눈에 보이지 않는 사람들의 활동으로 형성되는 마을을 뜻한다. 따라서 '마을 만들기'는 '사람 만들기'를 포함하는데, 곧 시민의식

---

14. 보다 구체적인 내용에 대해서는 정재영·조성돈, 『더불어 사는 지역공동체 세우기』(서울: 예영, 2010)를 볼 것.

을 가지고 참여하는 사람이 되도록 의식을 개혁하는 것을 가리키는 것이다.

이러한 마을 만들기 운동에 교회가 참여하는 것은 매우 큰 의미가 있다. 왜냐하면 시민의식은 기독교 정신과도 통하는 것이며, 특히 눈에 보이지 않는 사람들의 의식을 형성하는 일에서 기독교의 가치를 지향할 수 있도록 협력할 수 있기 때문이다. 또한 지역사회를 재조직하는 일이 교회에게는 당위성이 있을 뿐만 아니라, 교회는 실제로 그 기능을 할 수 있는 잠재력도 지니고 있다. 뿐만 아니라 기존의 기독교 사회운동들이 대개 교계 지도자 중심의 운동이었던 데 반해, 지역사회 공동체 운동은 일반 기독교 대중이 참여할 수 있는 풀뿌리 운동이라는 점에서 그 의의가 크다고 하겠다.

교회 역시 교회가 터하고 있는 지역사회에서 지방자치단체, 시민단체, 기업, 주민 등과 더불어 지역사회의 주요한 구성원이다. 더군다나 교회는 주로 그 지역사회의 정치, 경제, 사회 문제와 직접적인 관련이 있는 개인들로 이루어지며, 또한 그러한 사람들을 위한 기관이다. 이런 점에서 교회는 그 지역사회의 문제와 직접적으로 연결되어 있다. 즉 교회 실존의 근거가 바로 지역사회인 것이다. 따라서 교회와 지역사회를 분리해서 생각한다는 것은 불가능하다. 그러므로 교회는 지역사회 안에서 일어나는 사회 문제를 진지하게 다루고 그것을 해결하려고 노력해야 할 의무가 있다.

한편 한국교회는 이미 다양한 방법으로 지역사회에 관심을 가져 왔고, 또한 사역을 실천해 왔다. 그런데 이러한 활동들은 대개 사회사업, 사회봉사, 사회 복지라는 개념으로 대별될 수 있다. 이러한 활동들이 매우 의미 있고 우리 삶의 조건을 개선하는 데 일정한 기여를 해 왔다는 것은 사실이다. 그러나 이러한 활동들이 많은 경우 복음 전도의 수단으로 여겨져 온 것 또한 사실이다. 즉 복음전도의 접촉점을 마련하고자 이러한 방법을 활용한 것이다.

물론 복음전도는 매우 중요한 사명이다. 하지만 이러한 활동들이 사람들을 교회로 인도하기 위한 방편으로 여겨지면 그 진정성이 오해 받을 수 있기 때문에 바람직하지 않을 수 있다. 그보다 이러한 활동은 예수님께서 성육신하셔서 무한한 사랑을 베풀어 주신 것처럼 이웃을 향한 그리스도인들의 조건 없는 사랑의 표현으로 나타나야 할 필요가 있다.

또한 그동안 이러한 활동들은 도덕적 우월감 위에서 시혜를 베푸는 식으로 이루어지기도 하였다. 인격적인 관계를 형성하기보다 시혜자와 수혜자라는 비대칭적 관계에서 이웃들을 수혜자로 대상화해 온 것이다. 그러나 이제는 이것을 '지역공동체'라는 관점으로 접근할 필요가 있다. 공동체라는 관점에서는 특정인이 우월한 위치를 점하지 않으며 주종의 관계를 이루지 않는다. 그보다 모든 공동체 구성원들이 동등한 자격으로 함께 참여한다. 따라서 교회 역시도 다양한 지역사회 구성원 중 하나라는 생각으로 다른 구성원들을 존중하며 인격적인 관계를 형성하는 것이 무엇보다도 중요하다. 이러한 인식론적 입장에서만이 다원화된 현대 사회에서 복음을 설득력 있게 제시할 수 있을 것이다.

교회 공동체는 닫힌 공동체가 아니라 지역사회를 향해 열린 공동체여야 한다. 즉 교회는 기독교인들만의 공동체가 아니라 지역사회와 소통하며 지역사회에 기여하는 공동체가 되어야 한다. 그리고 교회가 지역사회에 참여할 때에는 교회 중심의 사고를 지양하고, 교회 역시 지역사회 구성원의 하나로서 동등하게 참여하여야 한다. 또한 지나치게 가시적인 성과를 기대하기보다, 그것이 세상에 '파송받은 교회'로서의 본질을 이루는 사명이라고 인식하고 묵묵히 노력하는 태도가 필요하다. 그럴 때에 한국교회는 우리 사회의 어엿한 구성원으로서의 책무를 다하게 되고, 사회로부터의 공신력도 회복하게 될 것이다.[15]

---

15. 이에 대하여는 정재영, 『함께 살아나는 마을과 교회』(서울: SFC 출판부, 2018)를 볼 것.

제9장
한반도에서 사회통합의 길을 보다
: 한반도 통일과 새터민 사역

　한반도는 이제 지구상에서 유일한 분단국가가 존재하는 땅이 되었다. 역사적으로 열강들의 틈바구니 속에서 지속적으로 긴장 상태를 유지해 온 한반도에도 평화의 시대가 오기를 소망하지만, 현실은 그리 녹록지 않다. 한반도 통일이 언제쯤에나 이루어질 것인지도 중대한 관심사이지만, 통일이 이루어진다고 해서 당장에 평화가 이루어지는 것은 아니라는 사실에도 주의를 기울여야 한다. 독일의 경우에서 보듯, 통일 이후에는 엄청난 혼란과 갈등이 생겨날 수 있기 때문이다. 이러한 일은 최근 국내 입국이 급증하고 있는 새터민들에게서도 관측되고 있다. 새터민들은 통일 이후에 있을 혼란 상황을 미리 앞서 경험하고 있는 것이다. 독일의 경우와 새터민들의 경험을 통해서 통일 후 교회가 해야 할 역할에 대하여 생각해 보자.

1. 한반도 통일에 대한 전망

과거에는 통일은 꼭 해야 하는 것이었고, 이에 대한 질문이 불필요했다. 그러나 최근에 한 설문조사에 따르면 절반의 가까운 청소년들이 통일이 필요 없다고 대답했다고 한다. 우리 사회의 경제 사정도 좋지 않은데 통일이 되면 북한 주민들까지 가세해서 더 악화될 것이 아니냐는 우려 때문이었다. 또한 반대까지는 아니더라도 통일에 따른 비용 부담 때문이라도 될 수 있는 한 통일 시기를 뒤로 늦춰야 한다는 주장이 나오기도 한다. 그러나 이와 같이 경제적 측면에서만 통일을 이해하는 것은 바람직하지 않다. 통일은 분단의 현실을 극복하고 분단으로 말미암은 모든 모순을 제거한다는 의미가 있기 때문이다.[1]

지금의 비정상적인 분단체제는 정치의 경직성과 경제의 비효율성, 그리고 왜곡된 사상 문화를 강요한다는 점에서 남북한 모두에게 바람직하지 않은 체제이다. 실미도와 간첩 사건, 그리고 서해교전과 천안함 사태 등 분단 현실에서 오는 많은 문제들로부터 오늘날까지도 자유롭지 못하며, 국가보안법, 군대 문화, 색깔론 논쟁 등 바람직한 국가 발전을 저해하는 여러 가지 요인들 역시 모두 분단으로 나타나는 현상이다. 물론 경제적 측면이라고 해서 예외는 아니다. 예를 들어 국방비 부담 등 분단이 지속됨으로써 오는 비용도 만만치 않기 때문이다. 또한 개성 공단의 사례에서 보듯이 남북한의 경제협력은 상당한 잠재력을 가지고 있음에도 분단된 현실로 그런 경제협력이 매우 제한되어 있다. 이처럼 이른바 '분단 비용' 또한 '통일 비용' 못지않게 막

---

1. 경제 위주의 통일 논의에 대하여 비판하는 글로, 박영신, 「무엇이 우리를 이끌고 있는가?: 두 체제를 몰아가는 '통일'의 장단」, 『현상과인식』(2000, 가을호)을 볼 것.

대하다는 사실을 알아야 한다.

한편 오늘날 분단 상황은 이른바 '남남 갈등'도 유발하고 있다. 이는 김대중 정부의 햇볕정책에서 야기된 것으로, 소위 나그네 옷 벗기기처럼 강압보다는 화해와 협력을 통해 변화시키는 것이 효과적이라는 입장과, 이에 대해 '퍼 주기'라면서 반대하는 입장 간에서 나타나는 갈등이다. 전자의 경우에는 현재 북한 주민들이 처해 있는 열악한 상황을 볼 때 인도주의 차원에서 최소한의 도움을 주는 것은 반드시 필요한 일이었다고 주장하는 반면, 후자의 경우에는 그렇게 북한에 퍼주지 않았더라면 북한은 이미 붕괴되었을 것이라고 주장한다.

후자의 입장을 지지하는 사람들은 대개 북한 정권의 붕괴와 남한의 흡수통합을 선호하는 입장을 취한다. 그러나 우리는 북한 정권이 붕괴되었을 때 일어나게 될 엄청난 혼란을 염려해야 한다. 왜냐하면 북한 정권이 급작스럽게 붕괴되었을 때 드러날 수 있는 위험 요소들은 실제로 대단히 위협적이기 때문이다. 결국 이러한 차이는 "북한은 소멸되어야 할 대상으로서 적인가, 아니면 함께해야 할 동포인가?"에 대한 입장의 차이라고 할 수 있는데, 안타까운 것은 여기에 흑백논리에 기초한 냉전적 대결의식이 여전히 작용하고 있다는 것이다. 하지만 이런 패권적인 강자 중심의 논리는 약자에 대한 배려가 전혀 없다는 점을 알아야 한다.

이런 점에서도 통일은 이러한 남남갈등을 근본으로부터 해소할 수 있는 유일한 방안일 뿐만 아니라, 한반도의 긴장상태를 종식시킴으로써 강대국들의 이권 다툼에서 벗어날 수 있으며, 무엇보다도 북한의 민중들을 독재로부터 해방시키고 그들의 인권을 회복할 수 있는 길이다. 그리고 왜곡된 남북한의 정신문화를 회복하고 더 풍부하게 할 수 있다는 점에서도 통일은 반드시 이루어져야 하는 우리 민족 최대의 과제라 할 수 있다.

그렇다면 한반도 통일은 언제쯤 이루어질까? 2005년 이후 특히 2008년 말부터 북한체제의 장래와 연결된 한반도 통일 전망에 대한 연구가 많이 발표되고 있는데, 이 연구보고서들은 한반도 통일의 시기에 대한 대략의 예측을 내놓기도 하였다. 예를 들어 2008년 11월 미국의 국가정보위가 발표한 '2025년의 변화된 세계'라는 제하의 보고서는, 2025년까지 한반도에는 단일국가는 아니지만 느슨한 남북한 연합 형태의 통일국가가 있게 될 것으로 전망하였다. 또한 2009년 1월 월간 조선과 삼성경제연구소가 공동 기획하여 발간한 『2030년의 대한민국』에서는 2030년 무렵 통일을 바라볼 수 있다고 전망하는 등, 미국 국가정보위원회의 보고서를 제외한 여타 연구의 전망들이 모두 북한의 붕괴 후 한국 주도로 통일이 될 것으로 내다보고, 통일 시기는 2020년에서 2030년 사이가 될 것으로 전망하고 있다.

반면 2009년 11월 3일 서울에서 있었던 '베를린 장벽 붕괴 20주년과 남북협력 전망' 세미나에서 자이트Hans-Ulrich Seidt 주한 독일대사는, 독일 통일이 언제 될지 정확하게 예상하지 못한 것처럼 한반도 통일의 시점도 정확하게 예측할 수 없다고 말하였다. 최근에 남북 화해 무드가 조성되면서 통일이 바짝 다가온 느낌이 들기도 하지만, 사실 정확한 통일 시기에 대해서는 어느 누구도 장담할 수 없다. 그러나 분명한 사실은 한반도 통일이 전혀 예측하지 못한 시점에 급작스럽게 이루어질 가능성이 매우 크다는 것이다. 그것이 독일 통일이 우리에게 주는 가장 큰 교훈 중의 하나이다. 그리고 이렇게 갑작스럽게 이루어질 통일에 대해 제대로 준비하지 못한다면, 통일은 축복이 아니라 대재앙이 될 수도 있다는 점 또한 독일의 통일이 주는 교훈임을 잊지 말아야 할 것이다.

2. 독일 통일의 교훈

통일은 분단의 끝이지만, 통합의 시작이라는 또 다른 측면이 있다. 통일 이전의 교류 협력은 일정 부문에서 더딘 속도로 진행되기 때문에 어느 정도의 조정이 가능하나, 통일 이후의 통합 과정은 전체 부문에서 대단히 빠른 속도로 진행되므로 조정이 여의치 않다. 독일의 경험에서도 볼 수 있듯이 통일 이후에 닥칠 통합 과정은 결코 쉬운 문제가 아닐 것이다. 1989년 11월 9일에 베를린 장벽이 무너지고 1990년 10월 3일에 통일이 이루어지기까지 채 1년도 걸리지 않았다. 이러한 독일의 통일 과정은 놀라울 만큼 빠른 속도로 전혀 손댈 수 없는 자체의 역학으로 전개되었음을 알 수 있다.[2] 이러한 독일의 통일 과정에 대한 평가는 다양할 수 있지만, 통일 이후 통합 과정에서 나타난 갈등 사례는 우리에게 시사하는 바가 적지 않다.

통일 이후 독일에서는 그 후유증이 만만치 않게 대두되었는데, 그 가운데서도 특히 사회 통합 측면에서 가장 큰 어려움을 겪고 있는 것으로 알려지고 있다. 흔히 '한 국가, 두 사회'라고 표현되는 현재 독일의 상황은 경제 차원의 열악성에 기인하는 것이라기보다는, 구舊동독인들의 자괴감이라는 사회 심리의 차원에 그 뿌리를 두고 있다. 이런 점에서 정치, 경제, 법 등의 영역에서 진행되는 제도적 체제 통합의 한계가 여실히 드러남을 알 수 있다. 즉 과도기 연방 단계를 거치지 않고 서독이 일방적으로 동독을 흡수 통일한 것이 양쪽 모두에게서 불만과 갈등을 확대시키고 있는 것이다.

흡수 통일된 상황에서 동독인들에게는 이전까지 가지고 있던 가치 체계가 더 이상 소용이 없게 되었고, 여론에서 존경과 인정을 받던 사람들 또한

---

2. 우베 뮐러, 『대재앙 통일: 독일 통일로부터의 교훈』(이봉기 옮김, 서울: 문학세계사, 2006), 14쪽.

별안간 아무것도 아닌 존재가 되었다.[3] 한 조사에 따르면 동독인의 50퍼센트 이상, 서독인의 40퍼센트 이상이 통일 이후 서로에 대해 더 생소해졌다고 대답했다. 그만큼 동서독 국민의 행위 성향이 서로 다를 뿐만 아니라, 서로에 대한 존경심이나 기대도 거의 없다. 근면성, 합리성, 계획성 등 16개 문항을 담은 동서독인 비교 설문 조사에서 서독인은 13개항에서 동독인보다 자신들이 우월하다고 느끼며, 통일 초기보다 동독인들을 훨씬 더 비판적으로 보았다. 이에 비해 동독인들은 훨씬 더 긍정적인 자의식을 가지고 있으나, 85퍼센트 이상이 '이등 국민'이라고 느끼고 있었다.[4]

이것은 다수의 동독인들이 과거 분단 시대에는 수용을 거부했던 '동독의 정체성'을 오히려 역설적으로 통일 후에 굳혀 가고 있는 과정으로 이해된다. 물론 그 정체성은 '사회주의 국가 동독'의 정체성과는 질적으로 다른 것이다. 오히려 그것은 동독의 다섯 개의 주들이 서독의 다른 주들과 대등한 자격이 있는 새로운 주로서 서독에 가입한 것이 아니라 일종의 식민지로서 서독에 병합된 것이며, 그러므로 자기들이 서독인들과 같은 민족이 아니라는, 곧 일등 국민인 서독인들과 다른 '이등 국민'이라고 의식하는 자기 정체성이다. 그리고 서독인들이 이끌어 가는 그 식민화 과정이 오래전에 잊었던 심각한 문제점들을 다시 불러일으킴으로써, 다수의 '이등 국민'들 사이에서는 현실적으로 되돌아갈 길이 없게 된 동독에 대한 향수가 생겨나기도 했다.[5]

동독인들은 통일 이후 자신들의 사회적 지위의 엄청난 변화를 경험해 왔다. 이 경험에는 매우 다양한 방식으로 이득과 손실, 사회 지위의 상승과 하

---

3. 요하네스 아킬레스, 「교회의 시각에서 본 통일 이후 후유증」, 권오성 엮고 옮김, 『독일 통일과 교회의 노력』(서울: 고려글방, 1995), 96쪽.
4. 전성우, 「동서독 통일과정의 사회학적 함의」, 『경제와 사회』(1995. 여름호), 69쪽.
5. 박노영, 「사회 통합으로서의 독일 통일」, 『충남대학교 사회과학연구소 논문집』(1995), 95쪽.

락이 서로 엉켜 있다. 동독 국민들은 1980년 이래 그들의 삼분의 일 이상이 일자리를 바꾸었고, 또 30퍼센트가 사회 지위의 상승을 경험한 반면 35퍼센트는 사회 지위의 하락을 경험했다고 주장한다. 이것은 동독인들에게서 이전까지의 모든 행위의 표준이 되는 틀이나 확실성이 더 이상 유효하지 않거나 의문시되고 있다는 것을 의미한다. 더군다나 이들이 권유받는 서독인들의 행위 양식들은 동독인들이 그대로 실천하기 힘들 뿐만 아니라, 많은 경우 적절하지 못한 행위 양식들로 간주되기도 한다. 다시 말해 동독인들은 사회학에서 말하는 일종의 아노미 Anomie, 도덕과 규범의 혼돈 상태에 빠진 것이다.

이렇듯 갑작스러운 체제 전환은 동독인들에게 일종의 '문화 혁명'을 요구하면서 새로운 상황에 가능한 빨리 적응할 것을 강요한다. 하지만 동독인들은 통일이라는 새로운 상황에 재빠르게 적응한 사람들을 '개미잡이들'(기회주의자들)이라고 부른다. 확고부동한 사회주의자에서 하룻밤 사이에 확고부동한 자본주의자로 재빠르게 동화한 사람들에게 분노를 나타내기도 하는 것이다.[6]

이러한 상황에서 라이프치히의 문학잡지 『에디트 Edit』의 편집장이었던 야나 헨젤 Jana Hensel이 통일이 되면서 겪었던 어려움들을 자신이 태어나고 성장한 라이프치히를 무대로 이야기한 『구동독지역의 아이들 Zonenkinder』이 독일 사회에서 큰 반향을 불러 일으켰다. 그녀는 13세가 되던 해에 장벽이 무너짐으로써 이후 13년을 완전히 다른 상황 속에서 고등학교와 대학 시절을 보내게 되었다. 그녀는 서독의 삶의 방식과 사고방식을 배우기 위해 자신의 출신은 잊고 오직 서독인이 되기 위해 노력했고, 그래서 겨우 서독 체제로 통합되는 데 성공했다고 회상한다. 그녀의 세대는 이런 어려운 과정에서 그들

---

6. 요하네스 아킬레스, 윗글, 97쪽.

부모 세대에게서 어떤 도움도 받을 수 없었는데, 이유는 부모 세대들의 구동독 체제에서의 경험이나 체험은 통일이라는 새로운 상황에서 전혀 도움이 될 수 없었기 때문이다.[7]

독일의 과거 경험을 보면 통일 이후에 독일의 두 지역 주민이 경험한 갈등을 분명하게 알 수 있다. 베를린 사회과학연구센터가 펴낸 『1999년 사회조사 보고서』를 보면, 통일이 된 지 10년 가까이 지났는데도 약 74퍼센트의 동독 주민들이 여전히 구동독에 대해 '강한'(27%) 또는 '상당한'(47%) 결속감을 보인 반면, 통일독일에 대해 결속감을 느낀다는 동독 주민은 고작 47퍼센트에 불과했다. 여기서 특히 주목해야 할 것은 통일독일에 대한 결속도의 변화 추이이다. 1992년에 65퍼센트에 이르던 결속도가 불과 7년 사이에 47퍼센트로 18퍼센트나 하락한 반면, 결속감을 느끼지 않는다는 동독 주민은 1992년의 35퍼센트에서 1999년에는 오히려 51퍼센트로 16퍼센트 포인트나 증가한 것이다.[8]

또한 독일의 유력지 『슈피겔Der Spiegel』은 '고난의 계곡 동독'이라는 의미심장한 제목 하에 통일 15년이 되었지만 동독 지역은 여전히 주민들의 한숨과 하소연이 가득한 '한 많은 세상'으로 남아 있다고 전하고 있다. 통일 이후 동독인들의 불만은 지속적으로 고조되어 왔고, 심지어 자신을 '통일의 패배자'라고 느끼는 동독인들의 수도 꾸준히 늘어나 현재 정점에 다다랐다. 상황이 이렇다 보니 뒤늦게 통일을 후회하는 목소리도 터져 나오고 있다. 독일인 다섯 명 중 한 명은 다시 베를린 장벽이 세워지기를 바랄 정도이다.[9]

---

7. 이에 대하여는 Jana Hensel, *Zonenkinder*(Hamburg:RowohltTaschenbuchVerlag, 2002)을 볼 것.
8. 김누리 편저, 『머릿속의 장벽: 통일 이후 동·서독 사회문화 갈등』(서울: 한울, 2006), 24쪽.
9. "Jeder Fünfte wünschte sich Mauer zurück", in: Stern(2004. 8. 2), 김누리, 윗글, 28쪽에서 재인용.

3. 사회 통합으로서의 통일

이러한 독일 통일의 문제에서 볼 수 있는 것은, 통일이 어느 한 시점에서 이루어지는 것이 아니라 제한된 수용과 점진적인 절충으로 전개되는 하나의 과정이라는 것이다. 이런 점에서 남북한의 통일도 정치나 군사적 측면의 일회성 사건을 넘어서야 하며, 또한 분단 이전의 단일 민족 상태로 원상 복귀되는 차원도 넘어서야 한다. 통일을 상대방의 체제를 인정하고 존중하는 바탕 위에서 두 개의 독립 사회가 하나의 민족 사회로 결합해 가는 사회 통합의 과정으로 인식하고, 그에 따른 통일 방법을 모색해야 할 필요가 있다.

남북한의 서로 다른 정치 체제와 경제 제도는 사회 성원의 행동 양식과 행동 규범, 사고방식, 역사 해석, 삶의 가치, 일상생활에 이르기까지 광범위하게 이질성을 확산시켰다. 최근 조사에 따르면 북한 주민에 대해 우리 국민이 느끼는 동질감은 계속해 줄어드는 반면 이질감은 늘고 있는 것으로 나타났다. 곧 동질감을 느낀다는 응답은 48.3퍼센트였고, 이질감을 느낀다는 응답은 47.8퍼센트였는데, 이는 4년 전인 2007년의 조사에서 각각 62.5퍼센트와 36.4퍼센트로 나온 것에 비해 격차가 더 벌어진 것이다. 이렇게 서로 다른 사회·문화적 특성은 통일 과정뿐만 아니라 통일 후에도 겪게 될 가장 큰 장애 요인이 된다.

이것은 사회 통합의 문제가 정치 통합이나 경제 통합에 따른 부수적 문제가 아니라는 것을 뜻한다. 다시 말해 제도의 통합이 자동으로 인간 통합을 보장하는 것이 아니라는 것이다. 오히려 통일 과정에서 가장 어려운 점은 정치 통합이나 경제 통합이 아니라 사회 통합이다. 따라서 사회 통합의 문제를 별

도의 독립된 목표로 설정하는 것이 반드시 필요하다.[10]

이런 점에서 최근 우리 사회의 통일 논의에서 사회 통합의 문제가 제기되고 있는 것은 반가운 일이지만, 아직도 사회 통합의 문제를 제도 통합의 하위 영역에 위치시키는 학계의 관행이 바람직하지 않다는 지적을 의미 있게 받아들여야 할 것이다. 제도의 이식은 그 제도 안에서 살아 움직이고 활동하는 인간에 대한 고려 없이는 성공할 수 없다. 그러나 이것은 남한 측만의 일방적인 노력으로 될 일이 아니다. 북한 주민들의 능동적인 개혁 역량을 최대한 활성화하지 않고서는 통합이 불가능할 뿐만 아니라, 통일 자체가 무의미해질 수도 있다.

통일은 두 사회의 통합이지만, 사회 구성원들에게는 전혀 새로운 사회 환경에서 살아야 하는 새로운 삶의 시작을 의미한다. 오랫동안 각자의 환경에서 살았던 사람들이 두 체제가 통합된 사회에 살게 될 때에는 이전에 삶을 지탱해 주던 규범들이 지속적으로 역할을 하기 어렵기 때문이다. 동독인들이 바로 이러한 상황에 놓여 있었음을 앞서 살펴보았다. 사회학자 뒤르켐Emile Durkheim은 사회 구조가 변한 현대의 상황에서 옛 가치와 규범과 제도가 내몰린 그 자리에 아직 새 가치와 규범과 제도가 채 들어오지 못한 도덕적 진공 상태, 곧 '아노미'의 도덕적 문제를 지적했다.[11] 통일 이후의 우리 사회도 새로운 가치와 규범과 제도가 자리 잡지 못한 상태에서 심각한 도덕적 위기 상황을 맞을 수 있다.

따라서 새로운 사회 환경은 새로운 사회를 지탱해 줄 수 있는 새로운 규범이나 가치 체계를 필요로 한다. 우리에게도 10년 또는 20년 후에 독일처럼

---

10. 전성우, 「사회 통합의 관점에서 본 독일통일 3년」, 『통일문제 연구』(1993, 12월호), 64쪽.
11. Emile Durkheim, *Suicide*(Glencoe, Ill: Free Press, 1951), 369.

'정치적 통일'이 이루어질 경우, 그에 따른 사회 통합이 우리들이 해결해야 할 커다란 과제로 다가올 것이다. 지금 우리가 '통일 후' 전개되어야 할 재사회화를 통한 사회 통합에 관심을 기울여야 하는 이유가 바로 여기에 있다. 새로운 환경인 '통일 후'의 시기에 이루어질 각 개인들의 재사회화가 완성될 때 비로소 진정한 통일이 이루어질 수 있기 때문이다. 이러한 재사회화의 과정에서 가장 효과 있는 방법 중의 하나가 '공동체'라는 준거 집단[12]을 제공하는 것이다. 왜냐하면 공동체의 형성이 사회 구성원간의 관계와 상호작용, 그리고 소통이라고 하는 재사회화의 장으로서 매우 적합하기 때문이다.

앞서 언급했지만, 사회학의 관점에서 보는 '통일'은 '정치적 통일' 이후에 있게 되는 두 사회 간의 사회 통합을 도모하는 '사회적 통일'을 뜻한다. 사회학의 관점에서 보면 일반적으로 말하는 '통일'인 '정치적 통일'은 사회 통합의 전 단계에 불과하다. 즉 '정치적 통일'은 목표가 아니라 과정이며, 심지어는 삶의 단절로까지 이해될 수 있다. 왜냐하면 서로 이질적인 두 사회의 물리적 통합인 '정치적 통일'은 각 개인으로 구성되고 있는 한 사회에 있는 연속적 가치체계의 단절을 초래하기 때문이다.

또한 이것은 각 개인의 '사회화 과정의 단절'을 의미하기도 한다. 곧 정치적으로만 봉합된 새 사회 안에서 사는 사람들에게는 완전히 새로운 삶의 환경이 강요되는 한편, 지금까지 익숙했던 삶의 환경과는 단절되는 상황이 야기된다는 것이다. 이러한 점에서 우리는 정치나 경제 차원의 체제 통합 이후에 있을 사회 통합의 문제에 더 주목할 필요가 있다.

정치경제적 통일 이후 사회문화적인 차원에서 발생하게 되는 실질적인 갈등은 구체적인 생활 세계에서 일어난다. 따라서 남북이 지닌 문화에 대해

---

12. 개인이 행위나 규범의 표준으로 삼는 집단.

상호간 이해하기 위해 세심한 관심과 배려가 필요하다.[13] 사회 통합은 단순히 동질성을 회복하는 것이 아니다. 오히려 그것은 남북한이 가지고 있는 이질성을 인정하고, 차이를 '우열'의 차원이 아닌 '다름'으로 볼 수 있는 관용적이고 개방적인 의식으로 사고하는 것이다.

따라서 남북한 사회 구성원 사이의 자유로운 의사소통을 통해 사회 통합을 이루기 위해서는, 남북한 사회의 가치와 상징 등의 문화 차이를 용인하고 이해할 수 있는 가치를 창출해야 한다.[14] 이를 위해 부분적으로는 북한 사회의 장점에 대해서도 열린 태도로 수용할 수 있어야 할 것이다. 현실의 사회주의 체제의 진상과 상관없이, 사회주의의 이상은 자본주의 사회의 폐단과 비인간화 현상을 보완하는 사유의 단초를 제공할 수 있기 때문이다.

4. 새터민 사역

새터민에 대하여 논하기에 앞서, '새터민'이라는 단어에 대하여 일부 새터민들은 거부감을 드러내기도 한다는 점을 언급할 필요가 있다. 이들이 새터민이라는 단어에 거부감을 갖는 이유는 첫째, 새터민이라는 단어가 자신들이 원하여 사용하는 단어가 아니라 외부자들이 자신들을 지칭하여 쓰는 말이기 때문이다. 또한 둘째로, 남한에 정착하여 10년 이상을 살아도 여전히 새터민이라는 딱지가 붙어 있어 차별을 받을 뿐만 아니라, 결국 죽을 때까지 새터민으로 남아 있게 되기 때문이라는 것이다. 때문에 어떤 이들은 '자유인'

---

13. 김누리 편저, 윗글, 3쪽.
14. 조혜정, 「남북통일의 문화적 차원: '북조선'과 '남한'의 문화적 동질성, 이질성 논의와 민족주의, 진보주의 담론」, 이영선 엮음, 『통일 사회로 가는 길』(서울: 오름, 1996), 31~32쪽.

이라는 단어를 사용하기도 하고, 어떤 이들은 '자아 실현가'라는 표현을 쓰기도 한다. 그러나 현재 우리 사회에서 새터민이라는 단어가 통용되고 있고 또 다른 마땅한 대안이 없으므로, 이 글에서는 새터민이라는 단어를 그대로 사용하고자 한다.

새터민은 1994년의 김일성 사망 시기 즈음에 발생한 북한의 경제난과 식량난이 가속화되면서 증가하기 시작했다. 북한에서는 이른바 '고난의 행군' 시절에 300만 명이 굶주려 사망한 것으로 알려져 있다. 현재 적게는 3만 내지 5만 명에서 많게는 10만 내지 20만 명에 이를 것으로 예상되는 탈북자의 수는 남한에 상당한 인구 압력으로 작용한다. 남한으로 입국한 탈북자의 수는 계속하여 증가하고 있는 추세로, 통일교육원의 자료에 따르면 2009년에 남성 새터민은 5,388명, 여성 새터민은 10,822명으로 총 16,210명이었다. 그러나 2018년에는 3만 1,531명에 이르는 것으로 파악되고 있다.

한때 한 해에 2,000명이 넘을 정도로 급증하던 새터민의 규모는 김정은 집권 이후에 크게 줄었고, 2018년 1월부터 3월 사이에 입국한 탈북민은 192명에 불과해 예년보다 더 감소한 것으로 나타났다. 이런 추세라면 2018년은 2000년 이후 탈북민 입국 규모가 가장 적은 해로 기록될 전망이다. 김정은 집권 이후에 탈북자에 대한 감시와 통제가 강화된 데다가 중국 당국의 탈북 중개인 단속이 강화된 것이 큰 이유로 보인다.[15]

그럼에도 불구하고 새터민은 전체 수가 증가하고 있을 뿐 아니라, 성별 비율에서는 과거 성인 남성 위주이던 것에서 최근에는 여성의 비율이 증가

---

15. 여기서 탈북자 또는 탈북민이라고 하면 남한 이주나 정착과는 상관없이 북한을 이탈한 전체 주민들을 말하며, 새터민이라고 하면 탈북자들 중에서 남한으로 이주하여 정착하는 사람들을 가리키는 표현으로 이해하면 될 것이다. 일부는 탈북자라는 표현도 좋아하지 않는데, 그 이유는 '자'(者)자가 '놈 자'자이기 때문에 비하하는 느낌이 들어서 싫다고 한다.

하여 전체의 70퍼센트를 차지하고 있다. 아울러 아동, 청소년들의 비중 또한 높아지고 있다. 이것은 북한 체제의 감시망이 약화되면서 건장한 성인 남성뿐만 아니라 여성과 어린이까지도 북한을 탈출하는 것이 가능해졌음을 의미하는 것이다. 실제로 북한에서는 거주지를 이탈하는 주민들이 급증하면서 이들에 대한 관리가 사실상 불가능해진 것으로 알려지고 있다.

새터민과 관련하여 확인되는 또 하나의 특징적 현상은 가족단위 입국의 증가이다. 독신으로 미리 입국한 사람이 북한과 중국 등에 잔류한 가족을 추후에 데려오는 연쇄 이주가 급증하고 있기 때문이다. 이것은 앞에서 언급한 것처럼 북한 내에서 이동하기가 용이해지고 북한 내에 남한 사회에 대한 정보의 유입이 증가한 탓으로 보인다. 또한 북한 접경 지역에서 휴대전화 사용이 가능해짐에 따라, 북한에 남은 가족과의 연락이 용이해지고 의사소통할 수 있는 기회가 많아짐으로써 나타나는 현상으로 이해된다.

이처럼 국내 거주 새터민의 규모가 증가하면서 이들의 사회 적응 문제가 우리 사회의 중요한 사회 문제로 부상했다. 정부로서도 이들 새터민들이 안정적으로 남한 생활에 적응하도록 하는 일이 심각하고도 중요한 과제가 되었다. 여러 연구들에 따르면 새터민들 대부분이 남한 사회에 적응해 가는 과정 속에서 물질적인 측면과 정신적인 측면에서 모두 어려움을 겪는 것으로 나타나고 있다. 새터민들이 어려움을 정상적으로 극복하지 못하고 일탈이나 범죄 행위를 저지르는 경우도 있다. 실제로 현재 구치소에 수감되어 있는 새터민이 300명 정도로 추산된다고 한다.

이런 시점에서 탈북자에 대한 정책은 비단 현재의 새터민에게로만 한정되어서는 안 되며, 통일 이후 남북한 사회의 사회 심리적 통합까지 겨냥한 장기적인 것이 되어야 한다. 통일 후 북한 출신 주민들의 자발적인 참여와 능동성이 보장되어야 남북한의 사회 통합이 이루어질 수 있기 때문이다. 이런 점에서 새터민들은 통일 후 남북한 주민간의 사회문화적 통합을 이끌 통일 역군이라 할 수 있다. 따라서 이들의 경험과 역량을 활용할 수 있는 방안을 적극적으로 모색할 필요가 있다. 특히 새터민들 중 상당수가 탈북 과정에서 교회나 선교 단체들의 도움을 받아 기독교에 대해 호의적이고, 실제로 남한 정착 후 신앙생활을 하는 새터민들이 많음을 고려해야 한다. 이들이 통일 과정이나 통일 후에 일정한 역할을 담당할 수 있도록 하는 일이 매우 의미 있는 사역인 것이다.

앞에서도 말했듯이 사회통합의 관점에서 통일은 남과 북 양쪽 모두에게 사회적 단절을 의미한다는 점을 상기할 필요가 있다. 그것은 그 사회 속에 속한 사람들에게 급격한 삶의 변화뿐 아니라, 새로운 해석과 표준이 되는 틀을 요구하게 될 것이다. 그리고 이를 위해 사람들에게 재사회화의 과정이 필요하게 되는데, 새로운 준거 집단의 소속을 통하여 이 과정이 손쉽게 이루어질 수도 있다. 바로 이런 의미에서 교회가 공동체를 마련해 줌으로써 재사회화의 과정을 돕는 역할을 감당할 수 있을 것으로 기대하는 것이다.

그러나 필자가 조사한 내용에 따르면, 현재 남한에서 살고 있는 새터민들은 남한 생활을 매우 힘겨워 한다.[16] 예를 들어, 필자가 수행한 새터민들에 대한 설문조사에서 남한 생활에 대하여 제시한 '남한 사회의 치열한 경쟁이 매우 힘겹다'라는 문항에 대해 80.4퍼센트가 그렇다고 응답했다. '남한 사회에서 고생하기보다는 차라리 북한에서 살았을 때가 좋았다고 생각한다'라는 문항에 대해서도 18.2퍼센트가 그렇다고 응답하였는데, 이는 결코 무시할 수 없는 수치이다.

---

16. 새터민에 대한 자세한 조사 내용은 정재영, 『한국교회의 종교사회학적 이해』(서울: 열린출판사, 2012), 4장을 볼 것.

더욱이 새터민들은 자신들에 대한 남한 사람들의 적대감이 강해 하찮은 일자리조차 구하기가 쉽지 않다고 말한다. 심지어 그들이 출석하는 교회에서조차 거부감을 표현하는 교인들이 있다고 한다. 이것은 아마도 남한 사람들이 북한 정부와 북한 출신 주민을 동일시하거나, 북한 주민들이 북한 정부를 지지했던 사람이라고 생각하는 데서 오는 정서상의 불편함일 것이다. 때문에 새터민들은 일자리를 구하기 위해 자신의 신분을 감추고 '조선족'이라고 말하기까지 하기도 한다.

여기서 우리는 자본주의 사회의 양면성을 볼 수 있다. 즉 열심히 노력만 하면 대가를 얻을 수 있다고 생각하지만, 사실 자본주의 사회에서 성공하고 출세한다는 것은 쉬운 일이 아니다. 더군다나 새터민들은 북한에서 경쟁이라는 것을 거의 경험하지 못했기 때문에, 남한에서 성공을 위해 경쟁하기가 매우 어렵다. 이러한 상황에서 합법적인 수단을 통해서는 목적을 이루지 못한다면 비합법적인, 또는 불법적인 수단이라도 강구하게 되고, 곧 범죄를 저지를 가능성이 커진다. 따라서 새터민 정착을 위한 지원이 절실한 상황이다.

새터민들에게 여러 가지 물질적인 지원도 필요한 것은 사실이지만, 더 중요한 것은 정신적인 지원이다. 북한과 남한 사회는 각각 지향하는 체제가 다르고, 사회에서 중요하게 여기는 가치 또한 전혀 다르다. 그러므로 새터민들이 올바른 가치관을 정립할 수 있도록 교회와 같은 종교 단체나 시민사회 단체들이 도와주어야 한다. 필자의 조사에서 "할 수만 있다면 모든 수단을 동원해서 돈을 많이 벌고 싶다"는 진술에 대해 "매우 그렇다"(52.0%)와 "조금 그렇다"(23.6)를 합하면 75.7퍼센트가 긍정의 답을 했다. 이들 중 일부의 경우 돈을 많이 벌려는 목적이 북한에 있는 가족들을 위해서라는 점을 감안하더라도, 자칫 이들이 황금만능주의적인 사고방식을 갖게 되는 것이 아닌지 우려가 된다.

그런데 실제 새터민들이 교회로부터 받은 도움은 예상보다 많지 않았다. "남한 사회에 적응하는 데 교회의 도움을 받았다"에 대해 49.1퍼센트만이 긍정하는 대답을 하였는데, 불교인이거나 종교가 없는 새터민은 각각 23.1퍼센트와 15.6퍼센트만이 동의를 하였다. 불교인은 차치하더라도, 종교가 없는 사람들에게조차 교회가 거의 도움이 되지 않았다는 것이다. 종교가 없기 때문에 종교단체의 도움을 받지 못한 것이 당연하게 생각될 수도 있으나, 종교단체가 외부에 있는 새터민에게까지 도움의 손길을 뻗치지 못했다고 볼 수도 있으므로, 교회의 보다 폭넓은 지원이 필요한 것으로 여겨진다.

새터민들이 남한 사회에 정착하는 것을 지원하기 위해 현재 우리 사회에서 민간단체가 하고 있는 활동은 주로 하나원[17] 방문, 생필품 전달, 위로 행사 등이다. 또한 새터민이 정착 생활을 시작할 때에는 주로 가재도구 및 생필품 지원, 정착생활 보조금 지급, 장학금 지급 등의 지원 활동이 이루어지는데, 이러한 활동들은 주로 종교단체가 주도하고 있다. 최근에는 일부 시민 단체들이 일회성 위로 행사가 아닌 탈북자 정착 및 적응 지원 프로그램들의 운영을 시도하고 있다.

특히 2009년 하나센터와 2010년 북한이탈주민재단이 만들어진 것을 필두로 하여 정착 지원 서비스를 전달하는 사업과 활동들이 전국적으로 벌어지면서, 정착 지원 단체와 새터민 단체들이 수적으로 급증하고 있다. 그 과정에서 동일한 사업 대상을 둘러싸고 각 지원 주체 간 경쟁이 격화되면서, 시민 사회의 자발성에 입각한 소규모 민간단체들이 퇴조하고 준공공기관들의 정착 사업 참여가 늘어나는 현상이 일어났다. 뿐만 아니라 새터민들 스스로가

---

17. 새터민들의 이주 초기 적응 교육을 실시하고 사회 진출 후 안정적 정착을 지원을 하는 통일부 산하 기관으로, 정식 명칭은 '북한 이탈 주민 정착 지원 사무소'다.

다양한 단체들을 조직하여 정책 참여를 활발하게 하는 등 지형 변화가 두드러지고 있다.[18]

이러한 상황에서 고려해야 하는 문제는, 새터민에 대한 여러 가지 지원 정책이 단순히 새터민들을 우리 사회에 쉽게 적응시키고 정착시킨다는 도구적 가치의 측면에만 초점이 맞춰져 있다는 점이다. 지원의 긍정적 효과에도 불구하고 지원 자체가 주요 관심사가 되면서, 남북주민이 만나 생활공간에서 사람의 통일을 이루어간다는 의미의 '사회 통합'이라는 보다 궁극적인 목표는 관심 밖의 영역이 되고 있다. 이러한 상황에서 남한 주민은 '주는 자'의 시각에서 새터민 문제를 한국사회의 '짐'이라고 인식하는가 하면, 새터민 역시 스스로를 '받는 자'로서 인식하면서 어떻게 더 잘, 더 많이 받아낼 것인가가 가장 중요한 관심사가 되고 있는 상황이다.

이러한 측면에서 볼 때 이제는 새터민의 정착 지원이 지향하는 근본의 가치가 무엇인지 되짚고, 새터민 정책이 단순히 정착 지원이라는 좁은 의미를 넘어서 보다 넓은 의미의 통일 지향적 사회 통합을 지향해야 한다.[19] 이를 위해서는 앞에서도 언급한 바와 같이 일차로는 이들의 사회화 과정에 주목할 필요가 있다. 최근에는 가족 단위 새터민들이 증가하고 있음을 역시 앞서 언급했는데, 여기서 주부인 여성의 역할이 매우 중요하다는 점에서 새터민 여성에 대한 특별한 관심이 필요하다. 여성은 남성보다 보호 본능과 생활력이 강해 가정을 견인하는 중요한 역할을 할 뿐만 아니라 자녀 교육에서도 매우 중요한 위치를 차지하고 있기 때문에, 새터민 여성들의 사회화 과정에 주목해야 한다.

---

18. 김화순·최대석, 「탈북이주민 정착정책의 인식과 과제: 정착지원을 넘어 사회통합으로」, 『통일정책연구』, 20권 2호(2011), 38쪽.
19. 윗글, 39~40쪽.

다음으로 청소년들의 경우, 방과 후에 남한 청소년과의 친교가 없어서 고립되거나 단절될 우려가 많다. 사회화 과정에는 또래 집단의 영향이 매우 크므로 이들이 학교생활에 잘 적응할 수 있도록 관심이 필요하다. 그러나 많은 경우 교사들이 새터민 학생들에게 무관심하거나 이해가 부족하여 어려움을 겪고 있다. 특히 새터민 청소년들은 북한 이탈 기간 때문에 동년배 학생들보다 나이가 많은 경우들이 많아 더 큰 어려움을 겪게 되므로 주위의 관심이 필요하다. 얼마 전에는 수도권에 새터민 청소년을 위한 학교가 설립되려고 했으나 지역 주민들의 반발에 부딪혀 무산된 경우도 있다. 그러므로 새터민들을 우리 사회 구성원으로 인정하는 태도가 먼저 절실히 요구된다.

그리고 이들이 우리 사회의 어엿한 구성원으로서 삶을 영위할 수 있도록 사회적 연계 체계를 수립할 필요가 있다. 기초자치단체의 행정이나 사회 복지 서비스뿐만 아니라, 지역 민간단체와 새터민들을 연계시켜 이들이 지역 공동체의 일원이 될 수 있도록 하는 것이 바람직하다. 최근에 정부는 새터민 거주 지역을 중심으로 '북한 이탈 주민 지원 지역 협의회'를 구축하고 있는데, 이러한 로컬 거버넌스local governance, 지역 협치체제[20]에 교회가 적극적으로 참여하여 지원 활동을 하는 것이 필요하다.

이러한 점에서 지역의 내생적 발전에 필요한 주요 자원을 동원하는 자발적 자원동원 체제를 지역 결사체 거버넌스라고 한다. 이러한 자원 동원 체제로서 결사체 거버넌스가 원활하게 작동하는 것은 참여 주체들 사이의 사회 자본의 크기에 달려 있다. 구체적으로 조직 구성원들 상호간의 이익을 증진

---

20. 거버넌스란 이전에 국가가 정치·행정을 중심으로 통치 행위를 하던 것에 반하는 현대사회의 협치체제를 강조하는 용어이다. 곧 기업, 학계, 시민사회 등이 정부나 지자체와 함께 국가와 지역을 운영하는 것을 말하는 것이다. 특히, 지역의 발전을 위해 여러 단위가 모인 것을 지역 협치체계라고 한다.

시키기 위한 조정과 합의를 이끌어 내는 기본 동력인 신뢰, 규범, 가치 등을 사회자본이라고 할 수 있는데, 이 사회자본이 공동체 회복을 위한 원동력이 되는 것이다.[21] 따라서 새터민들 사이에서 사회자본을 형성하기 위한 구체적인 전략을 개발하는 일이 필요하다.

이를 위해 우선 필요한 것은 새터민들의 '역량 강화'이다. 여기서 역량 강화는 힘이나 권위를 주거나, 어떤 것을 가능하게 하거나, 세력화 시켜 나가는 것을 의미한다. 19세기 후반 미국 흑인 여성들은 백인의 차별과 사회의 불평등한 서비스 등에 대항하기 위하여 사회 개혁적인 차원에서 활동을 시작하였는데, 이것이 역량 강화 활동들의 시초가 되었다. 사회 복지에서 역량 강화는 무력감을 갖는 개인이나 가족 또는 지역사회가 힘을 갖도록 하는 것이다. 이런 의미에서 우리 사회의 새터민들이 단순히 수혜 대상이라는 인식을 넘어서 스스로 자신의 문제를 해결해 나갈 수 있는 능력을 키우는 것이 중요하다.

그리고 다수자의 입장에서 역량 강화는 차이와 다양성을 받아들이는 능력을 길러 소수자들과 함께 더불어 살아가는 세상을 만들어 나가는 능력을 향상시키는 것이라고 할 수 있다. 남한 주민들은 새터민들에 대한 선입견과 편견을 없애고 이들을 우리와 똑같은 우리 사회의 구성원으로 인정해야 한다. 또한 남북한 문화의 다양성을 존중하며 민주적인 대화를 통하여 사회 통합을 이루어 가는 것이 중요하다. 이를 위하여 학교뿐만 아니라 종교 기관을 포함한 다양한 시민사회 단체가 협력하여 노력해야 할 것이다.

이러한 과정을 통하여 새터민 거주 지역을 중심으로 지역 조직 사업을 하거나, 새터민이 주체가 되는 지역공동체 운동을 벌이는 것이 바람직하다. 이

---

21. Rosemary Leonard·Jenny Onyx, *Social Capital and Community Building: Spinning Straw into Gold*(Janus Publishing Company, 2005).

미 새터민들이 만든 국수 공장이나 음식점들이 성공을 거두어 새터민들의 고용을 증대하고 자존감을 제고한 예들이 있다. 그러므로 일부 교회에서 하고 있는 것과 같이 새터민을 지원하기 위해 사회적 기업을 세우는 일 역시 큰 도움이 될 것으로 판단된다.

또한 이러한 지원은 물질적인 것뿐만 아니라 이들이 올바른 가치관과 규범을 가지고 사회생활을 영위하며, 나아가 한반도 통일과 그 이후의 과정에서 역할을 할 수 있도록 뒷받침하는 것이어야 한다. 통일 이후에 사회 통합을 위해서는 다소 이질적인 남한 사람들의 목소리보다는 같은 지역에서 같은 말투를 사용하고 같은 방식으로 사고했던 새터민들의 목소리가 훨씬 강한 설득력이 있을 것이다. 반면에 이들은 북한을 이탈한 경험 때문에 북한 현지 주민으로부터 반감을 살 우려도 있으므로, 북북 갈등을 최소화하면서 통합을 이룰 수 있는 방법을 모색할 필요도 있다. 이들을 성심으로 도와 통일 국가의 어엿한 주체의 한 축이 될 수 있도록 하는 것이, 교회가 선교의 책임을 다할 수 있는 좋은 방법이 될 것이다.

5. 통일 후 교회의 역할

앞에서 살펴본 바와 같이 인간 중심의 사회 통합의 관점에서 통일 후에 교회가 담당해야 할 역할은 매우 크다. 여기서 통일 '이후'에 관심을 갖는 이유는, 통일 '과정'이 통일 '이후'의 문제에 직결되어 있기 때문이다.[22] 다시 말해, 통일 후에 일어날 사회 통합의 차원을 고려하지 않고는 통일을 추진할 수

---

22. 전상인, 「통일과 남북한의 사회 통합」, 『통일문제 연구』(1996, 4월호), 237쪽.

없다는 것이다.

최근에는 통일 후 사회 통합의 문제를 고려하여 '선 통일, 후 통합'이 아니라 '선 통합, 후 통일'에 대한 주장이 나오고 있으나, 사회 통합이라고 하는 것이 10년 이내라는 짧은 기간에 성취될 수 있는 것이 아니므로, 통일과 사회 통합의 문제에 대해서는 장기간의 안목으로 대비해야 한다.[23] 독일의 경우 그렇게 오랜 시간 동안 사회 통합의 측면을 염두에 두고 통일을 준비해 왔음에도 불구하고 역설적으로 현재 사회 통합 문제가 가장 심각하게 드러나고 있다. 이 사실을 볼 때 사회 통합의 중요성은 아무리 강조해도 지나치지 않을 것이다.

이질적인 두 집단 사이의 사회 통합을 위해서는 민간단체들의 역할, 그 중에서도 종교 단체의 역할이 매우 중요하다. 앞에서도 논의하였듯이 사회 통합은 정치 제도나 경제 체제와 같은 체계상의 통합이 아니라, 생활 세계 또는 시민사회 영역에서의 통합을 의미하기 때문이다. 특히 보편적 가치를 창출하는 종교의 역할은 지대하다고 할 수 있다. 독일의 경우 매우 안타깝게 여겨지는 것이, 바로 통일 이후 교회들이 이렇다 할 역할을 하지 못했다는 점이다. 통일 이전에는 독일 정부의 방해에도 불구하고 긴밀한 관계를 유지하였던 동독과 서독 지역의 교회들이 통일 이후에는 그러한 관계를 더 이상 유지하지 못하였다.[24] 통일이 되자 동독 지역의 교회들이 이제 도움 없이도 스스로 역할을 할 수 있다고 판단하고 서독 지역 교회들과의 관계를 끊었기 때문이다.

물론 사회 통합을 위한 교회의 역할이 단순히 분단된 지역에 있는 교회

---

23. 전문가들은 통일 후 사회 통합의 기간은 적어도 10년에서 15년 이상이 필요하다고 예상한다.
24. 통일 과정에 기여한 교회의 역할에 대하여는 주도홍, 『독일 통일에 기여한 독일 교회 이야기』(서울: 기독교문서선교회, 1999)를 볼 것.

들 사이의 교류만을 의미하는 것은 아니다. 앞에서도 논의한 대로, 사회 통합은 단순히 동질성을 회복하거나 기존 체제에 적응하는 것에만 머물지 않기 때문이다. 서로에 대한 이질성을 인정하고 각각의 사회구성원들이 합의할 수 있는 새로운 가치를 창출하고, 이러한 가치에 의해 재사회화를 하는 것이 사회 통합의 매우 중요한 부분을 차지한다.

그런데도 지금까지 통일과 관련된 한국교회의 역할은 다음과 같이 크게 양분된 영역에서 진행되어 왔을 뿐이다. 한편에서는 보수 교단이 주도하는 북한 선교의 관점에서 북한 당국이 세운 교회와 조선기독교도연맹의 존재를 인정하지 않는다. 이쪽 입장의 교회들은 오로지 직접 복음을 전하려는 열정에 사로잡혀 북한에 상존하고 있다고 믿는 지하교회 성도들과의 연결을 모색하고, 실천 가능한 모든 방법을 동원하여 성경과 전도지를 전하는 데 전력해 왔다. 이런 활동들을 복음에 대한 매우 순수한 열정의 표현이라고 할 수도 있으나, 아직도 적대적인 긴장을 완전히 해소하지 못하고 있는 현재의 남북관계를 고려할 때, 이러한 북한 선교 운동은 기독교에 대한 북한 당국의 태도를 더욱 경색시킬 뿐이다. 더 나아가 남북관계, 그리고 궁극적으로 한반도 통일의 전망에도 좋지 않은 영향을 미칠 우려가 있다.

이와 반대로 다른 한편에서는 진보 교단이 중심이 되어 '기독교 통일 운동'을 펼쳤는데, 이들은 남북교회가 신앙의 기초 위에서 영적, 물질적 자산을 나누고 공유하며, 민족의 화해와 평화통일의 선교 사명을 다하는 것을 목적으로 나눔 운동을 전개했다. 하지만 이러한 운동은 비록 조국의 평화통일이라는 궁극적 목표를 위해 추진되고 있는 기독교 교류 운동이라고 하더라도, 실제로는 기독교계 안에서조차 기독교적인 것들로부터 크게 벗어나 있다고 비판받고 있다. 게다가 운동에서 드러나는 반체제적 정서와 통일에 대한 정치적 접근방법으로 정부의 통일정책과 갈등을 빚을 가능성이 크다는 점이

지적되어 왔다.

이와 같이 현재의 남북의 기독교 교류를 살펴보면 자칫 통일이 아닌 분열 운동이 될 가능성이 매우 높은 실정이다. 따라서 현재 기독교계의 통일 운동의 양상을 고려할 때 제3의 방법이 새로이 요구된다. 그것은 현실 정치의 가치 판단을 개입시키지 않고, 순수하게 사회 통합의 관점에서 통일 문제에 접근하는 방법이다. 곧 분단의 영향으로 형성된 북한에 대한 적대적 태도를 지양하고, 상호 인정에 바탕을 둔 화해와 협력에 대한 인식을 심화시키며, 통일 후 삶의 단절을 겪게 될 사람들의 어려움과 그들의 재사회화 과정에 주목하는 것이다. 그리고 기독교가 여기에 어떻게 기여할 수 있을까 고민하는 것이다.

이것은 교회가 기독교의 사회적 형태로서, 시민사회 속에서 기독교가 전해 줄 수 있는 사회의 보편 가치들, 즉 민주주의, 인권, 윤리의 내용들을 어떻게 만들어서 전달할 것인가 고민하는 것이라고도 할 수 있다. 곧 교회의 울타리를 벗어나 교육을 통해 사회에 봉사한다는 입장에서, 통일 후의 시기를 맞는 통일 한국의 시민들이 통일 한국에 맞게 가치 기준을 전환하고 자아 정체성을 재정립하도록 하는 등으로 재사회화의 과정을 돕는 것이다.[25]

그러나 교회가 개인의 재사회화를 돕는다는 말은 단지 개인을 기독교화하는 차원에서 돕는다는 의미가 아니다. 재사회화를 지원하는 일로서 기독교가 담당해야 할 역할은 교회의 영향력을 단순히 교회라는 사회 조직의 울타리 안에 한정시키는 것이 아니라, 그 영향력으로 사회 전반에 기여는 것이어야 한다. 그러기 위해서는 기독교의 보편주의 사상과 관행을 더욱 개발시켜

---

25. 정재영, 「사회통합의 관점에서 통일 후 기독교의 역할」, 박영신·정재영, 『현대 한국사회와 기독교』 (서울: 한들, 2006), 195~198쪽.

그것을 통일 한국의 사회 구성 원리로 제시함으로써, 그에 근거한 사회 통합이 가능하도록 해야 한다. 즉 기독교라는 작은 울타리 안에 소속된 구성원들에게만 영향력을 행사할 것이 아니라, 기독교라는 울타리를 뛰어넘는 보편적 가치를 제시함으로써 남과 북의 시민들이 공유할 수 있는 통합의 마당을 마련해 주어야 한다는 것이다.

오늘날의 현실에서는 자본주의든 사회주의든 간에, 마찬가지로 두 체제의 사회구성원 모두가 하나님의 형상을 회복하지 못한 채 왜곡되고 억압된 삶을 살도록 강요당하고 있다. 북한 사회는 물론이거니와, 남한 사회 역시 성경에서 제시하는 바람직한 사회의 모습과는 거리가 멀어 보인다. 지나치게 물질을 중시하는 경제주의식 사고, 자기 가족과 자기 소속 집단 중심의 이기적인 삶의 태도, 그리고 약육강식의 무한 경쟁 체제는 우리 사회 구성원들의 삶을 더욱 피폐하게 만들고 있다.

그러므로 통일된 국가에서는 이렇게 통일 이전의 우리 사회에 현존하는 가치들을 극복하고, 성경이 제시하고 있는 본래의 기독교 정신을 실천할 수 있는 새로운 가치 및 규범이 국가의 가치 체계로 자리 잡을 수 있어야 한다. 이를 위해 교회는 기독교 정신에 입각하면서도 비기독교인들도 거부감 없이 받아들일 수 있는 보편의 가치, 신학이나 신앙의 표현을 직접 드러내지 않으면서도 성경의 원리로 한민족 전체를 묶어 줄 수 있는 공통의 가치 의식을 만들어야 한다. 그리고 두 사회의 구성원들의 감성을 담아 표현하는 데 걸림이 없는 새로운 언어를 창조해야 한다.

제10장
세계교회 속에서 한국교회의 변화를 모색하다
: 미래 교회의 변화와 전망

세계의 종교 지형은 최근 큰 변화를 보이고 있다. 서구 교회의 쇠퇴와 이슬람교의 급부상, 그리고 다양한 신흥 종교의 등장에 따라 미래의 종교 지형은 지금과는 사뭇 다른 양상으로 전개될 수도 있다. 기독교 내부의 변화도 적지 않다. 아시아를 비롯한 제3세계교회의 성장과, 그중에서도 중국교회의 성장은 놀랄 만하다. 전체 14억 중국인의 10퍼센트가 기독교인으로 알려지고 있어서 한 나라로는 미국을 제치고 기독교 인구 가장 많은 나라로 성장할 가능성이 있으며, 앞으로 파키스탄이나 방글라데시와 같은 인접 국가에 대한 선교는 중국교회가 직접 감당할 것이라는 예측도 나오고 있다. 이러한 흐름 속에서 한국교회는 현재 어떤 위치에 자리하고 있고, 미래 사회에서 교회의 역할이 무엇일까에 대한 진지한 고민이 필요한 시점이다.

1. 세계교회의 변화

미래 한국교회의 변화를 이해하기 위해서는 먼저 세계 기독교의 현실과 전망에 대하여 살펴볼 필요가 있다. 미국 해외선교연구센터OMSC가 선교연구지 『IBMRInternational Bulletin of Missionary Research』을 통해 발표한 '2018년 세계 종교인구 및 세계선교 연례 통계'에 따르면, 기독교인은 25억 683만 5,000명, 무슬림 18억 2,092만 6,000명, 힌두교인 10억 4,398만 명, 불교인 5억 3,280만 5,000명, 무신론자와 불가지론자 포함한 무無종교인 8억 3,845만 4,000명으로 집계됐다. 지구촌이 100명의 마을이라면 33명은 기독교인, 22명은 무슬림, 14명은 힌두교인인 셈이다.

기독교 안에는 가톨릭 12억 3,995만 명, 개신교 5억 6,718만 5,000명, 독립교회 4억 4,643만 4,000명, 정교회 2억 8,449만 9,000명 등이 포함되어 있다. 여기서 독립교회란 다른 종파에서 분리된 교회거나, 외국인 선교사 등을 통해 시작되지 않은 토착교회를 뜻한다. 따라서 기독교를 세분하여 본다면, 이슬람교가 세계 최대종교라고 볼 수 있다.

최근의 기독교인 증가율은 이슬람교는 물론 시크교와 힌두교에도 뒤지는 것으로 나타났다. 증가율은 이슬람교 1.94퍼센트, 힌두교 1,33퍼센트, 기독교 1.30퍼센트, 불교 0.94퍼센트 순이었다. 세계인구 대비 기독교인의 비율도 낮아져서 기독교인 증가율에 정체현상이 이어질 것으로 보인다. 1900년대에는 세계인구 16억 명 중에 기독교인 비율이 34.5퍼센트였으나, 2018년 현재 기독교인 비율은 33.0퍼센트로 다소 낮아졌다. 앞으로 2050년 세계 인구는 89억 명이 될 것으로 추산되는데, 기독교 인구는 35.4퍼센트로 약간 증가할 것으로 예상되었다.

대륙별 기독교 인구는 아프리카 5억 9,899만 6,000명, 라틴아메리카 5

억 9,693만 6,000명, 유럽 5억 4,951만 6,000명, 아시아 3억 9,725만 2,000명, 북아메리카 2억 3,111만 2,000명, 오세아니아 2,499만 9,000명으로 아프리카가 1위로 올라섰고 유럽은 3위로 내려갔다. 라틴아메리카가 제2의 기독교 인구밀집 대륙인 것은 전통적인 가톨릭 강세 지역이기 때문이다. 반면에 이슬람교와 힌두교·불교의 원산지이자 최다 인구가 밀집되어 있는 아시아의 기독교 인구는 여전히 비교적 소수인 것으로 밝혀졌다.

지난 100여 년 간 종교들의 교세는 각각 다르게 변해 왔다. 1900년에서 2005년 사이 기독교 인구는 세계 전체 인구 대비 34.4퍼센트에서 33.0퍼센트로 약간 감소했고, 불교는 7.8퍼센트에서 5.9퍼센트로 감소했다. 힌두교는 같은 기간 동안 12.5퍼센트에서 14.1퍼센트로 증가했고, 가장 현저한 변화는 이슬람교로 지난 105년 사이 세계 전체 인구의 12.3퍼센트에서 20.3퍼센트로 크게 증가했다. 기독교 가운데서 가톨릭은 16.5퍼센트에서 16.4퍼센트로 거의 변화가 없으나, 개신교는 6.4퍼센트에서 5.5퍼센트로 감소했다. 성공회를 포함하면 개신교는 8.3퍼센트에서 6.6퍼센트로 감소한 것이 된다. 정교회는 7.2퍼센트에서 3.8퍼센트로 감소했다.

기독교인의 분포는 대륙별로 현저한 차이가 있고, 그 변화 추이도 대륙별로 커다란 차이를 보이고 있다. 2000년 현재 기독교인 비율이 가장 높은 대륙은 가톨릭이 절대적 영향을 미치고 있는 라틴아메리카로, 대륙 인구의 92.7퍼센트가 기독교인이다. 북아메리카(84.2%), 오세아니아(82.6%), 유럽(76.8%)도 전통적인 기독교 지역답게 기독교인 비율이 매우 높다. 아프리카는 기독교인 비율이 45.9퍼센트이며, 아시아는 8.5퍼센트에 불과하다. 그러나 아시아지역의 비율이 낮은 것은 아시아 인구의 대다수를 차지하는 중국의 기독교인 비율이 낮기 때문이며, 기독교인 수 자체는 이미 북아메리카와

오세아니아 대륙의 기독교인 수를 합친 것보다도 많아졌다.[1]

주목할 만한 사실은 기독교인의 비율이 100년 사이에 대륙별로 커다란 변화가 있어 왔다는 점이다. 유럽의 경우는 94.5퍼센트에서 76.8퍼센트로 크게 감소했고, 북아메리카도 96.6퍼센트에서 84.2퍼센트로 감소했으며, 라틴 아메리카는 95.2퍼센트에서 92.7퍼센트로 약간 감소했다. 유럽 교회의 쇠퇴를 대표하는 나라는 영국이다. 인구 약 6천만 명 가운데 기독교 외의 종교를 믿는 사람의 수는 많지 않다. 2000년에 실시한 한 조사에 따르면 영국인의 44퍼센트가 무종교라고 답했는데, 이것은 1993년의 31퍼센트에서 더 증가한 것이다. 특히 젊은이들 중에는 삼분의 이가 무종교라는 사실은 영국교회의 심각한 상황을 보여 주는 것이다.[2]

그러나 기독교인 수의 감소를 전적으로 세속화와 동일시할 수는 없다. 비교적 세속화한 나라에서도 놀라울 정도로 많은 사람이 신앙을 가지고 있고, 교회는 안 나가도 대다수는 하나님은 믿고 있으며, 확신은 없어도 스스로 기독교인이라고 여긴다. 이것이 그레이스 데이비Grace Davie가 '소속 없는 신앙Believing without Belonging'이라는 부제를 달고 있는 그의 저서에서 조사한 결과이다. 일종의 '문화화한 기독교'라고 할 수 있는데, 이러한 일반화된 사회적 기억으로 종교가 얼마나 오래 생존할지는 분명하지 않다. 제도로서의 종교가 쇠퇴한 뒤에도 한 세대 정도는 기독교가 살아남을지 모르지만, 30년 내지 40년 뒤의 상황은 알 수 없기 때문이다.[3]

---

1. 이원규, 「한국교회와 수평이동」, 『한국교회의 위기와 희망』(서울: KMC, 2010), 120~122쪽. 세계 기독교 지형 변화에 대해서는 최근에 출판된 이원규, 『머리의 종교에서 가슴의 종교로: 21세기 기독교 영성』(서울: KMC, 2012)을 볼 것.
2. 필립 젠킨스, 『신의 미래: 종교는 세계를 어떻게 바꾸는가?』(김신권·최요한 옮김, 서울: 도마의 길, 2009), 185쪽.
3. 이에 대해서는 Grace Davie, *Religion in Britain since 1945: Believing without Belonging*(Oxford:

반면에 오세아니아는 같은 기간 동안 기독교인 비율이 77.5퍼센트에서 82.6퍼센트로 다소 증가했고, 아프리카에서는 9.2퍼센트에서 45.9퍼센트로 무려 다섯 배 증가했다. 아시아 경우에도 2.3퍼센트에서 8.5퍼센트로 네 배 가까이 증가했다. 결국 양적인 측면에서 보면 기독교는 유럽에서는 현저하게 쇠퇴하고 있고, 반대로 아프리카와 아시아에서는 크게 성장하고 있다는 사실을 알 수 있다.

이원규 교수는 21세기의 세계 기독교에 대해서, 제도적인 교회는 당분간 계속 쇠퇴할 것으로 보이지만 사적인 종교적 관심은 지속될 것이라고 예측한다. 종교는 더 이상 사회 수준에서는 통합이나 변동의 기능을 수행하기 어렵겠지만, 개인에 대하여 위로나 정신적 안정, 만족감과 같은 심리적인 기능은 계속 수행할 것이기 때문이다. 종교의 사사화私事化론을 주장하는 학자들 역시 미래 사회에서는 전통적인 종교가 사회 구조의 수준에서 상징적인 종교적 실재를 내면화하는 일이 강화되거나 뒷받침되지 않겠지만, 개인의 종교성은 여전히 의미가 있을 것이라고 말한다.

그러나 일종의 대체 종교[4]로서 '시민 종교'가 기성 종교를 대신하여 사회 통합을 이루어 내는 중요한 기능을 수행할 수 있다는 주장도 설득력 있게 제시되고 있다. 시민 종교는 "시민으로서 한 사람의 역할, 공간, 시간, 그리고 역사 안에서의 사회적 위치를 궁극적 존재와 의미의 상황에 관계시키는 일련의 믿음, 의식, 그리고 상징"을 의미한다.[5] 이러한 시민 종교는 20세기 후반기에 세계화 과정에 대한 반작용으로 나타나고 있는 지역주의 및 민족주의 이념의 확산으로, 미래의 중요한 대체 종교로 발전할 것으로 예상된다. 민

Oxford University Press, 1994)을 볼 것.
4. 기성 종교에 속하지 않으면서 기성 종교의 사회적 기능을 대체하는 것들을 가리킨다.
5. John A. Coleman, "Civil Religion," *Sociological Analysis*, 32-2(1970), 70.

족주의 이데올로기 이외에도 다양한 형태의 대체 종교들, 예를 들면 여가산업이나 스포츠 등이 더욱 발달하여 기성 종교에 대한 강력한 경쟁자가 될 것이다.[6]

2. 오순절운동의 강세

기독교 교세에서 특징적인 것은 은사주의적인 오순절파 계통의 교회들이 급성장했다는 점이다. 이 계통에 속하는 교인의 수는 1900년 98만 명에서 2000년에는 5억 2천만 명으로 엄청난 성장을 하였다. 2018년에는 6억 8,273만 1,000명까지 늘어나서 연 증가율이 2.2퍼센트로 세계 기독교인구 대비 27.2퍼센트를 차지했는데, 2050년에는 10억 9,121만 명으로 세계 기독교 인구 대비 31.7퍼센트로 늘어날 것으로 예측되고 있다. 물론 이 숫자 가운데에는 개신교의 여러 교파와 가톨릭교회의 교인 숫자가 포함되어 있다. 개신교 가운데서는 장로교 계통의 교인 수가 가장 많고, 다음으로 성공회, 침례교, 감리교, 루터교 순이나 차이는 크지 않다.

20세기 중반 이후 세계적으로 놀랍게 확산되고 있는 이 오순절운동 五旬節運動, Pentecostalism은 성령과 은사(방언, 입신, 치유, 춤)를 특별히 강조하는 뜨거운 신앙운동으로 다음과 같은 특징을 가지고 있다. 먼저 성경으로 돌아가고자 하며, 구원의 조건으로 회심과 갱생의 경험을 강조한다. 그리고 성령 세례를 강조하며, 방언의 은사를 갈구하고, 마귀론이 강조되고 기도를 통한 치유를 강조한다. 또한 열광적인 예배 분위기를 조성하고, 춤과 몸짓이 중요한

---

6. 이원규, 윗글, 126~127쪽.

구실을 한다. 은사주의 운동의 뜨거운 신앙적 열기는 실제로 교회 성장에 크게 기여했다. 그 운동의 신앙적 역동성이 개인의 종교성을 강화시킬 뿐만 아니라, 구령의 열정을 만들어 내기 때문이다.[7]

오순절운동이 특히 사회적 박탈을 경험한 사람들에게 매력이 있는 것은, 이 운동이 말하는 복음이 흔히 말하는 '번영의 복음'이기 때문이다. 오순절파 교회들은 대체로 믿음을 통해 건강과 부를 얻을 수 있다는 메시지를 전함으로 사회적·경제적·육체적으로 어려움을 겪고 있는 사람들에게 희망을 준다. 이것이 서양에 비해 경제 수준이 낮은 아프리카, 아시아, 라틴아메리카와 같은 제3세계에서 개신교가 급속히 증가한 이유를 설명해 준다. 라틴아메리카의 경우 원래 대다수가 가톨릭 신자였지만, 많은 신도가 은사주의 운동을 전개하는 개신교로 옮겨가서 그 숫자가 7천만 명에 이르고 있다. 아프리카 전체 기독교인의 28퍼센트, 아시아 기독교인의 24퍼센트가 은사주의적 교파에 속하여 있다.

도널드 밀러Donald E. Miller와 테츠나오 야마모리山森鉄直는 4년간 세계를 돌면서 20여 나라를 방문하고 조사한 내용을 바탕으로 책을 써서, 사회적 이미지 추락으로 고민하는 현대교회에 사회 참여의 새로운 모델, 곧 '성령 운동'을 제시하고 있다.[8] 저자들은 이 책에서 현재 세계적으로 부흥되고 있는 성령 운동 내부의 다양한 흐름들을 살펴보면서 특별히 성령 운동 안에서 새롭게 출현하고 있는 측면, 곧 사회 참여에 적극적인 오순절주의 교회에 주목하고 있다. 그들은 복음 전도와 사회 참여 양자의 균형을 찾는 오순절주의 교

---

7. 이원규, 「사회변동과 한국교회의 미래」, 윗글, 159~161쪽.
8. Donald E. Miller and Tetsunao Yamamori, *Global Pentecostalism* (Berkeley: University of California Press, 2007). 이 책은 김성건·정종현 옮김, 『왜 섬기는 교회에 세계가 열광하는가』(서울: 교회성장연구소, 2008)로 번역되었다.

회를 '선진적 오순절운동Progressive Pentecostalism'이라고 명명하였다.

이러한 부류를 '새로운 오순절운동neo-Pentecostalism'이라고 부르기도 하는데, 초기 오순절운동이 남미 하류층을 중심으로 발전한 데 반해 이 새로운 오순절운동은 중산층을 포섭하면서 전세계적으로 번지고 있다는 것이다. 그러나 이러한 설명에는 논리적 오류가 있을 수 있다. 사회학에서는 중산층이 다른 계층에 비해 자발결사체 참여에 적극적이고 사회봉사에도 적극적으로 참여한다는 것이 일반적인 견해이다. 따라서 중산층이 오순절운동에 참여함으로써 사회 참여에 적극적이게 된다기보다는 그것이 본래 중산층이 가지고 있는 특성일 수 있다는 것이다. 그러므로 오순절운동의 의미가 과대평가되는 경향이 있다.

알리스터 맥그래스Alister McGrath는 그럼에도 오순절운동이 세계 전역에 걸쳐 호소력을 얻게 된 까닭을 두 가지 요인으로 설명하고 있다. 첫째, 오순절운동은 정통주의 기독교의 메마르고 지식에만 호소하는 형태를 피하고 하나님을 직접 그리고 속히 체험하는 것을 강조하고 있다. 이런 점에서 오순절운동은 남미의 노동자 계급이 사는 지역으로 거대한 물결을 이루며 침투해 들어갔는데, 이것은 신 존재와 직접 의사소통할 수 있다는 점 덕분에 지식을 으뜸으로 추구하는 문화에 구애받지 않기 때문이다. 그리고 둘째는, 오순절운동이 문화의 간격을 매우 효과 있게 메워 줄 수 있는 어떤 언어와 의사소통의 형태를 사용하고 있다는 점 때문이다.

이런 점에서 맥그라스는 오순절운동은 이미 가톨릭에 대해서 개신교가 내놓은 가장 중요한 대안이라고 말한다. 오순절운동은 한때 주류였던 개신교 그룹들을 갓길로 몰아내고 대신 자신이 주류의 자리를 차지했는데, 이렇게 오순절운동이 성공을 거둔 이유들 가운데 하나는 주류 개신교가 소외당하고 어려운 처지에 있는 사람들의 요구와 열망을 충족시켜 주지 못했기 때문이

라는 것이다.[9]

세계 교회에서 이와 같은 오순절운동의 강세는 한국교회에 시사하는 바가 크다. 한국인의 종교성은 전통적으로 감성적이고 열정적인 특성을 가지고 있다. 사색과 명상을 통해 머리로 믿는 종교보다는 가슴으로 뜨겁게 받아들이는 종교가 적성에 맞으며, 따라서 전통적으로 종교 행위는 '신들리는' 또는 '신나는' 일이 되어 왔다. 한국 기독교에서 열광주의, 부흥 운동, 은사주의 운동이 크게 호응을 받고 있는 것도 한국인의 감정적인 문화적 정서와 무관하지 않을 것이다. 거기에다가 한국 종교문화의 현세적 공리주의의 성향은 오순절운동이 한국교회에서 급성장할 수 있는 풍토를 제공한다. 이에 대하여 종교학자인 정진홍 교수는 한국의 모든 종교의 공통점을 현세주의라고 말한 바 있다. 쉽게 기복신앙으로 나타나는 현세주의 경향은 한국 기독교에서 육체의 건강과 물질적 성공을 하나님의 축복으로 여기게 하고 있다.

지난 10년에서 20년 사이에 일부 선교 단체를 중심으로 성령 체험과 은사주의를 강조하는 오순절운동이 강하게 일었고, 이것이 많은 교회에 영향을 미쳐 최근에는 엄숙주의를 전통으로 하는 장로교회 예배에서조차 이러한 분위기가 고조되고 있는 실정이다. 특히 최근에 급성장하고 있는 몇몇 교회와 일부 대형 교회에서 모이고 있는 성령 집회에서는 병 낫기를 구하고 사회에서의 성공을 비는 사람들로 발 디딜 틈이 없을 정도이고, 이러한 추세는 한동안 지속될 것으로 보인다.

이것은 교계 출판 현황을 통해서도 확인할 수 있다. 치유 집회를 주도하고 있는 손기철 장로가 영성에서 성령을 강조하는 초자연적 영성의 흐름을 부각시키는 『고맙습니다 성령님』이 2008년 베스트셀러가 되었고, 이 해에

---

9. 알리스터 맥그라스, 『기독교의 미래』(박규태 옮김, 서울: 좋은씨앗, 2005), 153~154쪽.

같이 출간된 김우현 피디의 『하늘의 언어』도 역시 주목할 정도로 흥행하였다. 김우현 피디는 팔복 시리즈, 특히 『가난한 자는 복이 있나니』로 잘 알려진 작가임에도, 이 책 이후에 방언 관련 집회 강사로 변모하다시피 했다.[10] 이러한 흐름은 이후에 은사주의를 극단적으로 강조하는 이른바 '신사도운동'으로 나타나며 교계에서 큰 논란을 일으키기도 하였다.

물론 성령의 역사를 구하는 것 자체는 성경적임에 틀림이 없으나, 지나치게 감성만을 강조하고 신비를 추구하거나 현세에서의 복을 비는 신앙 행태는 본래 기독교의 정신과 부합하지 않는다. 또한 직통계시를 주장하는 것은 정통 기독교의 가르침에서 벗어나는 것이므로 주의를 요한다. 감성과 이성이 균형을 이루어야 건전한 신앙생활을 할 수 있으며, 여러 가지 은사도 단순히 개인의 필요를 채우기보다 공동체를 위해 사용되어야 바람직할 것이다. 한 사람의 종교 신념을 전부 개인만의 것이라거나 사사로운 것이라고 할 수 없다. 영성은 개인 수준에서 머무는 것이 아니라 공동체와 사회 수준에서 발현되는 것이기 때문이다.

그리고 영성이 봉사 및 지원 활동으로 연결되지 않는다면 영성이 우리 사회의 도전 속에서 살아남을 수 있을지 의심스럽다. 좁은 의미의 '수도원식 영성'으로 개인의 사사로운 공간 속으로 깊이 은거할 우려가 있는 것이다. 로버트 우스노우는 이러한 영성은 진정한 영성이 아니라고 말한다. 확실히 한 사람의 신앙은 개인의 것이고 신념의 문제이며 그 사람의 기본 인생관의 일부이지만, 신앙이 개인의 것이고 사사로운 것이라고 말할 때 우리는 믿음이 지

---

10. 김우현은 2009년에도 『하늘의 언어』의 만화판인 『영으로 비밀을 말함』(규장)과 방언과 성령 체험 이후에 대해 가르치는 『하나님의 이끄심』(규장)을 펴냄으로써 이 분야에 계속 나가고 있다. 이 내용은 학문공동체 카이로스가 정리한 '기독교출판 베스트셀러'에서 인용한 것이다.

닌 공공의 차원을 무시하게 되는 것이다.[11] 따라서 사회에 이바지하지 못하는 사사로운 경건은 성경의 정신과 부합하지 않는 것이다. 성숙한 기독교인의 관심은 마땅히 공공의 축복으로 향해야 하고, 교회 공동체의 삶은 공동체 안 뿐만이 아니라 밖에 있는 다른 사람들을 위한 삶이 되어야 한다는 점을 기억해야 한다.

3. 근본주의의 위협

오늘날 기독교계에서 끊임없이 논란의 중심에 서 있는 것이 근본주의根本主義, Fundamentalism이다. 우리 사회에서도 과거에 기독교인이 절에 들어가 '땅밟기'를 한 사건으로 뜨거운 논란을 불러일으킨 바 있다. 맥그라스는 종교 근본주의가 20세기에 많은 종교들에 영향을 미쳤고 앞으로도 사라지지 않을 것이라고 예견한다. 신앙의 뿌리를 지키자는 뜻으로 보이는 근본주의는 언뜻 보면 그리 부정적인 의미와는 무관한 것으로 보이지만, 실제로는 매우 부정적인 의미로 사용되고 있다.

근본주의는 근본 원리에 충실하다는 의미에서 '원리주의'라고도 불리는데, 사회학자인 제프리 해든Jeffrey Hadden은 근본주의가 미국에서 19세기부터 시작하여 20세기 전반에 가장 최고조에 달했던 기독교 신학 운동을 지칭하는 것으로 본다. 당시 이 운동은 개신교를 현대 세계에 적응시키기 위해 기독교 신앙을 변화시키려는 내적 움직임에 반대하여 근본 신앙을 지키는 것에

---

11. Robert Wuthnow, *Producing the Sacred*(Urbana and Chicago: University of Illinois Press, 1994), 36~38쪽.

주된 관심을 보였다. 이러한 초기 근본주의 운동은 이후 회심의 경험과 종교적 삶을 강조하는 '성결 운동聖潔運動, Holiness Movement'에 크게 영향을 받았는데, 신학적 근본주의의 투쟁적 정신과 결합한 성결 운동은 또 다른 근본주의인 '정치적 근본주의Political Fundamentalism'를 만들어 내기도 하였다.[12]

이러한 근본주의가 현대 대중에게 가장 주목을 받은 것은 1979년에 '도덕적 다수the Moral Majority'라는 정치 조직이 만들어지면서부터이다. 이들은 결국 로널드 레이건을 대통령으로 만들기에 이르는데, 이때 이란에서 호메이니가 주도한 이슬람 혁명이 성공을 거두면서 정치 분석가들은 급진적 무슬림들에 대해 '이슬람 근본주의Islam Fundamentalism'라고 부르기 시작하였다. 이에 따라 이제는 정치적으로 능동적인 소수의 종교 집단을 부를 때 종교나 지역에 상관없이 '근본주의자Fundamentalist'라는 말을 쓰게 되었다.[13]

이런 맥락에서 '전지구적 근본주의Global Fundamentalism'라는 새로운 개념이 출현하게 되었다. 이란 혁명의 형태를 본떠 1980년대 초에 '전지구적 근본주의'에 관한 논의가 진행되기 시작하였고, 이때부터 이 말이 대중 매체와 학자들에게 폭넓게 수용되었다.[14] 근본주의는 미국에서 출현한 것이든 다른 문화와 신앙의 산물이든 간에 종교적 도그마dogma, 독단적 신념나 지도자에 대한 맹목적 충성으로 나타나며, 또한 현대 세계를 열정적으로 거부하는 것이 특징이라고 할 수 있다.

따라서 근본주의는 세속화와 현대화의 과정과 결과에 대하여 반동적이며 방어적인 태도를 취하는 보수 운동으로 이해할 수 있다. 근본주의자들은 세

---

12. Jeffrey K. Hadden, "Religious Fundamentalism," E. F. Borgatta & Ml L. Borgatta 엮음, *Encyclopedia of Sociology*, 3권(New York: MacMillan Publishing Company, 1992).
13. 김성건, 『세계화와 영성』(서울: 프리칭아카데미, 2006), 21쪽.
14. Roland Robertson, *Globalization: Social Theory and Global Culture*(London: Sage, 1992).

속화와 현대화가 진정한 종교를 파괴하고 해체한다고 간주하고, 전투적인 역량을 다하여 참된 종교를 방어하려는 성향을 띠기 때문이다.[15] 이와 같이 근본주의는 언제나 세속화를 전제로 하기 때문에 세속화가 없이는 근본주의도 없는 것이다. 세속화가 종교 제도와 세계관이 사회 문화의 흐름에 따라 변화하는 것을 의미하는 한, 실제로 새로운 종류의 근본주의의 가능성과 잠재적인 사회적 영향을 예상하는 데는 세속화에 대한 논의가 도움이 될 것이다.[16]

이렇게 볼 때 근본주의는 자신을 현대의 세속화된 세계와 다른 종교인들로부터 스스로를 구분하는 독특한 생활 방식과 믿음을 가진 집단이라고 볼 수 있고, 교리와 신조의 차원을 넘어서서 현대 문명에 대한 하나의 대항 체계로서 현대인과 현대 사회에 지대한 영향력을 미치는 세력 혹은 운동으로 여길 수 있다. 근본주의는 결국 현대주의 또는 세속주의의 증대에 대항함으로써, 곧 이러한 세속화된 사회로부터 자신들은 다르다는 점을 부각시킴으로써 나타난 것이기 때문이다. 따라서 오늘날 근본주의는 현대성이 멀리 떨어져 있는 곳보다는 전통이 현대성과 만나는 모서리, 곧 현대성이 증대되는 곳에서 가장 흔히 발견되고 있다. 곧 전통의 정통주의가 세속화될 수 있는 가능성으로부터 스스로를 방어할 필요가 발생하는 곳에서만 근본주의가 생겨나는 것이다.[17]

로버트 우스노우는 20세기 미국 종교의 가장 놀라운 특징 중 하나는 근본주의의 생존이었다고 말하면서, 실제로 근본주의는 지난 세기의 종교를

---

15. Martin E. Marty and R. Scott Appleby 엮음, *Fundamentalism Comprehended*(Chicago: Chicago UP, 1995), 405.
16. Frank J. Lechner, "The Case Against Secularization: A Rebuttal," *Social Forces*, June 1991, 69-4, 1114.
17. Nancy Tatom Ammerman, *Bible Believers: Fundamentalists in the Modern World*(New Brunswick: Rutgers University Press, 1987), 3, 8.

규정하는 중요한 요소 중 하나였다고 지적한다. 과학, 기술, 높은 교육, 그리고 다른 사회적 발전들에도 불구하고, 종교 근본주의가 미국 사회에서 힘 있는 세력으로 남아 있는 것은 일종의 아이러니로 보일 수 있다.

우스노우는 다른 사회학자들과 같이 근본주의가 근대성에 대해 반대의 입장을 취한다고 보지만, 근본주의가 근대성을 완전히 거부하는 것이 아니고, 선택적으로 거부하면서 현대 사회에 적응해 왔다고 본다. 그는 근본주의가 어떤 외부적인 담론과 다른 원칙과 이상으로 구성되는 획일적인 대항담론이 아니라 오히려 내부적인 대화형의 구성이라고 말하면서, 종교적 근본에 대한 자신의 관점과 이 근본에 반대하는 것에 대한 관점 사이의 내부적인 대화를 구성하면서 자신들의 입지를 마련해 왔다고 본다.[18]

사회신학자인 슈테판 퓌르트너 Stephan H. Pturtner는 종교 근본주의가 사회 변화에 의한 심리적 불안에 그 뿌리를 두고 있다고 본다. 사회 변화에 대해 타협할 수 없는 불변의 진리를 강조하기 때문에 자신의 신조를 수호하기 위해 권위를 내세우며, 진리를 상실할 수 있다는 불안이 표층으로 분출할 때에는 종종 공격적 자세로 변하기도 한다.[19] 따라서 흔히 근본주의는 권위주의적, 독단적, 공격적인 성향을 내포하고 있다고 볼 수 있다.

신학의 관점에서 볼 때, 근본주의는 19세기 자유주의 신학과 현대 과학사상과 해방운동에 대한 일종의 반동 운동으로 이해된다. 따라서 근본주의자들이 가장 경계하는 신학의 입장은 자유주의 自由主義, Liberalism라고 할 수 있다. 자유주의는 기독교 신앙 속에 담겨 있는 비이성적 요소를 거부하고 인문학적 해석을 통하여 맹목적이며 비합리적인 주장을 넘어서서 기독교 신앙을

---

18. Robert Wuthnow, *Christianity in the Twenty-first Century*(Oxford: Oxford University Press, 1999), 109-113.
19. 임희숙, 『기독교 근본주의와 교육』(서울: 동연, 2010), 131쪽.

입증하려는 입장이다. 이에 대해 근본주의는 자유주의 신학을 사탄적이며 적그리스도적인 것으로 규정하고 있다.[20]

이러한 종교 근본주의는 때로 무신론자들의 공격을 받기도 한다. 옥스퍼드대 석좌교수인 리처드 도킨스Richard Dawkins가 쓴 『만들어진 신The God Delusion』은 인문학의 소양이 있는 과학자가 종교를 객관적으로 비판한 책으로 잘 알려져 있다. 도킨스가 이 책을 저술한 계기는 9·11 테러였다. 이슬람 근본주의자들이 미국에 테러를 감행했고, 부시 정권은 개신교 신앙심과 애국심에 터하여 '테러와의 전쟁'을 선포했던 것이다. 이때 도킨스는 종교를 이대로 두면 안 되겠다고 결심한 것으로 보인다.

그런데 이 책에서 그가 비판하는 기독교는 주로 근본주의 기독교이다. 그래서 도킨스는 근본주의자들이 이해하고 있는 신을 모든 종교의 본질로 생각하고 있으며, 따라서 그가 신을 이해하는 방식은 역설적으로 근본주의를 닮아 있다는 비판을 받기도 한다. 그리고 근본주의는 도킨스처럼 고급 과학 지식을 동원하지 않더라도 쉽게 무너질 만큼 그 논리적 기반이 워낙 허약하다고 이야기되기도 한다.

그러나 근본주의가 종종 맹목적이거나 비이성적이라고 비난 받는다는 사실에도 불구하고, 신학적이거나 실용적인 의제를 세울 때 자유주의보다 큰 이점이 있다는 점을 주목할 필요가 있다. 그것은 근본주의자들이 '전통의 매개자'들이기 때문이다. 근본주의가 세력을 확장하기 시작한 지는 채 1세기도 되지 않았고, 오히려 종교와 관련하여 자유주의가 제도적으로 구현된 것들이 일반적으로 더 오래 되었다. 그러므로 보수주의가 아니라 자유주의가

---

20. 박충구, 「개신교 근본주의와 한국교회」, 『한국에 기독교 문화가 있는가』(한국문화신학회, 2005), 170~171쪽.

전통을 더 강조하며 기반으로 삼을 것 같지만, 실제로 전통을 활용할 기회를 잡은 것은 근본주의자들이었다. 반면에 자유주의는 도덕적 상대주의와 인간학적 전제에 더 가까운 속성 때문에 그 기회를 놓친 것이다.

자유주의자들은 근본주의자들이 지나치게 단순하다고 비난하면서 신학은 훨씬 복잡한 것이라고 주장한다. 분명히 이 점에서 근본주의자들의 관점에는 약점이 있지만, 그렇다고 자유주의의 관점이 유리한 것은 아니다. 이에 대하여 로버트 우스노우는 초기 그리스도인들의 예수님에 대한 이해는 동시에 나타난 사탄에 대한 믿음이 없이는 불가능했다는 것을 들어 흥미로운 비유를 한다. 초기 그리스도인들이 사탄을 필요로 했다면, 사탄이 그리스도인과 세속화된 그리스도인들 모두에게 최근까지도 중요한 역할을 하고 있는 것처럼, 오늘날의 자유주의 그리스도인들이 근본주의자들을 필요로 한다는 것이다.[21]

여러 자유주의자들은 근본주의에 많은 신도들이 몰리는 주요 이유가 단순성과 불확실성에 대해 심리적 안정을 제공하는 것이라고 여기면서, 근본주의는 그들의 신앙에 대한 논리적, 합리적인 공격을 받자마자 무너질 것이라고 주장하기도 한다. 그러나 이것은 몇 가지 사실에서 근본주의를 잘못 이해하는 것이다.

첫째로, 자유주의는 심리적 안정에 대한 욕구가 다른 사람들보다 근본주의자들에게 더 많이 있다고 생각하지만, 불확실성을 해소하고자 하는 것은 인간의 보편적인 욕구이다. 따라서 불확실성을 해소할 수 있는 단순명료한 해법을 제시하는 근본주의가 많은 사람들에게 호소력이 있는 것이다. 둘째로, 자유주의는 특히 신앙의 문제에서 자유주의가 사람들에게 합리성과 논

---

21. Robert Wuthnow, 윗글, 130.

리적 일관성을 지도하고 있다고 가정하지만, 애초에 사람들은 신앙의 문제에 대해서 그렇게 논리적이고 합리적인 해법을 추구하지 않는다는 것이다.

그리고 셋째로, 근본주의자들은 사물들의 존재와 역사 비판에 대한 이성적인 논쟁을 따라가기보다는, 성경 내의 상호텍스트성Intertextuality[22]에 초점을 맞추고 성경 내부의 문제를 설명하는 방식을 정교화했다. 그리고 그들은 텍스트에서 화자의 권위에 뿌리를 둔 이야기를 들려주고 인격화시켜 적용했는데, 이러한 방식이 사람들에게 더 친숙한 방법이다.

근본주의가 계속해서 현대 사회의 의제에 강한 도전이 되는 또 하나의 이유는, 근본주의자들이 자신들의 신앙을 아이들에게 전수하는 일에서 더 효과적이기 때문이다. 그리고 근본주의자들은 신자들을 위한 공동체를 제공하면서 재물과 시간을 포함한 강력한 헌신을 요구한다는 사실과, 그들이 전도 전략을 고안하는 데서는 오히려 과학과 기술 합리주의에 더 잘 적응했다는 사실, 그리고 자기 영역의 경계를 분명히 하면서 신자들의 감성에 호소함으로써 외부의 적에 대해서 공분을 일으키는 데 성공하고 있다는 사실이 중요하다.[23] 이런 점에서 현대성의 문화가 지속적으로 퍼진다고 해도, 21세기에도 근본주의는 여전히 강세를 보일 것이라고 예측할 수 있다.

4. 한국교회의 양극화 현상

2009년에 실시한 국민일보 조사에 따르면 통계청이 집계한 한국교회 5

---

22. 텍스트들이 상호간에 연관되며 의미를 구성하는 것.
23. 윗글, 132~133.

만 2,905개 중 93퍼센트에 해당하는 4만 9,192개가 소형 교회인 것으로 나타났다.[24] 목사, 사모, 부목사, 전도사 등 교회 종사자 숫자가 4명이하이면 소형 교회, 5명 내지 9명이면 중형 교회, 그 이상이면 대형 교회로 분류해 볼 때, 소형 교회 수가 90퍼센트를 상회한다는 것이다. 크리스천리더십연구소의 자료에서는 80퍼센트 내지 90퍼센트가 성인 교인 수 150명 이하인 소형 교회라고 하고, 이중 대부분이 30명 내지 50명 규모의 교회라고 하여, 큰 교회로 교인들이 몰리고 작은 교회에서는 교인들이 더욱 줄어드는 이른바 교회간의 '양극화 현상'이 더욱 심해지고 있는 것으로 나타났다.

필자가 실시한 목회자 의식 조사에서는, 설문에 응한 목회자 430명 중 58.1퍼센트가 "매우 심각한 문제이다"에 응답하였고, 33.3퍼센트가 "어느 정도 문제가 된다"에 응답하여 91.4퍼센트가 양극화 현상을 문제라고 인식하고 있었다. 이들 문항에 대해서는 현재 교회에서 사역한 기간이 길수록, 그리고 담임 목회자들이 다른 지위의 교역자들에 비해 문제를 더 심각하게 느끼고 있었다. 또한 서울 경기 등 수도권 지역의 목회자들이 다른 지역에 비해 더 심각하게 느끼고 있었는데, 이것은 수도권에 많은 교회가 몰려 있는 것과 관계가 있는 것으로 생각된다.[25]

이러한 양극화 현상의 가장 큰 원인은 기존 교인이 교회를 옮기는 이른바 '수평 이동'이다. 2012년에 '한국기독교목회자협의회'(이하 한목협)에서 조사한 결과에 따르면 한국개신교인들은 평균 2.7개의 교회를 옮겨 다닌 것으로 나타났다. 출석한 교회의 수는 '두 개'가 52.9퍼센트, '세 개'가 34.6퍼센

---

24. 문화체육관광부가 발표한 '2008 한국의 종교현황'에 따르면 개신교 교회 수는 58,404개로 조사되었는데, 이것은 인구 832명당 교회 1개가 있는 셈이다. 이 수치는 전국에 있는 병의원 수(한의원과 보건기관 포함 55,449개)와 비슷한 수치이다. 이 조사에서 천주교 성당은 1,511개, 불교 사찰은 21,985개로 파악되었다.
25. 이에 대하여는 정재영, 『한국교회의 종교사회학적 이해』 (서울: 열린출판사, 2012), 6장을 볼 것.

트, '네 개'가 7.5퍼센트, '다섯 개 이상'이 5.0퍼센트로, 두세 교회를 다녀 본 경우가 전체의 87.5퍼센트를 차지했다.

필자가 책임을 맡고 있는 '실천신학대학원대학교 21세기교회연구소'와 '한국교회탐구센터'는 2016년에 공동으로 '평신도의 교회 선택과 만족도 조사'를 실시했다. 그 결과에 따르면, 39.1퍼센트만이 처음 다니던 교회를 계속 다니고 있고, 60퍼센트 이상이 교회를 옮긴 경험이 있는 것으로 나타났다. 서울에 거주하는 사람들이 가장 많은 이동 경험이 있었고, 미혼자보다는 기혼자들이 더 많이 이동했다. 그리고 지역별로는 농어촌 지역이 가장 적었고, 대도시가 가장 많았다. 대도시 거주자들은 69.0퍼센트가 교회를 옮긴 경험이 있었는데, 이것은 2012년 한목협 조사 결과에서는 45.5퍼센트로 나타났던 것에 비하면 20퍼센트 포인트 이상 높아진 수치이다.

그리고 현재 출석하는 교회로 옮기게 된 이유에 대해서는 "이사 또는 결혼을 했기 때문에"가 가장 많이 나왔고, 그 다음으로 "거리가 가까워서"라고 응답했다. 이로써 주로 종교적인 이유보다는 종교 외적인 이유로 옮긴 것을 알 수 있다. 현재 우리 사회의 도시화율이 90퍼센트에 육박하고 도시에서는 직장 변동과 주택 사정으로 자주 이사를 한다는 점을 고려하면, 교회를 옮기는 수평 이동은 앞으로도 지속될 것으로 예측된다.

옮기기 전의 교회 규모에 대해서는 100명 이하가 23.4퍼센트, 101명에서 300명 사이가 18.9퍼센트로 응답자의 40퍼센트를 넘어 대체로 중소형 교회로부터 이동한 경험이 많았다. 교인 수 50명 이하의 교회의 경우 같은 규모의 교회로부터 이동한 경우는 18.5퍼센트에 불과하였고, 49.8퍼센트는 더 큰 교회로부터 이동했으며, 501명 이상의 교회로부터 이동한 경우도 18.0퍼센트가 있었다. 그러나 51명 이상 100명 이하 교회의 경우 더 큰 교회로부터 이동한 경우가 20.1퍼센트에 불과하였다.

그리고 현재 교회와 비교하면 더 작은 교회로부터 이동한 사람이 50.2퍼센트이고, 더 큰 교회로부터 이동한 사람은 37.4퍼센트로 나왔다. 한국교회의 수평 이동이 작은 교회에서 큰 교회로의 이동이라는 사실을 확인해 준 것이다. 이러한 현상이 지속된다면 대형 교회로 쏠리는 현상이 가속화되고, 소형 교회는 마침내 생존조차 어려운 상황을 맞게 될 것이다.

이러한 수평이동 현상이 일어나는 것은 양적으로 포화 상태에 이를 정도로 교회들이 많이 생겨났기 때문에, 이제 교인들은 소비자의 입장에서 시장과 같이 서로 경쟁하는 많은 교회들 가운데 하나를 자유롭게 취사선택할 수 있게 되었기 때문에 일어나고 있는 것이다.[26] 소속 교회와 목회자에 대한 충성심이 약화되고 교인들은 부담 없이 필요에 따라 교회를 옮기게 되었다. 현대 사회에서는 교회도 하나의 지위 집단으로서 작용하게 되었고, 특히 한국 기독교인들의 경우 과시적 소비 행위가 교회 선택에도 작용하여 다양한 시설과 프로그램을 갖춘 대형 교회를 선호하는 경향이 있어 이러한 상황은 한동안 지속될 것으로 보인다.

그러나 보다 멀리 바라보게 되면 이러한 상황은 변화를 맞게 될 가능성이 높다. 대형 교회는 익명성이 보장되어 부담 없이 교회 생활을 할 수 있다는 것이 유리하게 작용할 수 있으나, 점차 유동성이 증가하고 파편화되는 현대 사회에서 사람들에게는 점차 공동체를 추구하는 욕구가 증대하게 될 것인데, 이러한 사람들에게 대형 교회는 공동체를 제공해 주기 어렵기 때문에 사람들이 대형 교회를 떠날 가능성이 커지기 때문이다.

특히 부모 세대에 비해 종교적 충성도가 낮은 젊은 세대들은 무조건 순

---

26. 종교의 시장 상황에 대해서는 피터 버거, 『종교와 사회』, 이양구 옮김(서울: 종로서적, 1982), 156쪽을 볼 것.

종하기보다 자신들의 의사를 표현하고 이것이 교회 운영에도 반영되기를 바라는 경향이 강하기 때문에, 상명하복을 강조하게 되는 관료제적 대형 교회보다는 아래로부터의 의사소통이 가능한 회중 중심의 중소형 교회를 선택할 가능성이 크다. 최근에 기존 교회를 떠나 새로운 교회를 찾고 있는 청년들의 수가 점차 증가하고 있는 것이 이를 방증하고 있다. 앞으로는 기성세대보다는 젊은 세대들의 영적인 욕구에 민감하고 이를 수용할 수 있는 교회에게 성장의 가능성이 열려 있으므로, 이들의 영적인 욕구에 대한 파악과 이해가 시급한 과제라고 본다.

필자가 실시한 목회자 의식 조사에서는 작은 교회에서 교인들이 줄어드는 이유에 대하여, 가장 많은 23.7퍼센트가 "체계적인 교육의 부족"을 선택하였다. 또한 23.3퍼센트는 "평신도의 의식 부족"이라고 응답하였으며, 18.6퍼센트는 "목회자의 문제"라고 응답하였다. 다음으로 "헌금에 대한 부담"(12.1%), "개인 생활의 노출"(11.9%), "시설의 불편"(8.8%) 순으로 응답하였다. 그리고 이러한 작은 교회들이 갖는 어려움을 극복하기 위해 필요한 것에 대하여 가장 많은 25.8퍼센트가 "중대형 교회들의 지원"이라고 응답하였고, 이와 비슷한 25.1퍼센트가 "지역 교회들의 연합"이라고 응답하였다. 다음으로 "담임 목회자의 헌신"(17.9%), "교단의 지원"(14.0%), "교인들의 헌신"(10.5%), "작은 교회들의 연합"(7.0%) 순으로 응답하였다.

특히 교인 수 100명 미만의 소형 교회의 목회자들은 평균보다 높은 31.5퍼센트가 "중대형 교회들의 지원"에 응답한 반면에, 교인 수 100명 이상 299명 이하의 중소형 교회 목회자들은 평균보다 훨씬 낮은 15.3퍼센트만이 "중대형 교회들의 지원"에 응답하였고, 가장 많은 28.8퍼센트가 "지역 교회들의 연합"에 응답하여 뚜렷한 차이를 나타내었다. 교인 수 100명 미만의 교회들 중에 다수의 미자립 교회가 포함되어 있는 것으로 미루어 볼 때, 미자립 교회들의 경우에는 비교적 여유가 있는 중대형 교회들의 직접적인 지원이 도움이 된다고 느끼는 것으로 보인다. 재정적으로 자립을 한 중소형 교회들의 경우에는, 중대형 교회들의 지원보다는 지역 교회들의 다양한 연합 활동을 통해 작은 교회가 갖는 어려움을 극복할 수 있다고 생각하고 있는 것으로 해석할 수 있다.

그러나 지역의 다른 교회와의 연합에 대해서 교인 수 100명 미만의 소형 교회의 목회자들은 가장 낮은 수준인 26.6퍼센트의 긍정률을 나타내서, 실제로 연합 활동이 가장 필요한 작은 교회에서 오히려 연합 활동이 가장 이루어지지 못하고 있는 것으로 나타났다. 한국교회에서 대부분을 차지하고 있는 작은 교회들이 어려움을 극복하기 위해서는 무엇보다도 지역 교회들의 연합 활동과 상호 지원이 반드시 필요하다. 교회에 회중성이 살아 있다고 하여도 그것이 개교회 내에만 국한된 것이라면 폐쇄적이고 배타적인 회중이 될 가능성이 높으므로, 지역의 다른 교회와 교류하고 협력하는 다양한 활동들에 관심을 갖고 참여해야 할 것이다.

5. 미래 시민사회에서 교회가 해야 할 역할

현대 문명은 인류에게 엄청난 편익을 제공해 주었다. 과학 기술의 발달, 경제 성장과 부의 축적, 민주주의의 발전은 커다란 업적이 아닐 수 없다. 하지만 이러한 발전 뒤에 여전히 어두운 그림자가 드리워져 있는 것도 사실이다. 도덕성과 윤리가 배제된 과학기술의 발달은 폭력의 강도를 높여 왔으며, 격심해진 빈부 격차는 경제 성장을 무색케 하고, 자기성찰과 책임의식이 뒤따르지 않는 민주주의는 이기적이고 천박해지기 십상이다. 그런 점에서 현대 문명은 인간을 주인으로 내세웠음에도 불구하고 휴머니즘의 퇴보와 인간 소외를 경험하고 있다.

사실 인간이 세계의 중심으로 떠오른 것은 근대의 업적이다. 이성과 과학의 발달로 인류는 자연에서 탈출할 수 있었고, 더는 인간사를 신에게 의탁하지 않게 되었으며, 사람들 사이의 예속을 용납하지 않는 평등한 존재로서 혼자 힘으로 세상을 개척할 수 있게 되었다. 그리하여 인간 각자는 개별 존재임에도 불구하고, 보편적인 존재의 위상을 갖고 삶을 기획하며 자아실현을 위한 역사 창조의 길을 걷게 되었다.

과학 기술과 경제적, 정치적 힘을 사기 자신에게만 십중시킨 현대인들은 초월성을 품고 있는 '위'를 바라보지 않을뿐더러, 자기를 둘러싼 '옆'도 돌아보지 않으면서 자신만의 성공을 위해 매진해 왔다. 특히 환경 파괴와 에너지 고갈 등의 위험 요소가 증대될 미래 사회에서 자기 자신만을 위한 삶은 인류를 위협할 위험 요소를 더 가중시킬 것이다. 따라서 미래 사회에서는 더욱 소통하고, 참여하고, 연대하는 것이 필요하다. 이것이 미래 사회에서 시민의 덕목이 더욱 필요하고 시민사회가 활성화되어야 할 이유이다.

시민사회에 대한 관심은 이미 90년대부터 뜨겁게 일어 '미래 사회는 NGO_{Non Governmental Organization, 비정부기구}의 시대가 될 것'이라는 이야기가 나오기 시작하였다. 1990년대에 세계 NGO 대회들이 잇달아 개최되면서, 초국적인 문제들의 해결을 위해서는 개별 정부나 UN 같은 국제기구뿐만이 아니라 시민사회 영역 NGO들의 참여가 중요한 것으로 인식되기 시작하였다. 코피 아난_{Kofi Annan} 전 UN 사무총장이 "전 지구적 차원에서의 평화, 개발, 인권 등을 추구하는 데 NGO들과의 협력관계 구축은 필수불가결한 것"이라고 천명한 이후 전 지구적 시민사회의 형성에 NGO들이 주요 행위자로 등장하게 되었고, 미래 사회에서는 시민사회 단체들의 활동이 더욱 활발해질 것이라는 예측이 나오고 있다.

특히 한국의 상황에서는 시민의 참여와 시민운동이 절실히 요구된다. 미래 사회에서는 기존의 정치, 경제, 문화 등 모든 영역에서 대안적 가치관과 삶의 양식을 마련하여 새로운 가치와 전망을 구성해 나가야 하는데, 시민운동 외에는 다른 어떤 집단과 조직도 새로운 가치에 입각한 대안문화를 구상하고 실천하기가 어렵기 때문이다. 시민운동은 문명 전환 운동이자 대안 문화 운동으로서, 기존의 사회체계가 근거하고 있는 근본적인 가정과 지향점들을 점검하고 새로운 가치 지향성과 세계관을 제시할 수 있다. 그런데 이러한 가치에는 생태주의적 전망, 탈물질주의적 삶의 양식, 영성의 재발견과 같은[27] 기독교의 가치와 상통하는 요소들이 다수 포함되어 있으며, 교회 역시 '대조 사회Contrast Society'를 지향한다는 것이 기독교가 시민운동에 관심을 가져야 하는 이유이다.[28]

그런데 성숙한 시민운동은 일종의 사회선교가 될 수 있다. 사회 선교는 교회가 세계 속으로, 사회 안으로 들어가서 신앙을 실천하는 운동을 함으로써 하나님의 뜻을 전하고, 하나님의 나라를 이 땅 위에 세우는 일에 동참하는 것을 의미하기 때문이다. 사회 선교를 효과적으로 전개하기 위해서는 하나님의 의와 사랑이 이 땅 위에 실현되는 데 걸림돌이 되는 요소를 교회가 앞장서서 찾아내고 그것을 극복하는 것이 필요하다. 따라서 사회 선교가 성숙한 시민운동의 방법으로 이루어질 수 있는 것이다.[29] 특히 7장에서 살펴본 바와 같이, 각 교회가 속한 지역에서 지역사회를 변화시키기 위한 시민운동에 참

---

27. 정수복, 「한국 시민운동의 미래를 위한 비판적 제안」, 『철학과현실』, 2000년 여름, 75.
28. 대조사회는 주류사회와 대조되는 존재양식과 생활방식을 드러냄으로써 주류사회에 영향을 미치는 사회를 뜻한다. 대조사회로서의 교회에 대한 설명으로는 게르하르트 로핑크, 『예수는 어떤 공동체를 원했나』(정한교 옮김, 서울: 분도출판사, 1985), 207~222쪽을 볼 것.
29. 이원규, 「시민사회, 교회가 만들어가자」, 『힘내라, 한국교회』(서울: 동연, 2009), 129쪽.

여하는 것이 미래의 교회 사역의 중심적인 과제가 될 것이다.

이를 위해서 교회가 지역의 다른 교회들이나 사회 기관들과 연대해야 할 필요가 있다. 특히 시민사회에 참여하는 교회는 시민사회를 대표하는 주요 NGO에 참여하거나 협력하는 것이 좋은 방법이 될 것이다. 교회가 참여할 NGO를 기독교 NGO로 제한할 필요는 없다. 기독교 간판을 걸고 있는가가 중요한 것이 아니라, 기독교가 추구하는 가치를 구현하고 있는가가 중요하다. 비록 기독교인들이 모여서 만든 NGO가 아니라고 하더라도, 특정 NGO가 추구하는 것이 기독교적 가치관과 통하는 것이라면 얼마든지 파트너십을 맺고 연계 활동을 할 수 있다고 본다.

NGO 및 시민단체는 시민운동을 전문으로 하는 단체이므로 인력이나 지식, 정보, 경험 등의 측면에서 많은 자원을 지니고 있다. 지역 자치 단체 역시 지역사회에 관한 다양하고 정확한 정보와 풍부한 인적자원 및 기반 시설을 보유하고 있다. 그러므로 교회 단독으로 확보하기 어려운 여러 가지 정보와 기술을 이들로부터 제공받을 수 있어서, 적극적으로 지역사회 단체들과 지속적이고 유기적인 관계를 맺을 필요가 있다.

일산의 한 중형 교회에서는 교인들의 NGO 활동을 독려하기 위해 'NGO의 날'을 정해서, 교회와 연대하기를 원하는 NGO가 주일 오후에 교회를 방문하여 'NGO 설명회'를 갖고 직접 회원을 유치하거나 후원금을 모금하기도 한다. 그리고 교회에서는 NGO에 참여하여 활동하는 교인들을 통해서 NGO 활동의 보고를 받고, 필요한 경우 재정적인 후원이나 협력 활동을 벌이기도 한다. 교회와 NGO가 협력하는 좋은 모델로 보인다.

유념할 것은 교회의 지역사회 참여는 단순한 구제 및 봉사 활동의 차원이 아니라 사회 구조의 개혁을 지향해야 한다는 것이다. 지역 자치센터에 참여하여 예산 심의 등과 같은 주요 의사 결정 과정에 관여하거나, 행정기관 및 관공서와 파트너십을 맺고 지역사회를 위한 활동을 체계를 갖추어 지속적으로 할 필요가 있다. 시민사회의 역할은 자원봉사의 차원만이 아니라 국가와 행정기구 또는 시장에 대한 비판 활동을 포함하기 때문이다.

현재 한국의 교회들은 대부분 교회가 속한 지역에서조차 환영받고 있지 못하다. 그리고 대부분이 더 이상 '지역 교회'라고 말하기도 어려운 형편이다. 교인들이 대부분 다른 지역에서 오고 있을 뿐 아니라, 교회 역시 지역에 대한 관심이나 책임을 다하지 못하고 있기 때문이다. 교회가 스스로를 공동체라고 하면서도 외부와는 단절된 채 안으로의 결속에만 집중한다면, 교회는 더욱더 폐쇄적인 '끼리끼리'의 집단으로 전락하고 말 것이다. 이렇게 종교성을 추구하는 공동체는 설령 결속력이 뛰어나다고 하더라도, 다원화된 현대 사회의 지평에서는 이웃들에게 어떠한 기여도 할 수 없을 것이다.

이제 교회는 지역에서부터 다시 출발해야 한다. 지역에 대한 관심을 갖고 지역에 대한 공적인 역할을 수행해야 한다. 그것은 지역 주민들에게 호감을 사기 위해서가 아니라, "하나님을 사랑하고 이웃을 사랑하라" 하시는 하나님의 뜻을 실천하기 위해서이다. 교회는 교회가 속한 지역에 복음을 선포하고 하나님의 정의에 어긋나는 이 땅의 질서를 바로잡기 위해 노력해야 한다. 그리고 고통에 처한 이웃들에게 선한 사마리아 사람의 마음으로 다가가서 도와야 한다. 그렇게 하여 좁은 교회의 울타리를 넘어 더 넓은 공동체를 이루어야 한다. 그것이 이 땅에 교회가 존재하는 이유이다.

제11장

새로운 교회의 출현을 대비하다
: 새로운 유형의 교회

최근 한국 교계에 새로운 유형의 교회들이 등장하고 있다. 사회 환경의 변화에 따라 특별한 사역에 특화된 교회, 전통적인 교회의 모습에서 탈피하여 다양한 영역으로 교회의 사역을 확장하고 있는 교회들이 속속 출현하고 있다. 외국에서 논의되고 있는 이머징 처치 Emerging Church: 신흥 교회의 특징과는 다소 거리가 있지만, 어떤 면에서는 한국형 이머징 처치라고 할 수 있을 정도로 새로운 특징들을 나타내고 있는 사례들이 등장하고 있다. 한국의 현실에서 나름대로 대안을 찾아가고 있는 교회들을 살펴본다면 미래 사회를 준비하는 데 참고가 될 것이다.

1. 문화사역에 초점을 맞추는 교회

1990년대 이후로 한국 사회에서 문화라는 용어가 유행하기 시작했고, 21세기는 문화의 시대라고 부를 수 있을 만큼 누구나 문화를 이야기하고 있다. 한국교회, 교회성장에 관심이 있는 이들이나, 새로운 교회 문화를 만들어 내려는 이들이나 모두 문화사역에 매우 많은 관심을 기울이고 있다.

한국사회에 대중문화 시대가 도래하게 된 사회적 변화는, 정치적으로 민주화의 달성과 경제적으로 소비 사회로의 전환으로 정리된다. 경제적으로는 문화 산업이 확산됨과 동시에 대중 소비 시대가 열리게 되었다. 개별 주체들의 문화적 욕구 충족은 주로 대중문화를 소비하는 방식으로 이루어졌으며, 이는 레저, 스포츠, 영화, 드라마, 대중음악, 컴퓨터게임 등의 소비문화 산업의 팽창으로 가능했다. 정부 차원에서도 정책적으로 문화 산업을 지지하면서 여가와 소비문화를 장려하게 되었다. 정부 차원에서도, 민간 차원에서도 누구나 문화를 이야기하는 시대가 도래했다.

교회에서도 이러한 시대 변화의 흐름에 뒤처지지 않기 위해서 문화에 지속적으로 관심을 가지게 되었다. 교회의 '문화화'는 이미 90년대부터 진행되었다. 일단 대중문화를 적극적으로 활용해서 기독교적 메시지를 담아내는 문화사역자들이 등장했고, 교회의 지도자들은 이들을 통해 문화 선교에 적극적인 태도를 보이게 되었다. 동시에 교회가 세속적인 공간과 구별되어 종교활동만을 수행하는 공간을 넘어서는 다목적 공간으로 활용되기 시작하였다. 특히 지역사회에 다가서기 위한 노력의 일환으로 예배당을 문화 행사를 위한 공간으로 활용하거나 혹은 문화 행사를 위한 전문 공연장을 따로 만드는 등, 교인과 비교인 사이의 공감대 형성을 위해 문화라는 키워드를 적극적으로 활용하고 있다.

도구로는 멀티미디어가 매우 적극적으로 활용되고 있다. 생기 있는 예배를 위해 각종 영상 장비와 음향 설비, 대중음악 악기가 동원되는 것에서부터 기독교 공연 문화의 발달에 따른 공연 기획에 이르기까지, 첨단 과학 기술의 세례를 가장 많이 받은 곳이 교회가 되었다. 이러한 장비들은 예배를 위한 보조 수단이 아니라, 그 자체로 종교적 경험과 새로운 교회 문화의 형성을 위해 없어서는 안 되는 목적처럼 되어 가고 있다. 과거에는 예배당 안에서 기타를 치는 것조차 금기시했으나, 이제는 보수 교단의 교회들에서도 강단 옆에 버젓이 드럼 세트가 자리 잡을 정도가 되었다.

문화 사역에 관심을 기울이는 교회들은 현재에도 많은 주목을 받고 있으며, 이러한 유행은 당분간 지속될 것으로 보인다. 교회의 문화 지향성이 교회 성장과 비례 관계에 있음을 보여 주는 지표들 때문이다. 최근 대형 교회의 성공은 기독교 청년 문화와 교회 성장 담론이 함께 결합했기 때문에 가능했다. 대형 교회들은 청년들을 전도하기 위해, 적어도 기존의 교회에서 이탈하지 않도록 하기 위해서 감각적이고 세련되어 보이는 대중문화의 코드를 교회 안으로 적극적으로 도입했다.

교회의 문화에 대한 관심은 대형화뿐만 아니라 상업화와도 결합되어 있는데, 교회 운영이 기업의 친자본주의적 경영 방식과 유사해지고, 교회에서 제공하는 문화 프로그램이 후기 자본주의 사회의 개별 주체인 소비자들을 위한 맞춤형 서비스에 가까워졌기 때문이다. 교리의 전파와 종교적 지식의 확장 대신, 교회들은 교인들에게 내적치유 혹은 영적 양육을 통한 전인적 성숙과 같은 정서적 안정감, 리더십 훈련 코스, 좋은 가정 만들기, 성경공부 등의 자기계발 프로그램을 제공하게 되었다. 이러한 교회들이 현대 문화를 기독교적으로 변형시키는 일에서 주도적인 위치에 서 있다.

이러한 문화중심적인 특징은 이머징 교회의 중요한 특징이기도 하다. 교회 외부의 문화를 자신들만의 방식으로 바꿔서 씀으로써 기독교적 문화의 부재를 극복하려는 것이다. 현대 사회의 사람들은 지성보다는 감성에 더 끌리게 되었고, 따라서 특정 종교의 실체보다는 외적 이미지가 종교 선택의 중요한 기준이 되고 있다. 그러나 이러한 이미지는 단시간에 의도적으로 만들어지는 것이 아니라, 그 종교가 가지고 있는 신앙의 전통과 오랜 삶의 방식에 따라 자연스럽게 형성되는 것이다. 따라서 피상적인 문화적 포장이 아니라, 개신교만의 신앙 고백과 이에 터를 둔 존재 양식으로서의 문화가 나타나야 할 것이다.

이런 점에서 기존의 문화 선교에 대한 이해 역시 개선될 필요가 있다. 기독교와 관련된 문화 상품이나 문화 예술 행사를 도입하는 것만을 문화 선교로 보는 것은 너무나 폭이 좁은 이해이다. 기독교 문화 상품을 많이 만들어서 이 세상을 기독교 문화로 뒤덮고자 한다면 이것은 기독교 대중을 단순히 소비자로 전락시키는 것이고, 자칫 패권주의로 이어질 수도 있다. 하나의 문화 현상은 그 문화 주체들의 생활 양식, 또는 사고방식의 결과로서 드러난 것으로 이해해야 한다는 점이 중요하다. 따라서 올바른 문화 선교를 위해서는 현대인들의 생활 양식과 사고방식을 제대로 이해하는 것이 우선되어야 한다. 그리고 삶의 방식이 성경의 원리와 기독교적 가치를 추구하도록 수정하는 데까지 나아가야, 진정한 의미의 문화 선교라고 할 수 있을 것이다.

2. 사이버 교회

좁게는 목회 또는 선교의 차원에서 활용하는 것에서부터, 넓게는 온라인상에 새로운 조직을 만들어 내는 것에 이르기까지, 요즘은 거의 모든 교회와 교인들이 인터넷과 사이버 공간에 대해 관심을 가지고 있다. 그런데 단순히 교회의 홈페이지를 통해서 성도들이 신앙 정보를 공유하는 데에서 더 나아가, 사이버 공간에서 활동하는 사이버 목사와 사이버 교인의 사이버 교회가 존재한다.[1] 즉 사이버 교회는 사이버 공간에서 자유롭게 활동하는 이들이 조직한 온라인 교회 모임을 의미한다. 주목할 점은, 오프라인에서의 모임이 주축이 되고 온라인은 이를 보조하는 수준이 아니라, 애초에 오프라인에서의 교회 건물, 얼굴을 대면하는 만남 등의 물적 토대를 전제하지 않고 순수 온라인상에 구축된 조직으로 발전할 수 있다는 점이다.

사이버 교회는 사이버 공간에서의 다양한 활동을 그대로 반영하고 있다. 교회에 들어가는 과정은 접속 프로그램을 통해서 채팅방에 입장하는 것과 유사하고, 교인들과의 만남과 교제와 의사소통은 모두 온라인상에서 이루어진다. 예배 역시 마찬가지인데, 기본적으로 컴퓨터 앞에서 인터넷 설교 동영상을 보고 찬송을 골라서 들을 수 있다. 심지어 함께 모여서 예배를 하는 것도 가능한데, 흡사 MMORPG대규모 다중 접속 역할 수행 게임을 연상시킬 정도로, 아바타를 골라서 인터넷 예배에 참석하는 것이다. 교회 운영에 필요한 헌금은 인터넷뱅킹을 통해 은행 구좌로 입금한다. 기존에 오프라인 교회에서 이루어지던 모든 활동이, 사이버 교회에서는 온라인상에서 이루어진다.

사이버 교회는 새로운 정보 공간이 만들어짐으로써 가능했다. 한국에서 사이버 교회는 90년대 말에 등장했고, 2000년대 초에 이에 대한 논쟁들도 있었다. 사이버 교회 자체가 새삼스러울 것은 없지만, 중요한 것은 사이버 공간을 자유롭게 유영하는 쾌감과 그 편리성 때문에 제도권 교회 출석의 답답

---

1. 사이버 교회의 자세한 내용에 대하여는, 심영보, 『사이버 신학과 디지털 교회』(서울: 한국학술정보, 2008)을 볼 것.

함과 불편함을 호소하는 이들이 온라인 예배를 활용하고 있다는 것이다. 이는 특히 젊은 세대에서 관찰되는 특징이다.

사이버 공간에서는 컴퓨터와 인간의 긴밀한 상호작용이 발생한다. 인간은 컴퓨터 시스템에 정보를 입력하지만, 그 시스템은 역으로 인간에게 다시 정보를 입력시켜 주는 방식으로 피드백 고리를 형성한다. 인간의 모든 삶의 영역이 이러한 기술 문화의 영향력으로부터 자유로울 수 없다. 따라서 사이버 공간은 물리적 신체가 존재하는 현실과는 다른 차원의 공간에 존재하는 인공적인 가상공간 이상의 의미가 있다. 정보가 정보를 낳으며, 스크린 문화에 익숙해진 우리 시대의 성배는 컴퓨터 스크린이 되어 가고 있다.

많은 종교단체들이 인터넷을 통하여 자신들의 존재를 알리려고 하고 있고, 교인들은 웹상에서 종교적 정보들과 예전을 공유하고 있으며, 인터넷에 올라온 예배 동영상을 보면서 새로운 종교적 경험을 획득한다. 이렇게 발생한 종교적 경험은 다시 웹상에서 변형되고 다른 기독교인들에게서 다르게 사용됨으로써 모종의 교육적 효과를 발휘한다. 그러므로 사이버 교회를 옹호하는 이들은 결국 기독교인들이 사이버 공간을 통해 거룩한 종교적 정체성을 완성해 갈 수 있다고 주장한다. 사이버 공간은 인간을 더욱 순수하고 정결한 상태로 발전시키는 데 기여할 수 있으며, '성화'의 공간에서 한 차원 높은 의식의 단계로 이끌어 올리는 데 유용한 도구가 될 수 있는 가능성을 지니고 있다는 것이다.

이들은 교회의 패러다임에 전환이 이루어짐으로써, 미래를 지배하게 될 하나님의 신앙공동체는 가시적 교회가 아니라 비가시적 교회일 것이라고 본다. 그들은 전통적인 교회들이 온라인 신앙공동체, 디지털 신앙공동체로 변형될 것으로 보며, "초대교회로 돌아가자"라는 담론이 "사이버 처치로 돌아가자"라는 담론으로 전환되어야 한다고 주장한다. 사이버 교회가 성령을 통한 하나님의 또 다른 모습일 수 있다고 주장하기까지 한다. 구체적으로 사이버 교회의 하드웨어가 급속도로 퍼져가고 있다. 그러나 이것이 진정한 의미의 신앙공동체가 될 수 있을지에 대해서는 더 많은 논의가 필요할 것이다. 이에 대하여는 이 책 5장의 내용을 참고하기 바란다.

3. 평신도 교회

흔히 신학대학을 나오지 않은 순수한 평신도들로만 구성된 교회를 의미하는 평신도 교회는, 말 그대로 평신도 집단이 교회 운영에 전면적으로 개입하고 교회 조직의 중심에 서 있는 교회를 지칭한다. 목회자가 교회의 전망을 제시하고 교회를 이끄는 것이 아니라, 평신도가 자발적 주체가 되는 것이다. 평신도 교회는 특정한 교단의 교리를 따르지 않고, 개교회주의적이며, 성직자와 평신도의 구분이 전혀 없다는 특징이 있다. 따라서 평신도 교회는 어떤 특정한 교파처럼 취급될 수 없으며, 다만 성직자와 평신도의 구분이 없는 순수한 평신도들만의 교회라고 할 수 있다.

형제교회나 지방교회 등 평신도 교회의 구조를 가진 교회는 오래전부터 있어 왔고, 미국이나 호주 등에서 귀국한 유학생들이 그 나라에서 체험한 것을 근거로 우리나라에 평신도들이 주체가 된 교회들을 세웠으나, 그 교회들이 스스로를 평신도 교회라고 부르지는 않았다. 그들은 오히려 스스로를 신약성경에 근거를 둔 교회라고 해서 '신약교회'라는 이름으로 부르기도 했다. 신학박사와 저명인사들로 구성된 새길교회가 평신도 교회라고 불리기도 했지만, 워낙 신학적으로나 사회적으로 저명한 인사들이 모여서 세운 곳이라 한국 교계에서는 특별한 사례로만 여겨졌다.

그러나 평범한 사람들이 모여서 세운 평신도 교회를 주제로 쓴 『평신도 교회 이야기: 21세기 한국교회의 비전』최승호 지음, 대장간, 2008.이 출간되면서 평신도 교회라는 단어가 회자되기 시작하였다. 목회자가 없으면 절대로 교회를 구성할 수 없다고 믿었던 사람들이 성경의 진리에 눈을 뜨면서 삼삼오오 모여서 교회를 구성하게 되었고, 이제는 상당수의 평신도 교회들이 세워졌다. 이러한 평신도 교회의 등장 자체가 새로울 것은 없으나, 갈수록 많은 교회들이 민주적인 교회 운영, 개방적인 의사소통 구조로의 전환에 관심을 보이고 있다. 따라서 교회의 정체성이 평신도 교회인지 아닌지를 묻기보다는, 평신도의 참여도를 얼마나 보장하고 있는지를 물어야 할 것이다. 다만 평신도의 사역을 위해서는 평신도의 역량 개발이 전제되어 있어야 한다.

기본적으로 평신도들이 신학 지식, 목회 감각, 감성의 민감성 등에 대하여 높은 수준의 기독교 교양을 갖추고 있는 교회의 경우에는 평신도들의 참여가 적극적으로 이루어진다. 하지만 그렇지 않은 교회는 평신도의 훈련 프로그램과 지도력의 개발을 고민하게 된다. 이러한 지도력은 양적 성장보다는 사람의 요구에 민감한 지도력, 선택의 중요성을 인식하며 제공하는 열린 지도력, 사람들의 표현과 문화적 욕구에 민감한 지도력, 여성성과 양성 평등의 원리를 이해하는 지도력이 되어야 한다. 최근 교회에서 평신도들의 참여를 전제로 하는 다양한 프로그램이 시행되는 것은 교회 공동체를 형성하는 데 중요한 방법으로 활용될 수 있음을 보여 준다.

평신도의 참여도를 증진시키는 과정에서 다양한 은사 개발 프로그램이나 지도력 양성 과정이 개설되고 있는데, 이는 평신도들이 새로이 주체성을 가지도록 하는 과정으로 볼 수도 있다. 교회의 입장에서는 그러한 프로그램이 성도들에게 맞춤형 서비스를 제공하는 것이고, 후기 자본주의 사회의 소비하는 주체로서 평신도들은 자신들의 입맛에 맞는 프로그램을 편의상 선택하면 되기 때문이다. 그러나 평신도들이 이런 프로그램에 참여하는 동기는 단순히 내적 치유나 영적인 양육 등을 통한 전인적 성숙이라는 개인적인 차원을 넘어서, 전체 교회 공동체에 대한 관심과 공동체를 통한 사역으로 연결되어야 바람직할 것이다.

4. 다문화 교회

4장에서 살펴본 대로 우리 사회가 다문화 사회로 진입하면서 한국교회 역시 다문화에 많은 관심을 보이고 있다. 진보 진영에서 NGO들과 직간접적으로 협력해서 이주노동자들을 대상으로 사역을 했던 것은 이미 오래전 일이고, 최근에는 보수 진영의 교회에서도 이주자들에게 관심을 보이기 시작했다는 점은 중요하다. 이주자들을 대상으로 전문적인 사역을 하는 교회가 늘고 있을 뿐만 아니라, 일선 교회에서도 점차 이들에게 눈길을 보내고 있는 것이다. 이러한 관심은 외국인들을 교회로 전도하는 것에서부터, 구제와 나눔의 차원에서 다문화 가정을 물질적으로 지원하는 데까지 이르고 있다. 심지어 최근 보수신학계, 특히 목회 분야에서는 다문화 교회와 관련된 연구 성과가 제법 나오고 있다.

이는 기본적으로 한국에 체류하는 외국인들의 숫자가 크게 증가했다는 사실 때문만이 아니라, 보수 진영 내부에서 사회 참여의 필요성에 공감하는 이들이 많아지고 있기 때문이다. 또한 다문화 사역을 소수자의 인권, 시민권, 국가와 시민사회의 관계 같은 무거운 주제보다는 가정과 교육이라는 보수 기독교 친화적인 주제와 엮으면서 다수의 교인들 사이에서 보편적인 공감대가 형성되고 있기 때문으로도 보인다. 결혼, 가정, 상담과 치유, 자녀 양육 등은 보수 기독교에서 윤리적, 복지적인 차원에서 접근할 수 있는 이슈들이다. 지역사회 섬김이라는 명목으로 보수 교인들이 다문화 가정을 방문하는 사례들이 늘고 있고, 대형 교회에서 이주민센터를 설립해서 운영하는 경우도 있다.

다문화 교회는 굳이 해외로 나가지 않더라도 타문화, 타종교의 사람들을 국내에서 만날 수 있게 하므로 자연히 새로운 선교적 이슈와도 결합하게 되었다. 외국인들을 한국에서 개종시키고 교육시킨 후 현지에 재이주를 하게 하는 선교사 파송 전략이 사용되는 것이다. 이제 우리 사회에서 낯선 외부인과의 만남은 일상적인 풍경이 되었다. 이렇게 다문화 사역을 하는 교회들이 늘어남에 따라 최근에는 이름 자체를 다문화 교회라고 지은 교회도 등장하였다. 다문화 사역의 전문가인 조지 얀시George A. Yancey는 다문화 교회는 외형 면에서 한 민족 집단이 교회 전체 출석 교인의 80퍼센트를 넘지 않는 교회라고 정의한다.[2]

이러한 다문화 교회의 유형은 분류 기준에 따라 여러 가지 유형으로 나누어진다. 노영상 교수는 최근 국내 상황 속에서 다문화 사역을 위한 교회의 유형을 네 가지로 제시하였는데, 이것이 일반적으로 이야기되는 다문화 사회 모형과 연결되는 것이다.

첫째는 분리 모델(분리된 게토Ghetto, 소수 민족 거주 구역 모델)이다. 이 모델은 구별된 예배 장소와 교회 및 교파를 추구한다. 각각의 사람들은 각각의 민족에 따라 그들만의 교회로 모이며 그들만의 교파를 세운다. 이 모델은 다른 민족들과의 사이에서 생길 수 있는 불필요한 갈등은 피할 수 있지만, 여러 민족들의 만남을 통한 역동성이나 한국 사회로의 통합이 배제된다는 단점이

---

2. George A. Yancey, *One Body One Spirit*(IL: InterVarsity Press, 2003), 15.

있다.

둘째는 용광로 모델(통합적 동화 모델)이다. 이 모델은 이민자들이 동화되어 통합적인 주류 문화를 형성하는 모델이다. 이 모델은 국민의 대부분이 본토인들로 구성된 한국교회에서는 구현되기 어려운 모델이다. 한국 사회는 다문화 사회를 지향하는 것처럼 말하지만, 사실은 이주민과 어우러져 동화되는 것이 아니라, 한국어 교육 등을 통해 이주민들을 한국 문화에 편입시키려는 의지를 강하게 나타낸다.

셋째는 샐러드 그릇 모델(다문화·다민족 모자이크, 다문화주의 모델)이다. 이 모델은 이주민들이 동화될 것을 요구하지 않고, 오히려 문화 차이를 수용하고 이주민 집단의 권리를 증진시킨다. 이 모델은 여러 민족의 문화를 그대로 유지, 장려한다는 면에서는 매우 긍정적인 가치가 있다. 그러나 한국의 경우 영향력 있는 외국 민족 집단이 없고, 도리어 외국인들이 소수로서 여전히 보호의 대상으로 있기 때문에 한국교회에는 적합하지 않은 측면이 있다.

넷째는 문화상호교류적 모델이다. 이 모델은 다른 문화들 사이의 상호작용과 대화를 중시하는 모델로서, 특정한 민족 집단의 가치와 민족 통합의 중요성을 모두 다 반영한다. 인종에 대한 편견이 있는 상황에서 외국인들만 모이는 교회를 세우기보다는 같은 교회 안에서 다른 언어의 외국인 예배를 하는 것이 바람직하다고 본다. 한국의 대형 교회들이 이러한 모델로 이주민 사역을 하고 있다고 볼 수 있지만, 다민족 문화의 가치를 인정하고 이로써 교회 공동체의 통합을 이루려는 의지가 얼마나 있는지는 의문이다.[3]

---

3. 노영상, 「다문화 사회의 통합에 대한 교회적 접근」, 『제1회 국제 이주자 선교 포럼 자료집』(2008년 5월 19일), 114~115쪽.

또한 다문화 교회는 교회의 형성 방법에 따라 리더십 다문화 교회, 복음주의 다문화 교회, 인구통계학적 다문화 교회, 네트워크 다문화 교회로 나뉠 수 있다. 리더십 다문화 교회는 구성원들의 지도력에 따라 형성된 교회를 말한다.[4] 목회자나 교회 지도자들이 다문화 교회에 대한 전망을 가지고 교회를 이끌어 가는 유형의 교회들이다. 복음주의 다문화 교회는 일반적으로 전도 프로그램이 있어서 이를 통하여 다른 민족의 구성원들을 전도하여 통합된 경우들이다. 인구통계학적 다문화 교회는 교회 주변의 인구통계학적 변화들로 말미암아 자연스럽게 형성되는 교회이다. 이런 유형의 교회들은 한국에서 안산을 비롯하여 이주노동자가 많이 모이는 지역이나 결혼 이민자들이 많은 지역에서 확인된다. 네트워크 다문화 교회는 교회 내 구성원들의 사회관계로 확장되는 교회이다. 교회에 먼저 온 이주민들이 자신의 친지들을 교회로 인도하여 성장하는 경우이다.

이 밖에도 다문화 교회는 교회 멤버십에 따라 동화된 다민족 교회, 복수의 다민족 교회, 통합된 다민족 교회로, 교회 구조에 따라 장소 공유 교회, 다중언어 교회, 범민족 교회로 구분될 수 있다.[5] 사실 다문화 교회를 이와 같이 구분하는 것은 연구 편의를 위한 것일 뿐이다. 실제로는 어느 한 유형에만 속하는 것이 아니라 여러 유형의 특징이 중첩되어 있는 경우가 많다. 한국에서는 안산과 같은 특정 지역을 제외하고는 리더십 다문화 교회와 복음주의 다문화 교회의 성격을 띠는 경우가 많은데, 특히 대형 교회들을 중심으로 타 지역의 이주민들을 버스로 태워 오고 모임 후에는 버스로 태워다 주는 경우가 많은 것으로 파악되고 있다. 그러나 이주민들의 역량 강화를 위해서는 네트

---

4. George A. Yancey, 윗글, 51-64.
5. 이에 대하여는 최용진, 「다문화 사회 속에서 이주민 사역을 감당하는 다문화 교회」, 총신대학교 석사학위논문(2009), 21~26쪽을 볼 것.

워크 다문화 교회의 형태로 교회가 스스로 성장하는 유형으로 발전하는 것이 바람직하다고 본다.

5. 가나안 교회

가나안 교회는 6장에서 살펴본 가나안 성도들의 교회를 말한다. 로버트 우스노우가 현대를 D.I.Y. 종교의 시대라고 일컬었듯이, 현대인들은 기존의 전통적인 종교 교리를 그대로 받아들이기보다는 자신의 입장에서 취사선택을 하여 자기 자신의 종교를 만들어 간다. 특히 오늘날 정보화 사회는 과거와 같이 특정인이 정보를 독점하지 않고 누구나 정보에 접근할 수 있게 변하였다. 마찬가지로 목회자들만 성경을 읽고 해석할 수 있는 상황이 아니라, 평신도들도 얼마든지 신학 서적을 접할 수 있고 나름대로 성경에 대한 해석을 하기도 한다. 이런 상황이 가나안 성도들이 자기들끼리의 교회로 모이도록 만드는 이유이기도 하다.

현대인들은 스스로 생각하는 기독교에 대한 관념이 기존 권위와 충돌할 때, 자신의 것을 포기하고 권위에 복종하기보다는 자기 자신의 기독교를 스스로 구성하기도 한다. 특히 젊은 세대들은 부모 세대보다 교회에 대한 충성도가 덜하고 교회를 쉽게 옮기는 경향이 있어, 기성 교회가 자신에게 맞지 않는다고 판단되면 교회를 옮기거나 아니면 아예 자신들에게 맞는 새로운 교회를 세우게 되기도 한다.

가나안 성도들이 모여 있는 일명 '가나안 교회' 세 곳을 방문하여 참여하며 관찰하고, 가나안 교회 참여자들과 집담회 형식으로 그들의 생각을 들어 보았다. 세 곳 모두 스무 명 이내의 적은 인원들이 모이고 있었고, 모두 주일 오후 시간에 예배를 드리고 있었다. 한 곳은 다양한 연령대에 속한 이십여 명의 사람들이 참여하고 있었고 안수받은 목회자가 설교를 하고 있었던 반면에, 다른 두 곳은 열 명 내지 스무 명 정도 인원으로 대부분 20, 30대의 젊은 사람들로 구성되어 있었다. 설교는 신학 교육을 받은 전도사와 함께 평신도도 돌아가면서 맡아서 하고 있었다.

각각 차이가 있지만, 세 교회에는 공통점이 있었다. 첫째는, 적은 수가 모여서 공동체적인 환경에서 인격적인 교제를 하고 지도력을 공유한다는 점이다. 이들은 적은 수가 모이기 때문에 친밀하게 대면하며 관계를 형성할 수 있고, 예전例典적인 예배를 드리는 한 곳 외의 나머지 두 곳은 예배도 둘러 앉아 자유로운 분위기에서 드린다. 그리고 제도화된 기성 교회와 달리 이들은 특정인이 지도력이나 권위를 독점하지 않고, 구성원들 모두가 자유롭게 의사 표시를 하고 의사 결정 과정에도 참여한다.

또 한 가지 특징은 이들 교회는 주일 오후에 편안한 분위기에서 모이고, 주일 이외에는 다른 모임이 없다는 것이다. 여느 교회들처럼 오전이 아니라 오후에 모이는 것은, 주일 아침에 번잡하게 준비하여 교회에 가지 않고 한가로운 오후 시간에 여유롭고 편하게 모이기 위해서였다. 또 한 가지 이유는 오전에 기성 교회에 출석하는 사람도 오후에 자유롭게 참석할 수 있도록 하기 위한 것이었다.

이들은 주일 예배에 집중하며 이 시간에 삶을 나누고 다시 삶의 현장으로 돌아간다. 평일에 성경 공부 모임을 하는 경우도 있으나, 기본적으로는 일상생활에서 신앙을 실천하는 것을 중시하는 점에서 일종의 '흩어지는 교회'를 표방한다고 볼 수 있다. 그러나 주일 예배 이외에 다른 모임이나 활동을 거의 하지 않기 때문에 기존의 관점에서는 교회가 마땅히 해야 할 사역을 하지 않는다는 점에서 한계로 여겨질 수도 있다.

마지막으로 중요한 공통점이자 특징은 이 교회들은 예배 후에 그날의 설교에 관하여 이야기를 나눈다는 것이다. 이 세 교회 모두 설교 후에는 매일 설교에 대해 받은 감동을 나누기도 하고, 정확하게 이해가 되지 않은 내용에 대해서는 질문을 하며 자기 의견을 제시하기도 하고, 심지어는 설교에 대한 비평을 하기도 한다.[6] 기성 교회에서는 설교 후에 설교 내용에 대해 토론을 하고 설교자에게 설교에 대해 질문을 한다는 것은 상상하기 어려운 모습이다. 전통적인 교회에서는 설교를 목회자가 하나님의 말씀을 대변하여 선포하는 것으로 이해하므로 상당히 일방적일 수밖에 없기 때문이다.

　이런 점에서 가나안 교회에서 설교에 대해 토론을 한다는 것은 기존의 교회 전통과는 사뭇 다른 특징이고, 곧 그들의 독특한 신앙관과 교회관을 표출하는 것으로 이해할 수 있다. 가나안 성도들은 신앙을 고착화하지 않으며, 다른 사람이 정답이 제시해 주거나 강요받는 것이 아니라 자신이 질문하며 스스로 답을 찾아가는 것이라 생각한다. 그리고 교회는 이러한 과정을 수용하여 서로의 의견을 조정하며 공동체를 이루어 가는 것이라는 생각이 여기에 녹아 있는 것이다.[7]

　이러한 특징이 자칫 기성 교회와의 사이에서 갈등을 야기할 가능성도 있으나, 앞으로의 사회가 더욱 다원화될 것임을 감안할 때 교계에서 이에 관한 깊이 있는 논의가 이루어져야 할 것으로 판단된다.[8] 이러한 가나안 교회를 선

---

6. 가나안 교회는 아니지만, 최근에 등장한 여러 형태의 대안적 교회들 중에는 예배 처소를 주일에만 빌리거나 가정에서 소규모로 모이면서 예배 후에는 설교에 대해 토론하는 경우가 적지 않은 것으로 알려져 있다.
7. 여기서 소개한 내용들은 기존의 교회 전통에서 보면 교회라고 인정하기 어려운 부분들도 있을 수 있으나, 이 글에서는 신학적인 판단보다는 단순히 '믿는 이들의 모임'이라는 뜻으로 교회라고 지칭하였고, 자신들 스스로 교회라는 이름으로 모이고 있었기 때문에 이를 존중하여 교회라고 표현하였다.
8. 이미 신학계에서는 전통적인 설교의 대안을 찾기 위해 다양한 논의가 이루어지고 있다. 이와 관련하여 일방향의 선포가 아닌 소통으로서의 설교를 강조하는 예로, 루시 앳킨슨 로즈, 『하나님 말씀과 대

불리 제도권으로 흡수하려고 한다면 자칫 더 큰 갈등을 야기할 수도 있다. 이들이 기성 교회를 떠난 주된 이유가 바로 그러한 강압적인 분위기였기 때문이다. 기성 교회가 제도화의 딜레마를 극복하고 보다 수용성 있는 공동체적인 환경으로 전환되는 것이 교회를 떠나는 이들을 줄이는 보다 근본적인 방안이 될 수 있을 것이다.[9]

최근에는 보다 적극적으로 가나안 성도들이 모여서 여러 가지 모임을 갖는 경우도 있는 것으로 알려지고 있다. 기성 교회에 대한 불만족이나 문제의식이 있는 사람들이 모인다면 일종의 동질감이나 동류의식이 결속력을 강화시키는 데에는 도움이 될 것이다. 그러나 이것이 단순히 상한 감정을 가진 사람들의 모임에 지나지 않는다면 한국교회나 자신들에게도 큰 도움이 되지 않을 것이다. 중요한 것은 이러한 문제의식이 스스로를 갱신시켜서 새로운 가능성으로 나아갈 수 있느냐 하는 것이다.

사회 운동의 측면에서 볼 때, 변혁의 움직임은 주도권을 쥐고 있는 사회 구성의 중심부가 아니라 주변부인 변방에서 일어나기 쉽다. 기득권을 장악하고 있는 중심부에서는 변화의 필요성에 둔감하고 문제의식도 약하기 때문에 변혁의 주체가 되기 어려운 것이다. 마찬가지로 여전히 어느 정도의 교세를 유지하고 있는 대형 교회의 지도자들은 현재 한국교회의 문제를 체감하기 어렵다. 따라서 한국교회를 갱신하기 위한 대안의 가능성은 가나안 성도들을 포함하여 주변부에 위치한 이들이 전체 한국교회에 영향을 미칠 만큼 뚜렷한 흐름을 형성할 수 있는지 여부에 달려 있다. 곧 '광야의 목소리'가 중심부

화 설교: 변혁적 설교로서의 대화 설교』(이승진 옮김, 서울: 기독교문서선교회, 2010)를 볼 것.
9. 제도화의 딜레마란 교회가 하나의 조직으로서 유지·존속하기 위해서는 교회 역시 제도화될 필요가 있지만, 제도화가 될수록 비인격적으로 변하거나 관료주의화와 같은 문제를 안을 수밖에 없는 상황을 의미한다.

안으로 그 울림을 전달할 수 있느냐 하는 것이 관건이다. 중심부에 예언자의 통찰력을 가진 선각자들의 도움이 있다면 훨씬 수월할 것이다.

또 한 가지 중요한 점은, 교회 개혁 운동은 단순히 현실 교회 내부의 문제점들을 개선하는 것으로는 충분하지 않다는 것이다. 가나안 성도들의 교회가 아니라도 현재 한국 교계에서는 다양한 개혁 운동이 전개되고 있고, 일종의 대안 교회나 실험적 교회들도 속속 등장하고 있다. 이들은 저마다의 문제의식에 터하여 오늘날에 필요한 교회의 모습을 그리며 새로운 교회 운동을 벌이고 있는 것이다. 그런데 많은 경우 이 문제의식이 교회 내부의 문제, 곧 지도력이나 재정 운용 등에 국한되어 있다는 한계를 가지고 있다. 그래서 교회 내부 문제에 대해서는 매우 민감하고 높은 수준의 개혁을 추구하지만 교회 외부에 대해서는 관심이 없는 경우가 많다. 결국 우리끼리 잘 어울릴 수 있는 공동체를 만들려고 할 뿐, 우리 사회의 다른 구성원들에 대한 관심이 부족한 것이다.

공동체가 외부와는 단절된 채 안으로의 결속에만 집중한다면, 이러한 일종의 동류 집단이라고 할 수 있는 공동체는 '끼리끼리'의 집단으로 전락하고 변질될 것이다. 이른바 '변화산 신드롬'에서 벗어나지 못하는 것이다. 그리고 공공성과는 아무 관계가 없이 공동체 자체가 앞서 지적한 '사사화'의 문제를 안을 수도 있다. 이러한 사사화된 종교성은 공적인 책임에는 무관심하기 때문에, 설령 그들만의 공동체가 존재한다고 하더라도 건강한 공동체라고 보기 어렵다. 따라서 이러한 운동이 의미 있는 대안이 되기 위해서는 보다 확장된 공동체 개념과 함께 좁은 교회의 울타리를 넘어 우리 사회 전체를 내다볼 수 있는 사회관도 필요하다.

우리 사회에서 교회는 비기독교인들에게 마치 소통 불능의 공간인 것처럼 여겨지고 있다. 사회 안에 존재하면서도 바깥세상과는 담을 쌓은 채 자기들끼리만 통하는 말로, 자기들끼리의 논리로, 자기들끼리의 세상을 만들고 있는 것으로 보이는 것이다. 심지어 모태신앙인들조차도 교회를 이렇게 여기고 있다는 사실은 한국교회가 현재 매우 큰 어려움에 직면했음을 보여 주는 것이다. 교회는 특정 부류의 사람들만이 모인 곳이 아니라, "헬라인이나 유대인이나 할례파나 무할례파나 야만인이나 스구디아인이나 종이나 자유인이 차별이 있을 수 없"골 3:11이 서로 다른 부류와 다양한 계층의 사람들이 하나가 되는 공동체여야 하기 때문이다.

가나안 성도, 가나안 교회는 그들이 의도하든 의도하지 않든 기성 교회에 큰 도전이 되고 있다. 그것은 이들이 기성 교회에 대해 뚜렷한 불만을 가지고 떠난 사람들이고, 그들 중에 일부는 실제로 기성 교회와 차별성을 갖는 대안적인 교회를 세우고 있기 때문이다. 이것은 마치 기독교 초기에 교권이 미치지 않는 사막으로 나갔던 사막 교부들과, 중세 교회가 제도화되고 교권화됨에 따라 일어났던 수도원 운동을 떠올리게 한다. 이른바 교회 제도화에 대한 반작용 운동이었던 것이다. 현재 우리 사회의 가나안 성도, 가나안 교회도 한국교회가 지나치게 제도화되는 것에 대한 반작용이자 비제도권의 교회 갱신 운동으로 볼 수 있다. 이들을 섣불리 교화하려고 하거나 제도권으로 흡수하려고 하기보다는, 그들의 영적인 필요가 무엇인지 파악하고 이것을 기성 교회에서 수용함으로써 교회를 갱신하고자 하는 노력이 절실히 요구된다.

교회가 스스로 공동체임을 표방하더라도, 사실 그 공동체의 성격이 무엇이고 그것을 어떻게 이루어 가느냐 하는 것이 매우 중요하다. 개인을 무시하는 공동체는 진정한 의미의 공동체라고 말할 수 없다. 영성과 사회성이 균형을 이룬 바람직한 공동체상으로 이야기되는 세이비어 교회The Church of the Savior의 고든 코스비Gordon Cosby 목사가 "참된 교회와 공동체에는 극도의 다양성이 존재한다."라고 강조한 것은 시사하는 바가 매우 크다. 한국교회가 다양한 생각을 가진 개인들을 존중하고 포용하며, 서로가 소통할 수 있는 진정한 공동체로 거듭나기를 소망한다.

에필로그

교회는 언제나 사회와 영향을 주고받는다. 이 땅에 기독교가 전해져 온 이후 끊임없이 교회는 자신이 몸담고 있는 이 사회에 대해 관심을 가져 왔고, 우리 사회는 그런 교회에 주목해 왔다. 그러나 사회는 언제나 고정불변한 것이 아니고 시간이 흐름에 따라 변해 간다. 당연히 그 사회를 구성하고 있는 사람들도 변한다. 교회는 이렇게 변해 가는 사회와 사회 구성원들에게 관심을 기울여야 한다. 교회를 구성하는 교인들도 똑같이 사회에서 살아가는 이들이기 때문이다. 마찬가지로, 교회는 변해 가는 사회와 교체되어 가는 사회 주역들의 필요에 민감해져야 한다. 기독교의 전통은 사회 상황에 따라 끊임없이 재해석되어야 한다. 기독교의 복음은 현대의 사회 상황에 적절한 형태로 제시되어야 한다. 이것이 변화하는 사회에서도 변함없이 기독교가 우리 사회 구성원들에게 삶의 의미를 제공할 수 있는 방법이다.

그런데 젊은이들이 계속해서 교회를 떠나고 있다. 젊은이들은 한 사회 안에서 언제나 기성세대에 도전하며 새로운 사회의 변화를 가장 첨단에서 수용하는 이들이다. 이들이 교회를 떠난다는 말은 교회가 시대의 변화에 대응하지 못하고 미래 사회를 대비하지 못하고 있다는 것을 의미한다. 교회의 본질은 존재하지만 그것은 항상 역사적인 형태로 나타난다는 한스 큉Hans Küng

의 말대로, 교회는 과거의 영광에 안주하기보다 새로운 세대에게 설득력이 있는 모습으로 갱신되어야 한다.

이를 위해 교회는 본질을 훼손하지 않으면서도 사회의 변화에 민감하고 시대의 욕구를 충족시켜 줄 수 있어야 한다. 교회 조직은 보다 탄력 있고 자율성을 발휘할 수 있는 형태로 재구조화될 필요가 있고, 교회 구성원은 보다 주체성을 가지고 각자의 전문성에 따라 다양한 영역에서 역량을 발휘할 수 있어야 한다. 그리고 교회 지도자는 교회 구성원들의 다양한 요구를 수렴하여 의사 결정을 하고 교회가 현대 사회에서 적실성을 갖는 사역을 할 수 있도록 지도력을 발휘할 필요가 있다.

이 글에서 살펴본 대로, 최근에는 가정 교회, 평신도 교회, 사이버 교회 등 다양한 형태의 교회들이 속속 등장하고 있다. 게다가 예배 처소도 변하고 있어, 전통적인 형태의 교회당이 아닌 학교나 시민단체 강당뿐만 아니라, 카페, 레스토랑, 심지어는 클럽이나 공연장에서 예배를 드리기도 한다. 이러한 모습을 기존의 관점에서 본다면 교회가 변질되고 왜곡되고 있는 것으로 보일 수도 있지만, 그저 교회가 새로운 형태로 변하고 있다고 생각할 수도 있다. 젊은 목회자들을 중심으로 벌어지고 있는 이러한 새로운 교회 운동은 일종의 한국형 이머징 처치로 보아도 좋을 것이다. 이러한 운동은 당분간 지속될 것이고, 이러한 흐름을 인위적으로 막을 수도 없다. 교회가 오늘날의 상황에 적실한 모습으로 적응해 가는 과정으로 받아들일 필요가 있다.

이 책에서는 앞으로 5년 내지 10년, 또는 그 이후에 한국교회가 겪게 될 교계 안팎의 변화의 모습에 대하여 살펴보았다. 글의 처음에서도 밝힌 대로 이러한 전망은 정확한 예측이 아니며, 일종의 가상 모델이고 하나의 시나리오에 불과할 수도 있다. 그러나 가능한 미래의 모습을 미리 그려 가며 준비하는 것은 매우 중요한 작업이다. 또한 이 시대를 살아가고 있는 사회 구성원들의 변화 추이를 추적하고 그들의 영적인 욕구를 파악하는 것은 매우 중요한 교회의 과제이다. 그럼에도 여기에 제시된 내용은 많은 한계를 가지고 있다. 그것은 연구자의 한계이기도 하지만, 미래를 예측하는 데 필요한 교계 데이터가 너무나 빈약한 까닭이기도 하다. 앞으로 더 많은 데이터와 조사 연구를 기반으로 이 연구의 후속 작업이 이루어질 수 있기를 바라며, 한국교회의 미래를 준비하기 위한 논의가 더욱 활성화되기를 기대한다.